기도의 본령을 찾기 위한 저자의 치열한 열정이 돋보이는 역작이다. 이 책은 기도에 대한 성경 본문들을 거의 망라하여 통시적이며 공시적으로 분석하고 있다는 점에서 차별성을 지닌다. 저자는 기도에 관한 여러 주제를 따라 성경 본문들을 분류하고, 정밀한 주석을 통해 그 의미를 밝히고, 그것이 기도의 실제에 대해 어떤 의미가 있는지를 제시한다. 하지만 저자는 이 책이 기도에 대한 이론서에 그치는 것을 원치 않는다. 저자의 목표는 이 모든 과정을 통해 독자들이 기도의 본령을 찾고 기도를 향유하도록 돕는 데 있다. 이 책은 자신이 향유하고 있는 기도의 즐거움을 독자에게 전하고 기도의 신비로 이끄는 아주 매력적인 초청장이다.

김영봉 와싱톤사귐의교회 담임목사, 『사귐의 기도』 저자

"세상에 단 하나의 빈곤이 있다면, 그것은 기도의 빈곤이다"라는 조지 뮬러의 말은 기도의 소중함을 일깨워 준다. 기도는 거창하거나 번듯해야만 할 필요가 없다. 기도에 열린 마음, 그 자체가 이미 기도의 시작이며 지금 이 시대에 더욱 절실한 의미를 갖는다.

    이 책은 기도를 어렵게 느끼는 사람들에게 건네는 지침서와 같다. 저자는 '성경이 말하는 기도'에 집중해, 기도에 관한 오해들을 하나하나 풀어낸다. 이를 통해 성경을 바르게 이해할 때 기도가 자유로워지고, 성숙한 기도는 하나님 사랑을 깊이 누리며 그분의 구원 계획에 기꺼이 동참하는 것임을 깨닫게 한다.

    김동일 목사님은 누군가를 위해 용기 있게 나서면서도, 자신을 한 뼘 낮추는 겸손을 잃지 않는 분이다. 저자의 35년간의 목회 여정은 교회를 향한 간절한 부르짖음의 기도였으리라 넉넉히 짐작한다. 이 책에 담긴 진심이 기도를 다시 시작하려는 당신에게 따뜻한 초대가 되기를 바란다.

김효경 산돌교회 목사, 레미제라블 대표

기도에 관한 경건 서적은 이미 수없이 많다. 그런데도 또 다른 기도 책이 필요할까? 이에 대해 "예! 여기 있습니다"라고 담대히 답하는 저자가 있다. 바로 김동일 목사의 『예수로 기도하기』다. 책을 추천하는 이유는 세 가지다.

첫째, 『예수로 기도하기』는 개인적 경험이나 감정에 머물지 않고, 성경 본문을 면밀하게 연구하여 기도의 원리와 의미를 풀어낸다. 저자의 해석 방식은 목회자와 신학도에게 신선한 자극을 줄 것이다. 특히 성경으로 돌아가 "하나님 나라 백성의 언어로서의 기도"를 재조명하고, 주기도문을 모든 기도의 근본이자 제자 공동체의 정체성으로 제시하는 해석은 탁월하다. 더 나아가 주기도문뿐 아니라 오경, 시편, 역사서, 복음서, 서신서 등 다양한 본문에서 기도의 주제를 선별해 내어, 절제된 상상력과 학문적 통찰로 기도의 모형을 통시적·공시적으로 조망한다.

둘째, 이 책은 단순한 기도법 안내서가 아니라 성경에 기초한 기도 신학을 정립하고 실천으로 이끄는 깊이 있는 안내서다. 기도가 무엇인지 고민하는 이들, 특히 말씀 중심의 기도를 사모하는 그리스도인에게 적합하다. 기도를 '잘하는' 기술보다 '올바르게' 이해하고 하나님과의 관계 안에서 실천하도록 격려하는 접근이 인상적이다. 또한 기도에 대해 단정적이거나 편향된 태도를 가진 독자에게는 올바른 교정 역할을 한다.

셋째, 각 장은 명확한 주제를 중심으로 전개되며, 소그룹을 위한 토론 질문까지 포함되어 있어 실제 적용이 가능하다. 강의나 교회 내 제자훈련 교재로도 유익하다.

건실한 성경 해석을 바탕으로 기도의 신학적 깊이와 실천적 의미를 풍성하게 풀어낸 김동일 목사의 『예수로 기도하기』는 기도의 길을 잃은 오늘날의 교회에 귀한 지침이 될 것이다. 기도를 수단화하는 기복적 경향을 넘어 말씀에 뿌리박은 성숙한 기도의 세계로 초대하는 이 책은 신학생, 목회자, 평신도 모두에게 권할 만한 선물이다. 단순한 이론서가 아니라, 독자를 실제 기도의 자리로 이끄는 실천적 안내서이기 때문이다.

류호준 백석대학교 신학대학원 구약학 은퇴 교수, 다니엘의 샘 원장

"달리기와 내가 함께 나이 들 수 있다면 행복할 거예요." 무라카미 하루키의 달리기 예찬이다. "기도는 호흡이다"라는 경구를 이 책에서 다시 읽었을 때, 내가 떠올린 것은 달리기였다. 장거리 달리기의 비밀은 탄탄한 근육이나 음식이 아니라 호흡이다. 에너지가 꾸준히 생성되도록 몸의 노폐물을 내뱉고 산소를 들이마셔 안정적인 호흡이 이루어질 때라야 마라톤은 가능하다. 기도도 그렇다. 기도는 우리 영혼의 독소를 빼내고 성령의 힘을 공급하여 우리 신앙의 긴 여정에 지속적인 힘을 제공해 준다.

이 책은 성경 전체가 말하는 기도의 본질을 바로잡아 불균형하고 혼잡한 호흡을 다듬는다. 숨 막히는 현실 가운데 새 숨을 갈망하는 우리에게 공기 되시는 분은 바로 예수 그리스도다. 저자는 전작 『예수로 성경 읽기』에서처럼, 이 책에서도 성경 전체를 관통하는 하나님의 언약과 그 최종 성취 되신 예수 그리스도를 중심으로 신앙의 또 다른 축인 기도를 돌아본다.

읽어 가는 동안, 기도의 호흡을 방해하던 잘못된 생각과 관행으로부터 자유를 경험하게 된다. 신비한 일일까? 우리 신앙 여정의 목적이 주 예수 그리스도를 닮아 가는 데 있다면, 이 달리기의 상 되신 그분을 생각함으로 숨 쉴 수 있음은 지극히 자연스러운 일이다. "기도와 내가 함께 나이 들 수 있다면 행복할 것"이라는 고백으로 여러분을 초청한다.

조샘 LAMS 간사, IVF 이사, 전 인터서브코리아 대표

예수로 기도하기

IVP(InterVarsity Press)는
캠퍼스와 세상 속의 하나님 나라 운동을 지향하는
IVF(InterVarsity Christian Fellowship)의 출판부로
생각하는 그리스도인을 위한 문서 운동을 실천합니다.

예수로 기도하기

기도를 다시 시작하려는 당신에게

———

김동일

IVP

나는 아침마다 패배하고 밤마다 승리한다
나는 아침마다 절망하고 밤마다 소망한다
나는 아침마다 죽고 밤마다 다시 산다

아침이면 열리는 세상은 언제나 악이 활개치는 시간
탐욕으로 똘똘 뭉쳐 아귀다툼하는 아사리판의 시간
나는 나로서는 어찌 해 볼 수 없는 무도함의 시간

마침내 밤이 열리고 어둠이 들어오는 시간
맹수 같은 자들이 다 자기 울타리로 들어가는 시간
비로소 모든 작은 것들이 쉼을 얻는 시간

내게 밤은 주님의 품에 와락 안기는 위로의 시간
주께서 내 눈의 눈물, 서러움의 눈물을 닦아 주시는 시간
다시 오실 주님을 바라보는 소망의 시간

나는 아침마다 패배하고 밤마다 승리한다
나는 아침마다 절망하고 밤마다 소망한다
나는 아침마다 죽고 밤마다 다시 산다

차례

프롤로그   15

1장 **모든 기도의 근본, 주기도문**   21
주기도문 없이 예수를 따르는 길은 없다

1부 기도와 하나님의 마음

2장 **고아처럼 버려두지 않으리라**   49
제자로서의 여정은 기도 응답의
약속과 함께 시작된다

3장 **그래도 내 백성은 내게 기도하라**   65
하나님의 일은 하나님의 뜻을 이루시는 것이고,
우리의 일은 하나님께 기도하는 것이다

4장 **여호와의 선하심을 맛보라**   83
하나님께는 예측 못할 비상사태가 없으며,
우리에게는 기도하지 못할 긴급한 순간이 없다

5장 **고난당한 자의 목소리에 반응하시는 하나님**   99
기도하는 사람만이 기도가
우리가 상상하는 것 그 이상임을 경험한다

2부

기도와 하나님의 말씀

6장 중언부언 기도와 골방 기도 119

골방 기도와 중언부언 기도에 대한
올바른 이해가 우리의 기도에 자유를 부여한다

7장 마음을 토하는 기도 141

기도에는 어떤 제한도 없으나
다만 좋은 기도는 마음을 드러내는 기도다

8장 통성 기도는 필요한가 157

통성 기도는 깊은 기도로 들어가는 관문이다

9장 오염된 말씀에 왜곡된 기도 173

말씀에 대한 바른 해석과 적용만이
바른 기도를 가능하게 한다

10장 기도의 티핑 포인트 193

식탁 주변의 기도에서 하나님의 나라와
그의 의를 구하는 기도로 나아가라

3부

**기도와
하나님의
나라**

11장 피앗 기도를 회복하라   211

하나님의 구속사에 반응하는 기도가
성숙한 기도의 표지다

12장 언약과 함께하는 기도   233

오직 기도를 통해서만 하나님의 언약에
참여하는 영광을 누린다

13장 기도는 향유다   251

기도가 왜곡되는 것은 목표를 이루는
기능적 수단으로 사용하기 때문이다

14장 가장 긴급하고 중요한 기도, 마라나타   271

"주여 오소서"라는 기도의 분량이 채워질 때,
예수 재림의 소망도 실현된다

에필로그   289
주   293

일러두기
본문에 인용한 성경 구절은 개역개정을 기본으로 하며, 다른 역본을 사용한 경우에만 표시하였습니다.

프롤로그

기도는 신비다. 창조주이시며 무한한 존재이신 하나님과 피조물이자 유한한 존재에 불과한 인간 사이의 소통이 기도라는 수단을 통해 이루어진다는 점에서 신비다. 스스로 존재하시는 분이 한낱 미물에 지나지 않는 우리와 이야기를 나누고 싶어 하신다는 것을 이성으로 이해하기는 거의 불가능하다. 기도가 신비한 것은 이해의 영역이 아니라 받아들이고 실천할 때 비로소 그 실체를 드러내기 때문이다.

또한 기도는 실재다. 기도는 하늘에 계신 초월적인 창조주 하나님이 피조물인 우리와 인격적으로 교제하시기 위해 호의로 베푸신 실재하는 수단이다. 하나님의 자녀들은 그분의 호의에 힘입어 기도라는 행위를 통해 하나님께로 나간다. 이 기도가 실재인 것은 하나님이 친히 들으시고 응답하시기 때문이다. 어떤 이들은 기도를 부정하며 기도 응답을 우연적 사건으로 보지만 기도할 때마다 응답이라는 '우연'이 일어난다면 그것은 더 이상 우연이 아니라 실재다.

교회를 다니는 많은 사람들은 나름대로 기도 생활을 하면서도 여전히 기도에 대해 혼란스러워한다. 기도와 기도가 아닌 것에 대해 견해가 사람마다 다르고, 어떤 사람에게는 중요한 기도의 요소가 다른 사람에 의해 배척되기도 한다. 나는 이 다름이 성경 자체로부터 기인한다고 생각한다. 우리가 느끼기에 성경은 기도에 대해 모순적이며 친절하지 않아 보인다. 그래서 기도가 어렵게 느껴진다. 물론 그 모순은 하나님에게서 나온 것이 아니라 인간이 느끼는 착시겠지만 말이다.

수많은 사람들이 기도를 주제로 책을 냈다. 그중 고전으로 불릴 만한 명저들도 많다. 내가 정립한 기도 이해의 상당 부분이 그런 책들에서 배움을 얻고 출중한 저자들에게 신세를 진 결과다. 기도의 깊은 세계를 경험한 분들, 특히 사막 교부들의 영성을 잇는 분들에게 깊은 존경을 표한다. 고백건대 이 책을 쓰는 내내 '엎을까' 고민했다. 더 이상 기도에 대해 새로운 것이 나올 수 없을 것이라는 생각과, 내가 영성가들처럼 기도의 깊은 세계를 경험한 것도 아니라는 사실이 뇌리에서 떠나지 않았기 때문이다.

그럼에도 용기를 내는 것은 누구도 기도라는 코끼리를 다 그려 낸 사람은 없다는 단순한 생각 때문이다. 코끼리를 그리는 것은 자신 없지만 코끼리의 코만 그린다면 나름대로 그릴 만하지 않을까 싶다. 내가 그리고 싶은 "코끼리의 코"는 "성경이 말하고 있는 기도"다. 이 책은 기도에 관한 담론을 나누기 위한 책이 아니고 깊은 기도로 이끌기 위한 호흡법 안내서도 아니다. 물론 이 책은 간증도 아니고, 기도 응답받는 법을 소개하는 책도 아니다. 이 책은 오직 한 가지, 성경이 기도에 관해 무엇을 말하는가에만 초점을 맞추고 있다.

성경은 기도에 대해 무엇을 말하는가. 당연한 질문이지만 쉬운 질문은 아니다. 이 질문에 대한 답을 구하기 위해서는 성경에 나타난 기도 본문들에 대한 바른 이해를 전제로 한다. 따라서 먼저 기도를 설명하는 구절들에 대한 성경 공부를 열심히 해야 한다. 성경은 공시적이면서도 통시적인 읽기가 중요하다. 성경을 시간과 역사적 흐름을 고려해서 읽는 것이 통시적 읽기라면, 공시적 읽기는 완성된 텍스트가 무엇을 말하는지 그 의미를 파악하는 것이다. 그렇게 읽기 위해 문맥은 기본적 중요성을 가진다. 문제는 기도에 관한 유명한 구절들조차 의미 파악이 잘못된 경우가 너무나 많다는 사실이다. 이런 경우 우리의 기도도 필연적으로 길을 잃게 된다. 이 책은 성경 본문들이 말하는 기도의 의미를 먼저 살피고 이것을 어떻게 실제 기도 생활에 연결시킬 수 있는가에 관심을 가진다. 독자들의 이해를 돕기 위해 본문을 시작하기 전에 이 책의 구성을 간략하게 소개하고자 한다.

먼저 이 책은 의도적으로 1장에서 주기도문을 별도로 다룬다. 흐름상 먼저 읽도록 배치했지만, 이 책을 다 읽고 마지막으로 읽는 것도 충분히 가능하다. 사실 우리는 주기도문이 어떤 의미로 주어졌는지 고민하지 않고, 주기도문을 제한적으로 사용하고 있다. 하지만 주기도문은 우리의 생각보다 훨씬 중요한 모든 기도의 근본이다. 공부하는 마음으로 찬찬히 읽어 보길 권한다.

1부(2-5장)에서는 '기도하기'의 중요성을 다룬다. 무엇보다 기도는 하나님의 마음에서 출발한다. 하나님은 우리가 기도하길 원하시고 기도하면 들으신다. 영문법을 오래 배워도 정작 외국인을 만났을 때 입도 떼지 못한다면 무슨 소용인가. 마찬가지로 기도에 대해 많은 것을 배우고 많은 지식을 쌓고 있다고 해도 정작 기도하지 않는다면 그 모든 지식은 헛되다. 문법을 몰라도 말을 시작할 수 있는 것처럼, 기도에 대해 아는 것이 적어도 기도를 시작할 수는 있다. 우리의 노력이 아니라 하나님의 호의로 기도는 시작된다.

2부(6-10장)에서는 기도에 대해 오해하고 있는 말씀들을 다룬다. 우리의 기도 생활을 방해하는 요소들은 무엇인가. 우리가 기도할 때 적용하는 성경은 올바른가. 예를 들어 "중언부언하지 말라"는 말씀은 어떤 의미인가. "부름, 찬양, 회개, 간구, 도고"의 기도 순서는 절대적인가. 기도와 기복신앙적 성경 읽기가 결합될 때 성경은 어떻게 오용되는가. 이런 질문들은 우리의 기도를 어렵게 만들거나 혼란스럽게 할 수 있지만 성경을 올바르게 이해하게 되면 기도에 자유를 얻는다.

3부(11-14장)에서는 '성숙한 기도'가 무엇인지를 제시하고

자 한다. 기도는 향유하는 기도와 사용하는 기도로 나뉜다. 미성숙한 성도는 기도를 사용하지만 성숙한 성도는 기도를 향유한다. 그리고 이 두 기도의 차이는 "기도와 '그의 나라와 그의 의'가 결합되는지"의 여부다. 만약 기도라는 주제를 다룬 성경 구절들을 압축하면 어떻게 될까. 내 대답은 이렇다. "우리는 기도를 통해 하나님의 구원 역사에 참여하는 영광을 누리고 그 정점에는 '마라나타'의 기도가 있다."

이 책의 목적은 기도를 이해시키는 것이 아니라 독자들로 하여금 실제 기도하게 하는 것이다. 기도가 어렵게만 느껴지는 성도들에게 기도를 시작할 용기를 드리고 싶다. 사실 기도라는 특별한 하나님의 선물은 어떤 사람들의 전유물이 아닌 모든 성도의 공유물이기에 모든 이들의 언어로 드려져야 한다. 학자의 언어로도, 영성가의 언어로도, 시인의 언어로도 그리고 시장의 언어로도 기도는 가능하다. 어린아이로부터 흰머리 노인들에 이르기까지, 여성과 남성, 초신자와 직분자 모두에게 기도가 필요하다. 이 책이 기도에 관한 모든 질문에 대한 답이 될 수는 없겠지만, 다만 누군가에게는 다시 기도를 시작하는 계기를 마련해 주기를 바랄 뿐이다. 마지막으로 이 책의 효과적인 활용을 위해 소그룹에서 함께 읽기를 권한다. 이를 위해 '더 깊은 나눔을 위하여'라는 장별 토론 문제를 실었다.

1장   모든 기도의 근본, 주기도문

주기도문 없이 예수를 따르는 길은 없다

⁹그러므로 너희는 이렇게 기도하라. 하늘에 계신 우리 아버지여 이름이 거룩히 여김을 받으시오며 ¹⁰나라가 임하시오며 뜻이 하늘에서 이루어진 것같이 땅에서도 이루어지이다. ¹¹오늘 우리에게 일용할 양식을 주시옵고 ¹²우리가 우리에게 죄지은 자를 사하여 준 것같이 우리 죄를 사하여 주시옵고 ¹³우리를 시험에 들게 하지 마시옵고 다만 악에서 구하시옵소서(나라와 권세와 영광이 아버지께 영원히 있사옵나이다. 아멘).

마태복음 6:9-13

우리가 날마다 이 기도를 드리며 이 기도의 정신에 합당하게 사는 것이 곧 하나님 나라 백성으로 사는 것이다.

김세윤

주기도문은 신앙생활의 뼈대를 이루는 기도문이다. 그런데 오늘날 그리스도인들이 주기도문을 어떻게 사용하는지 돌아보면 "무용, 오용, 남용"의 문제를 발견할 수 있다. 무용(無用)이란 신앙생활에 주기도문을 거의 사용하지 않는 것이다. 이 경우 대부분의 그리스도인들은 "주기도문으로 예배를 마치겠습니다"는 정도를 떠올린다. 오용(誤用)이란 주기도문을 잘못 사용하는 것이다. 한국 교회 안에 매일 주기도문 100회씩 암송하면 만사형통한다고 가르치는 사람들이 있다. 그야말로 주기도문을 소원 성취를 위한 일종의 주문처럼 사용하기에 이는 명백히 잘못된 가르침이다. 남용(濫用)은 오용과도 비슷하다. 가톨릭 교회의 고해성사처럼 신자의 고해에 대해 사제가 "주기도문을 열 번 암송하십시오" 등의 처방을 내리는 것이 이에 해당된다. 이렇게 사제가 고해한 신자에게 내려 주는 속죄를 위한 실천적 과제를 보속(補贖)이라고 한다.

복음서에는 주기도문이 마태복음 6장과 누가복음 11장에 두 번 나온다. 그리고 각 본문들은 주기도문을 바르게 이해하는 데 중요한 요소들을 제공한다. 누가복음 11장은 주기도문이 우리에게 주어지기까지의 역사성을 잘 드러내 주고, 마태복음 6장은 주기도문이 우리의 신앙생활에 얼마나 중요한 기도문인지 그 중심성을 보여 준다. 김세윤 교수는 주기도문을 산상수훈의 "핵심 중의 핵심"으로 평한다.[1] 결론적으로 이 주기도문은 교회 안에서 드리는 모든 기도의 근본이며 주기도문 없이 예수님의 제자가 되는 길은 없다. 우리가 일반적으로 주기도문이라고 말하는 이 기도는 사실 "주께서 가르쳐 주신 기도문"으로 부르는 것이 더 적절하다.

기도를 '잘' 하고 싶은 제자들

누가복음 11:1-2상

¹예수께서 한 곳에서 기도하시고 마치시매 제자 중 하나가 여짜오되 주여 요한이 자기 제자들에게 기도를 가르친 것과 같이 우리에게도 가르쳐 주옵소서. ²예수께서 이르시되 너희는 기도할 때에 이렇게 하라.

그리스도인이라면 누구나 기도에 대한 열망이 있다. 조금 더 긴 시간 동안, 조금 더 깊이, 조금 더 기도를 잘하고 싶은 선한 의지를 지닌 그리스도인들이라면 누구나 "우리에게 기도를 가르쳐 달라"는 제자의 요청에 솔깃해진다. 바로 우리의 간절함을 대신하는 청원이 아닌가. 25년 이상 미국에서 목회하면서 종종 미국 교회와 목회자들이 주관하는 기도 콘퍼런스에 참여할 기회가 있었다. 이때 널리 사용되는 주제 역시 "주여, 우리에게 기도를 가르쳐 주소서"(Lord, teach us to pray)이다. 이 문구를 주제로 새겨 넣은 현수막 아래서 참석자들은 기도의 원리와 기도를 잘할 수 있는 방법론과 기도 응답의 경험들을 나눈다.

하지만 "우리에게 기도를 가르쳐 달라"는 본문은 그런 의미가 아니다. 예수님이 기도하시는 것을 유심히 지켜보던 제자가 자신도 기도를 잘하기를 바라는 마음에서 나온 요청이 아니다. 기도의 초급반에서 중급반으로 혹은 중급반에서 고급반으로 올라갈 수 있는 길을 알려 달라는 부탁도 아니다. 이 본문은 기도의 원리, 방법, 응답 비결 등과 아무런 상관이 없다.

무엇보다 1세기 유대인들은 오늘날의 우리보다 기도에 열심인 사람들이었다. 유대인들은 풍부하고 깊은 기도의 모범인 시편을 사용하여 기도하였고 시편을 외우는 사람들도 많았다. 아침과 저녁에는 신명기 6장의 쉐마를 암송하고 "아미다(*Amidah*) 혹은 18개 축복 기도문(*Shemone Esre*, 셰모네 에스레)"[2]이라 불리는 긴 공동 기도문으로 기도를 드렸다. 오후에도 '아미다'로 기도드렸으며, 이 기도문은 하루 세 차례 기도(아침·오후·저녁)의 핵심이 되었다.

더구나 바리새인들은 일주일에 두 번씩, 목요일과 월요일에 금식하며 율법을 주신 하나님과 율법에 대한 존중을 드러냈다. 모세가 율법을 받기 위해 시내산에 올라간 날이 목요일이었고 내려온 날이 월요일이라고 믿었던 유대인들의 믿음이 반영된 것이다. 오늘날에도 예루살렘의 통곡의 벽, 무너진 성전의 서쪽 벽에서 기도하는 유대 종교인들을 경험한 사람들이라면 유대인들이 기도를 몰라서 예수님께 기도 방법을 물었다는 것에 동의하지 않을 것이다. 그렇다면 누가복음 11:1에 나오는 제자의 질문은 어떤 의미일까?

세례 요한은 에세네파?

제2성전기(혹은 중간 시대)에 일어난 마카비 혁명의 결과, 하스몬 왕조(주전 142-63년)라는 유대 국가가 세워졌다. 그런데 왕조의 출범 이후, 독립전쟁에 주도적으로 참여한 하시딤(Hasidim)이 사두개파와 바리새파 그리고 에세네파로 분화하게 되었고, 신약성경에는 이들의 긴장 관계가 고스란히 드러난다.

이 중에 공동체 생활을 했던 에세네파는 1세기에 약 4,000명으로 추정된다. 사해 사본을 사용한 쿰란 공동체가 대표적으로, "하나님의 남은 의인"을 자처하던 이들은 세속과 분리된 채 금욕생활을 이어갔다. 에세네파는 공동 노동, 공동 예배, 공동 식사를 하며 특별히 자신들의 신앙적 정체성을 담아 만든 '공동 기도문'으로 기도한다. 여기서 생각해 보자. 1세기 팔레스타인의 일반 유대인들은 낙타 털옷을 입고 가죽 띠를 띠고 메뚜기와 석청을 먹는 세례 요한과 그를 따르는 공동체를 어떻게 받아들였을까? 당연히 사두개파나 바리새파는 아니었고, 아마도 에세네파의 일원으로 여겼을 확률이 높다.

세례 요한이 에세네파이거나 에세네파로 여겨졌다는 점을 받아들인다면, 누가복음 11:1에 나오는 "요한이 자기 제자들에게 기도를 가르친 것과 같이"라는 말씀의 의미도 쉽게 이해할 수 있다. 결론적으로 이 말은 여타 에세네파 공동체들처럼 세례 요한 공동체도 자기들만의 신앙과 규칙에 따른 독특한 '공동 기도문'을 가지고 있었음을 의미한다.

요한이 자기 제자들에게 가르쳐 준 기도문

이런 배경들을 바탕으로 누가복음 11:1을 살펴보자. "예수께서 한 곳에서 기도하시고 마치시매 제자 중 하나가 여짜오되 주여 요한이 자기 제자들에게 기도를 가르친 것과 같이 우리에게도 가르쳐 주옵소서." 이 구절의 방점은 "기도를 가르쳐 주소서"가 아니라 "요한이 자기 제자들에게 기도를 가르친 것과 같이"에 찍혀 있다. 그런데 우리는 성경을 읽을 때 대부분 이 부분을 주의 깊게 읽지 않기 때문에 그 의미를 제대로 해석하지 못하는 경우가 많다. 습관적 성경 읽기의 결과라 할 수 있다.

"요한이 자기 제자들에게 기도를 가르친 것과 같이"라는 제자의 언급은 위에서 설명한 것처럼 당연히 세례 요한 공동체의 공동 기도문을 가리킨다. 안타깝게도 이 공동 기도의 전문은 알려져 있지 않다. 광야의 외치는 소리로 살았던 세례 요한이 그 어떤 기록도 남기지 않았기 때문이다. 다만 세례 요한의 메시지나 비시디아 안디옥에서 한 바울의 설교(행 13:24)를 볼 때, 세례 요한의 공동 기도문에서 회개를 강조했을 것이라는 추측은 가능하다.

예수께 공동 기도문을 요청하다

그렇다면 "우리에게도 기도를 가르쳐 달라"는 제자의 요청은 어떤 의미가 있을까? 지금 이 제자는 단순히 기도를 잘하는 법을 알고 싶은 것이 아니다. 그의 청원은 좀 더 본질적이다. 사실 예수 공동체와 세례 요한의 공동체는 유기적으로 연결되어 있다. 예수님의 첫 번째 제자들 중 안드레를 비롯한 몇몇도 처음에는 세례 요한의 제자들이었지만 나중에 예수님의 제자가 되었다(요 1:35-40).

요한의 제자로 출발해 예수님의 첫 번째 제자들이 된 예수님과 세례 요한의 공통의 제자들은 처음에는 예수 그리스도와 세례 요한을 구별하지 않았을 것이다. 하지만 예수님의 제자로 지내면서 그분의 가르침과 사역들을 지켜본 그들은 점차 예수님과 요한의 차이를 의식하게 되었다. 예수님의 가르침은 권위가 있었고(마 7:28-29), 치유와 기적 사역은 예수님의 하나님 나라 운동에 대한 신뢰를 공고히 했다. 마침내 세례 요한의 고백, "나는 그의 신발 끈을 풀기도 감당하지 못하겠노라"(요 1:27)의 의미를 깨닫게 된 제자들은 자연스럽게 자신들의 정체성에 대해 질문하게 되었고 그것이 기도의 요청으로 나타난다. 따라서 "우리에게 기도를 가르쳐 달라"는 제자의 요청은 곧 "우리는 누구입니까"라고 묻는, 정체성에 관한 질문이다.

주기도문은 그리스도인의 정체성을 담은 공동 기도문이다

종합하면 누가복음 11:1, "우리에게 기도를 가르쳐 주옵소서"라는 제자의 요청은 단순히 "주님, 우리가 어떻게 하면 예수님처럼 기도를 잘할 수 있습니까?"가 아니다. 오히려 "주님, 우리는 당신을 따르는 제자들인데 우리가 어떤 공동체인지, 우리 신앙의 정체성은 무엇인지를 담은 우리만의 공동 기도문을 주십시오"라는 청원이다. 이러한 제자의 청원에 예수님이 즉각 응답하셨고 그것이 바로 주께서 가르쳐 주신 기도문 곧 주기도문이다.

누가복음 11:2-4

2 예수께서 이르시되 너희는 기도할 때에 이렇게 하라. 아버지여 이름이 거룩히 여김을 받으시오며 나라가 임하시오며 3 우리에게 날마다 일용할 양식을 주시옵고 4 우리가 우리에게 죄지은 모든 사람을 용서하오니 우리 죄도 사하여 주시옵고 우리를 시험에 들게 하지 마시옵소서 하라.

누가복음과 마태복음에 나오는 주기도문의 차이점에 관해 자세히 논하는 것은 이 책의 범위를 벗어나는 일이기에 여기서 다루지는 않겠다.[3] 다만 여기서는 누가복음과 마태복음에 나타난 주기도의 본문이 드러내는 두드러진 특징을 살피고자 한다.

먼저 누가복음 11장은 예수님이 자기를 따르는 제자들에게 직접 가르쳐 주신 '유일한 공동 기도문'으로서 주기도문의 본질적 중요성을 드러내 준다. 이 주기도문은 사도신경을 비롯한 여타 신경들보다도 더 중요하며 그 어떤 기도들과도 비교할 수 없는 권위를 지닌, 기도의 근본이다. 주기도문이 주어진 이후 모든 예수님의 제자들은 이 공동 기도문을 통해서 정체성을 드러내고 공동체성을 공유한다. 무릇 교회라면 동일한 공동 기도문으로 공동체 기도를 드리는 존재들이다. 만일 어떤 사람들이 기독교 공동체에 속했음을 주장하면서도 주기도문을 사용하지 않는다면*, 그것은 스스로 예수님의 제자임을 부인하는 것이요 예수님의 신앙 공동체에 머물 자격이 없음을 자백하는 것이다. 예수님이 직접 가르치시고 이렇게 기도하라고 말씀하신 유일한 공동 기도문인 주기도문을 거부하면서 동시에 예수님의 제자일 수는 없다.

산상수훈의 구조로 보는 주기도문

그렇다면 마태복음 6장의 주기도문은 어떤 특징이 있는가. 마태복음에 나타나는 주기도문의 독특성은 산상수훈의 일부라는 점이다. 마태복음에는 모두 다섯 번에 걸쳐 예수님의 긴 가르침[4]이 나타난다. 이로 보건대 마태복음의 저자 마태가 모세오경을 염두에 두고 있음이 명백하다. 마태가 소개하는 예수님은 모세와 같은 그러나 모세보다 뛰어난 분이시다. 마태복음의 다섯 번의 긴 가르침 중 첫 번째가 산상수훈이라고 부르는 마태복음 5-7장이

---

* 구원파는 회개란 예수님이 우리의 과거와 현재와 미래의 죄를 사해 주셨다는 것을 믿지 못하는 행위이기에 구원받은 사람은 회개할 필요가 없다고 가르친다. 그런데 주기도문에 "우리의 죄를 사하여 주옵시고"가 들어가 있다. 그래서 구원파는 주기도문을 사용하지 않는다. 이는 성경을 균형 있게 읽지 않고 특정한 주장을 가장 앞세운 결과 나타나는 안타까운 현상으로 "회개하지 말 것"이라는 도그마를 지키기 위해 주기도문을 버림으로 오히려 자신들이 예수님의 제자가 아님을 드러내는 역설이다.

다. 그런데 이 주기도문은 산상수훈의 구조상 가장 중심에 놓여 있으며, 그 자체로 주기도문의 중심성이 잘 드러난다.

산상수훈의 문학적 구조와 주기도문의 위치

[1-1] 팔복 (5:3-16)

    [1-2] 하나님 나라 백성의 새로운 원리 (5:17-48)

            [2-1] 구제 (6:1-4)

                      [3-1] 잘못된 기도 (6:5-8)

    [1-3] 하나님 나라 백성의 → [2-2] 기도 → [3-2] 주기도문
        세 가지 경건 생활 (6:1-18)   (6:5-15)   (6:9-13)

                      [3-3] 용서의 기도 (6:14-15)

            [2-3] 금식 (6:16-18)

    [1-4] 하나님 나라에 대한 전적 헌신 (6:19-7:11)

[1-5] 결론적 비유 (7:12-27)

먼저 산상수훈의 구조에서 '주기도문' [3-2] 의 위치를 보라. 산상수훈의 가장 깊은 층위, 가장 중심적 위치에 주기도문이 놓여 있다. 중심부터 설명하면 예수님이 제자 된 우리를 위해 직접 가르쳐 주신 유일한 공동 기도문 [3-2] (6:9-13)인 주기도문을 '잘못된 기도' [3-1] (6:5-8)와 '용서의 기도' [3-3] (6:14-15)가 앞뒤로 감싸고 있는 구조다. '잘못된 기도' [3-1] 는 다시 '골방 기도'와 '중언부언 기도'로 나뉘는데, 이 주제는 6장에서 상세하게 다룰 것이다.

이처럼 주기도문은 위치상 산상수훈의 한가운데일 뿐 아니라 의미상으로도 산상수훈의 중심을 차지한다. 하나님 나라 백성 된 제자들의 삶에 주어진 헌법과도 같은 산상수훈의 중심에 주기도문이 놓여 있다는 것은 제자의 삶에서 이 기도문이 얼마나 중요한지를 그대로 드러내 준다. 다음은 주기도문에 대한 톰 라이트(Tom Wright)의 설명이다. "제자들에게 이 기도를 주셨을 때, 예수님은 자기 호흡의 일부를, 자기 기도의 일부를 주신 것이었다. 실제로 주기도문은 예수님이 자신의 소명을 어떻게 생각하셨고, 아버지의 목적을 어떻게 이해하셨는지를 집약해서 보여 준다. 우리가 진정으로 주기도문 속으로 들어가 이 기도를 자신의 기도로 삼으려면, 먼저 예수님이 하나님 나라를 어떻게 삶으로 사셨는지 알아야 한다."[5] 그렇다면 주기도문이 담고 있는 내용은 무엇인가.

아빠, 하늘에 계신

"하늘에 계신 우리 아버지"

주기도문은 "하늘에 계신 우리 아빠"라는 부름으로 시작된다. 그런데 이 구절의 순서는 "아빠, 하늘에 계신"으로 주기도문의 첫 단어가 "아빠"다. 주기도문이 이렇게 아빠로 시작하는 것은 대단히 중요한 의미를 지니는데, "아빠"라는 단어가 주기도문을 다른 유대 전통의 기도문과 구분해 준다. 앞에서 유대 공동체의 신앙을 보여 주는 특징적인 공동 기도문으로 "쉐마 기도문과 아미다 곧 18개 축복 기도문"을 언급했는데, 이 기도문들 외에 유대 공동체의 공동 기도문 중에 카디쉬(Kaddish)[6]가 있다. 우리의 예배에서 주기도문이 사용되듯 1세기 유대인들의 회당 예배에서 사용되는 기도문이다.

> 그분의 이름이 높여지고 거룩히 여겨지이다.
> 그분이 그분의 뜻에 따라 지으신 세상 안에서
> 그분의 [자신의] 나라/다스리심이 다스리게 하시길
> 너희들의 생애에 그리고 너희들의 날들에
> 그리고 이스라엘 집안 전체의 생애에, 신속히 그리고 조만간,
> 그분의 위대한 이름이 영원에서 영원까지 찬양되소서.
> 이에 대해 말하라. 아멘.

카디쉬 기도문을 접할 때 우선 주기도문과의 유사성에 놀라게 된다. 하지만 유대인 공동 기도문인 카디쉬 기도문과 그리스도인들의 공동 기도문인 주기도문은 같지 않다. 단순히 같지 않을 뿐 아니라 하늘과 땅이 다른 것처럼 다르다. 그 중요한 차이를 만들어 내는 것이 바로 "아빠, 하늘에 계신"이라는 부름이다.

먼저 주기도문의 "하늘"은 해와 달과 별 그리고 구름이 있는 물리적 하늘이 아니다. 유대인들의 신앙적 전통 속에서 하늘은 독특한 의미를 지닌다. 널리 알려진 것처럼 유대인들은 제3계

명의 금지 규정에 따라 하나님의 이름을 부르기를 극도로 꺼렸다. 이런 유대인의 신학과 관습 때문에 하나님 이름의 대용어로 만들어져 사용된 것이 바로 "하늘"이다. 이 하늘은 하나님이 계신 곳을 상징하며 "하늘에 계신"은 하나님의 초월성을 드러낸다. 톰 라이트는 자신의 책에서 하늘을 이렇게 설명한다. "하늘은 하나님의 공간이며, 그곳에서 하나님의 명령이 집행되고, 하나님의 미래 목적들이 때를 기다린다."[7]

주기도문에 따르면 이 하늘에 계신 분 곧, 초월적 하나님이 바로 나의 아빠로서 우리 안에 내주해 계신다. 유대인들에게 "압바"(abba)[8]는 우리의 아빠와 동일한 쓰임을 가진 용어다. 아버지가 엄격하고 공식적인 개념으로 사용된다면 그보다 더 친밀한 이미지로 아빠가 사용된다. 핵심은 유대인들은 아빠라는 단어를 하나님을 지칭하는 데 사용하지 않는다는 것이다. 하지만 예수님은 유대인의 관습을 뛰어넘어 하나님이 우리의 아빠 되심을 선언하고, 우리에게도 하나님을 아빠로 부르며 기도할 것을 격려한다. 그뿐 아니라 예수님 자신도 하나님을 아빠로 부르며 기도한다(막 14:36).

"아빠, 하늘에 계신"은 우리를 보호하시고 우리에게 좋은 것을 주시며 선한 길로 인도하시는 하나님을 잘 드러내 준다. 초월적 존재이자 절대적 타자이신 하늘에 계신 하나님이 우리 안에 내주하시며 우리의 아빠로 계신다는 개념은 유대교에서는 상상할 수 없는 신앙 고백이다. 그런 의미에서 "아빠, 하늘에 계신"은 주기도문과 카디쉬 기도문을 구별하는 결정적 차이다.

또한 주기도문의 첫 단어가 아빠라는 사실은 우리에게 특별한 감동과 안전감을 가져다준다. 그리스도의 제자들은 전지전능하고 무소부재하신 하늘의 하나님을 아빠로 두고 있는 특별한 존재들이다. 주기도문을 해설한 첫 번째 교부로 알려진 오리게네스(Origenes)는 이렇게 말한다. "누군가가 하나님을 아버지라고 말한 기도를 구약 어딘가에서 발견할 수 있는지를 알아보기 위하여, 이른바 구약을 더 주의 깊게 살펴보는 것은 합당합니다. 지금까지 우리의 능력껏 자세히 조사해 보았지만 발견하지 못했습니다.…기도에서 하나님을 아버지라 부르는 것과 관련하여 구주께서 보여 주신 담대함을 구약에서 발견하지 못했나는 것입니다."⁹ 이처럼 하나님을 아빠라 부르며 기도하는 것은 유대교, 유대인들로서는 상상할 수조차 없는 예수님의 독특하고 완전히 새로운 가르침이다.

주기도문은 부름에 이어 '당신에 관한 세 가지 청원'과 '우리에 관한 세 가지 청원'이라는 두 축으로 중심부가 구성되어 있다. 이는 십계명 중 앞의 네 계명이 하나님과의 관계를, 나머지 여섯 계명이 이웃과의 관계를 설명하는 것과 유사하다. 당신에 관한 세 가지 청원은 역사를 주관하시고 그 목적대로 이끌어 가는 하나님의 주권에 대한 인정과 찬송을 담고 있으며, 우리에 관한 세 가지 청원은 하나님 나라의 완성을 기다리며 이 땅에서 기꺼이 나그네의 삶을 사는 예수님의 제자들에게 매일 매순간 요청되는 기도들을 담고 있다.

당신에 관한 세 가지 청원

당신의 이름이 거룩히 여김을 받으시오며/ 당신의 나라가 임하옵시며/ 당신의 뜻이 하늘에서 이루어진 것같이 땅에서도 이루어지이다.

당신에 관한 첫 번째 청원, "당신의 이름이 거룩히 여김을 받으시오며"는 하나님을 향한 찬양이기도 하고, 하나님께 드리는 청원이기도 하다. 어떤 존재든 이름은 그 존재 자체로, 하나님의 이름은 하나님의 전 존재를 드러낸다. 하나님의 전 존재의 특징이 거룩이다. 그런데 우리는 흔히 이 거룩을 윤리적·도덕적으로 사용해서 흠 없이 완벽함으로 이해한다. 하지만 거룩은 기본적으로 분리, 구별을 의미한다. "하나님은 거룩하시다"는 일차적으로 도덕적·윤리적·종교적으로 흠이 없으시다는 뜻이 아니라 다른 모든 만물과 절대적으로 구별되는 분이라는 의미다. 즉 윤리적 개념이 아니라 물리적 개념이다. 구별된다는 것은 질적 차이를 내포한다. 예를 들어 보자. 하나님은 창조주시고 우리는 피조물이다. 하나님은 무한하시고 우리는 제한된 존재다. 절대 타자인 하나님을 우리는 알 수도 없고, 우리 스스로 발견할 수노 없다. 초월적 존재이신 거룩하신 하나님은 하늘에서 만물을 다스리시고 통치하시고 계획을 자기 뜻대로 실행하신다.

따라서 우리가 "당신의 이름이 거룩히 여김을 받으시오며"라고 기도할 때, 우리는 하나님과의 존재론적 격차를 인정하고 피조물로서 자신의 위치를 분명히 하는 것이다. 우리는 비록 하나님을 "아빠"라고 부르는 특권을 지닌 존재이지만 그럼에도 불구하고 단 한순간도 교만해서는 안 된다. 주기도문으로 기도할 때마다 당신에 관한 첫 번째 청원을 통해 우리 스스로 피조물일 뿐 아무것도 아니며, 항상 하나님 앞에 무릎을 꿇고 그분께 복종해야 하는 존재임을 고백한다. 이처럼 우리와 차원이 다른, 절대적 차별성을 가진 거룩하신 하나님을 인정하는 것으로부터 청원이 시작된다. 그렇다. 거룩하신 하나님은 한낱 피조물에 불과한 우리와의 소통 수단으로 기도를 허용하셨을 뿐 아니라 그 기도를 들으시고 응답해 주시는 분이다. 그리고 피조물인 우리는 연약함 속에 무익한 존재임을 고백하고 오직 하나님의 은혜와 도움을 절대적으로 필요로 하는 존재일 뿐이다. 이러한 관계 속에서 우리는 청원하고 하나님은 들으신다.

당신에 관한 두 번째 청원, "당신의 나라가 임하옵시며"는 주기도문의 가장 핵심적인 청원으로 세 번째 청원과도 연결된다. 예수님은 "하나님의 나라"를 사역의 중심 메시지로 삼았다. 예수님의 공생애 첫 메시지 또한 "때가 찼고 하나님의 나라가 가까이 왔다"(막 1:15)이다. 비슬리 머리(G. R. Beasley-Murray)가 잘 설명한 것처럼 예수님의 이 선포는 복음의 요약이고, 어떤 의미에서 복음서에 나타난 예수님의 모든 가르침은 이 요약에 대한 해설이라고 할 수 있다.[10]

그렇다면 하나님 나라에 대한 청원의 의미는 무엇일까? 하나님이 창조하시고 다스리시는 에덴적 삶이 아담의 불순종으로 말미암아 파괴되었다. 그 결과 세상은 사탄의 지배하에 놓이게 되고, 죽음이 확대되는 세상 가운데 인간과 만물이 고통을 겪으며 회복을 기다린다. 마침내 예수 그리스도가 오셨고 그분의 죽으심과 부활로 말미암아 만물의 회복이 시작된다. 마지막 날 예수님의 재림이 있을 것이며 이때 예수님이 불러 모으신 새 백성은 온전한 하나님의 통치 안에 새 에덴적 삶을 살게 된다. 사탄의 방해 없이 하나님이 온전히 우리의 아빠 노릇을 해 주시는 상태, 이것이 완성된 하나님의 나라이며 예수님은 이 일을 위해 오셨다. 중요한 것은 이 하나님의 나라가 저기 죽음 이후의 세상만을 의미하지 않는다는 점이다. 비록 하나님 나라는 예수님의 재림 때 완성되겠지만, 예수님의 초림을 통해 이미 이 땅에서부터 제자들의 삶 속에 시작되었다. 따라서 주기도문의 두 번째 청원은 시작된 하나님 나라와 미래에 완성될 하나님 나라를 함께 포함한다. 당신에 관한 청원의 마지막 세 번째는 두 번째 청원과 연결되지만 이 청원의 더 깊은 의미는 이 책의 마지막 14장에서 다루기로 하자.

우리에 관한 세 가지 청원

우리에게 일용할 양식을 주시옵고/ 우리가 우리에게 죄지은 자를 사하여 준 것같이 우리 죄를 사하여 주시옵고/ 우리를 시험에 들게 하지 마시옵고 다만 악에서 구하시옵소서.

우리에 관한 청원의 첫 번째이자 주기도문의 네 번째 청원, "일용할 양식을 주옵소서"는 광야에서 이스라엘이 40년간 살았던 삶의 방식을 연상시킨다(출 16:16-18). 사실 "일용할 양식"을 구하는 청원은 인류가 당면한 문제를 단번에 해결하는 가장 단순한 방법을 제시하고 있다. 하지만 죄에 오염된 인간의 부패와 욕심을 생각할 때, 요한계시록의 언어를 따르자면 음녀 바빌론적 삶에 취해 있는 이 세상에게는 가장 요원한 기도 제목이기도 하다. 어떤 의미에서 세상의 모순은 인간이 "일용할 양식"을 구하라는 이 기도에서 멀어진 결과다. 매일의 양식을 구하는 기도는 현대 자본주의 체제하에서 물질을 우상으로 섬기는 "맘모니즘의 가치로부터 벗어나라"라는 가르침이다.

신명기 8:3

너를 낮추시며 너를 주리게 하시며 또 너도 알지 못하며 네 조상들도 알지 못하던 만나를 네게 먹이신 것은 사람이 떡으로만 사는 것이 아니요 여호와의 입에서 나오는 모든 말씀으로 사는 줄을 네가 알게 하려 하심이니라.

광야의 40년 동안 유대인들은 일용할 양식으로 오늘 주시는 만나를 먹으며 살았다. 그리고 내일 내려 주실 만나에 대한 약속은 유대인들로 하여금 늘 하나님을 바라며 하나님의 은혜 안에 머물게 한다. 일용할 양식을 위해 기도할 때마다 우리의 존재가 얼마나 하나님께 의존적인지를 고백하는 것이다. 내가 비축한 힘이 아닌 날마다 예수님의 은혜로 사는 것을 체험하며 하나님께 기꺼이 굴복하는, 예수님으로부터 독립을 추구하지 않는 삶의 방식을 유지하게 한다.

우리에 관한 청원의 두 번째이자, 주기도문의 다섯 번째 청원, "우리의 죄를 사하여 주소서"는 회개로의 부름이다. 흥미롭게도 누가복음에서는 "우리의 죄"로 표현되었지만 마태복음에서는 "우리의 빚"으로 기록하고 있다. 하지만 의미상 큰 차이는 없다. 아마도 마태복음이 예수님의 가르침에 좀 더 가까울 것이다. 누가복음의 '죄'가 직접적이라면 마태복음의 '빚'은 좀 더 은유적 표현으로 보기도 하지만 지역적·인종적·문화적 차이를 반영한 것으로 볼 수도 있다. 그리스-로마 사람들에게는 죄라는 표현을 통해 의미를 정확히 전달하는 것이라면, 빚이라는 표현은 유대인들의 마음에 다가서는 표현으로 보아야 한다. 1세기 유대인들에게 '빚'은 실제로 무거운 짐이었다. 오죽하면 주후 66년 유대 전쟁의 초기에 유대인들이 가장 먼저 빚 문서를 태웠겠는가.[11] 또한 율법을 잘 지키고 있다고 자부하면서 자신들이 의인이라는 유대인늘에게는 죄보나 너 잘 나가오는 개념이 빚이다. 예수님의 다른 가르침에서도 용서의 문맥에서 '빚'을 중요한 모티프로 삼아 설명한 예가 있다. 마태복음 18장이다.

마태복음 18:21-24

²¹그때에 베드로가 나아와 이르되 주여 형제가 내게 죄를 범하면 몇 번이나 용서하여 주리이까 일곱 번까지 하오리이까. ²²예수께서 이르시되 네게 이르노니 일곱 번뿐 아니라 일곱 번을 일흔 번까지라도 할지니라. ²³그러므로 천국은 그 종들과 결산하려 하던 어떤 임금과 같으니 ²⁴결산할 때에 만 달란트 빚진 자 하나를 데려오매.

"일만 달란트 빚진 자의 비유"에 의하면 천국에 들어갈 수 있는 자는 바로 '빚'을 다 갚은 자다. 하지만 그 빚은 일만 달란트이기에 스스로 갚을 수 있는 사람은 없고 오직 하나님의 호의에 힘입어 탕감받은 자만 천국에 들어갈 수 있다. 만일 자기가 얼마를 탕감받은 자인지 잊어버리고 일백 데나리온 빚진 자를 혹독하게 대한 사람은 빚을 다 갚기까지 천국에 들어갈 수 없다. 이는 하나님과 인간 그리고 인간과 인간 사이에 용서의 상호성을 보여준다. 그런데 주기도문의 다섯 번째 청원도 동일하게 용서의 상호성을 강조한다. "우리가 우리에게 빚진 자들을 사하여 주듯이 우리의 빚을 사하여 주소서." 우리는 도저히 스스로의 힘으로 되갚을 수 없는 자들임을 고백하고, 하나님의 호의에 힘입어 빚을 탕감받음으로 구원받았음을 고백하는 사람만이 자기에게 빚진 자들을 용서하는 삶을 살게 된다.

우리에 관한 청원의 세 번째이자 주기도문의 마지막 여섯 번째 청원, "우리를 시험에 들게 하지 마시옵고 다만 악에서 구하시옵소서"는 예수님의 제자들이 부딪혀야 할 이 세상의 속성과 연관된다. 세상은 제자들에게 결코 우호적이지 않다. 이 세상을 압축적으로 표현하자면 '악한 세상'이다. 하나님을 대적하고 세상에서 왕 노릇 하는 자가 사탄이기 때문이다. 시편의 시인들은 이런 악한 세상을 수렁에 비유한다. "기가 막힐 웅덩이와 수렁"(시 40:2), "설 곳이 없는 깊은 수렁"(시 69:2)이 그것들이다. 이 수렁들은 우리에게서 멀리 있지 않다. 바로 우리의 앞과 뒤와 옆에 있다. 예수님도 제자들이 어떤 상황에 놓이게 될지 분명하게 말씀하셨다. 모호하지 않고, 곡해할 수 없는 언어로.

요한복음 15:18-20

18 세상이 너희를 미워하면 너희보다 먼저 나를 미워한 줄을 알라. 19 너희가 세상에 속하였으면 세상이 자기의 것을 사랑할 것이나 너희는 세상에 속한 자가 아니요 도리어 내가 너희를 세상에서 택하였기 때문에 세상이 너희를 미워하느니라. 20 내가 너희에게 종이 주인보다 더 크지 못하다 한 말을 기억하라. 사람들이 나를 박해하였은즉 너희도 박해할 것이요 내 말을 지켰은즉 너희 말도 지킬 것이라.

이런 상황 속에서 우리의 소망은 "악에서 구하소서"라는 기도에 있다. 이 기도가 우리의 소망인 근거는 이 기도를 요청한 예수님이 단번에 순종하심으로 악을 완전히 그리고 영원히 이기셨기 때문이다. 악은 실재하기에 느슨한 마음으로 대하면 악에 넘어진다. 악은 강력하기 때문에 우리의 내재적 힘만으로는 이길 수 없다. 우리의 승리 방정식은 예수 그리스도께 있다. 강력한 악의 실재인 사탄을 결박하신 예수님이야말로 더 강력한 실재이기 때문이다. 우리가 "악에서 구하소서" 기도할 때 이미 악을 이기신 그분께서 우리에게도 이길 힘을 주실 것이다.

악은 우리를 끊임없이 유혹하거나 시험하고 괴롭히다가 결국은 사탄의 나라에 귀속된다. 따라서 "악에서 구하소서"라는 기도는 하나님 나라에 들어가기 위한 청원이다. 하나님 나라가 완성되고 하나님의 통치가 완전히 시행될 때 악은 완전히 소멸되기 때문이다. 이 땅에서 나그네 신분으로 불편과 결핍의 삶을 살다 보면 굽거나 타협하거나 꺾이는 경우가 있다. 따라서 "우리를 시험에 들게 하지 마시옵고 다만 악에서 구하시옵소서"라는 우리의 기도는 "주님, 나를 불쌍히 여기셔서 끝까지 믿음의 길을 가도록 지켜 주소서. 마침내 주님의 재림의 때에 나의 이름을 기억하셔서 하나님의 나라에 들어가게 하소서"와 같은 의미가 된다.

송영

(대개) 나라와 권세와 영광이 아버지께 영원히 있사옵나이다. 아멘.

유대인의 기도는 항상 송영(doxology)으로 마친다. 초기 기독교의 교부의 한 사람인 테르툴리아누스(Tertulianus)의 설명에 의

하면, 주기도문의 마지막 문장도 송영에 해당한다. "(대개) 나라와 권세와 영광이 아버지께 영원히 있사옵나이다"가 송영이라는 의미는 이 부분이 주께서 직접 가르쳐 주신 기도문이 아니라는 것이다. 아마도 초창기에는 주기도문 뒤에 다양한 송영이 자유롭게 붙여졌을 것이다. 그러다가 교회사 속 어느 시점에 가서 송영이 오늘의 형태로 고정되었을 것이다. 개인적으로 주기도문의 송영이 더 풍부하고 더 다양해졌으면 하는 바람이 있다.

주기도문의 올바른 사용

서두에서 주기도문에 대한 무용, 오용, 남용의 문제를 이야기했다. 이제는 더 이상 주기도문이 예배의 마침 표시로서의 기능만으로 축소되어서는 안 된다. 적어도 예수님의 제자라면 매일 그리고 매 순간의 삶에서 예수님이 가르쳐 주신 유일한 공동 기도문의 의미를 하나하나 곱씹으며 기도해야 한다. 마치 주술을 외우듯이, 또는 속도전 하듯 빠르게 이 기도문을 외우는 것으로 그치는 것이 아니라 공동 기도문이 던져 주는 의미를 생각하며 기도해야 한다.

그렇다면 우리는 어떻게 이 기도문을 그 가치에 걸맞게 사용할 수 있을까? 세 가지 구체적 제안을 하고자 한다. 먼저 공적 예배에서 적극적으로 사용하는 것이다. 주기도문의 중심성을 과녁에 비유해 보자. 과녁의 10점 부분이 주기도문이라면 사도신경은 9점의 원에 해당한다. 그리고 이 두 번째 원에 해당하는 것은 사도신경뿐 아니라 니케아 신경 그리고 아타나시우스 신경도 포함된다. (세 번째 8점에 해당하는 원에 속한 것이 우리가 신조라고 부르는 것들이다.) 오늘날 한국 교회 주일 예배에서 대개 사도신경을 사용하지만 사도신경보다 더 중요한, 예수님이 직접 자기를 따르는 제자 공동체에 주신 주기도를 하지 않는 점이 참으로 안타깝다.

두 번째로 우리의 개인 기도에 주님 가르쳐 주신 기도를 포함하는 것이다. 구체적으로 개인 기도 시간에 먼저 주님 가르쳐 주신 기도문으로 기도하고 이어서 우리 자신의 기도를 이어 갈 수 있다.

마지막 세 번째는 톰 라이트의 제안이다.[12] 그는 한 주 동안 주님 가르쳐 주신 기도문의 구절을 하나씩 차례대로 택해 "오늘의 기도"로 삼을 것을 제안했다. 일요일에는 하늘에 계신 우리 아버지, 월요일에는 아버지의 이름을 거룩하게 하시며, 화요일에는 나라가 오게 하시며, 수요일에는 오늘 우리에게 일용할 양식을 주시고, 목요일에는 우리 죄를 용서하여 주시고, 금요일에는 악에서 구하소서. 그리고 마지막 토요일에는 나라와 권세와 영광을 자신의 골방으로 삼아 기도하라는 것이다.

지금까지 주기도문이 우리 제자들에게 어떤 의미인지 누가복음 11장과 마태복음 6장을 중심으로 살펴보았다. 먼저 누가복음 11장에서 주기도문의 역사성을 살펴보았다. 주기도문은 예수님이 우리에게 직접 가르쳐 주신 유일한 공동 기도문이다. 예수님의 제자인 기독교 공동체는 마땅히 이 공동 기도문으로 기도할 뿐 아니라 이 기도문의 의미를 따라 사는 기쁨을 누리는 사람이다.

또한 마태복음 6장에서는 주기도문이 산상수훈의 한복판, 핵심 중의 핵심에 놓여 있음을 살펴보았다. 예수 그리스도의 하나님 나라 운동에 기꺼이 참여한 제자에게 헌법처럼 주어진 삶의 원리, 가치, 윤리가 산상수훈이라면, 그중에서도 가장 깊은 곳에 담긴 주기도문의 중심성을 마음에 새겨야 한다. 오늘 이 시대를 사는 그리스도인들에게도 주기도문은 여전히 유효하다. 이 기도문의 한 구절 한 구절이 우리에게 늘 새로워야 한다. 주기도문으로 하는 기도를 통해 우리가 어제의 은혜로 사는 것이 아닌 오늘의 은혜로 사는 경험을 하게 되고 또 해야 한다. 결론적으로 예수님이 보여 주신 삶의 모범을 따르는 제자들에게 주기도문은 "모든 기도의 근본"이다.

더 깊은 나눔을 위하여

1. 이 장을 읽고 기도에 대해 새롭게 배운 것이나 깨달은 점이 있다면 나누어 보자.

2. 지금까지 '주기도문' 하면 떠오르는 생각이나 개인적 의미는 무엇인가?

3. 누가복음에 나오는 주기도문 본문의 의미를 설명해 보자.

4. 마태복음에 나오는 주기도문 본문의 의미를 설명해 보자.

5. 주기도문의 부름에 나오는 '아빠'의 독특성을 요약하고 설명해 보자.

6. 당신에 관한 세 가지 청원에 대해 말해 보라.

7. 우리에 관한 세 가지 청원에 대해 말해 보라.

8. 주기도문을 어떻게 사용할 수 있을지 구체적 방안을 나누어 보자.

1부
기도와 하나님의 마음

2장   고아처럼 버려두지 않으리라

제자로서의 여정은 기도 응답의 약속과 함께 시작된다

¹³너희가 내 이름으로 무엇을 구하든지 내가 행하리니 이는 아버지로 하여금 아들로 말미암아 영광을 받으시게 하려 함이라. ¹⁴내 이름으로 무엇이든지 내게 구하면 내가 행하리라. ¹⁵너희가 나를 사랑하면 나의 계명을 지키리라. ¹⁶내가 아버지께 구하겠으니 그가 또 다른 보혜사를 너희에게 주사 영원토록 너희와 함께 있게 하리니 ¹⁷그는 진리의 영이라. 세상은 능히 그를 받지 못하나니 이는 그를 보지도 못하고 알지도 못함이라. 그러나 너희는 그를 아나니 그는 너희와 함께 거하심이요 또 너희 속에 계시겠음이라. ¹⁸내가 너희를 고아와 같이 버려두지 아니하고 너희에게로 오리라. ¹⁹조금 있으면 세상은 다시 나를 보지 못할 것이로되 너희는 나를 보리니 이는 내가 살아 있고 너희도 있겠음이라. ²⁰그날에는 내가 아버지 안에, 너희가 내 안에, 내가 너희 안에 있는 것을 너희가 알리라.

요한복음 14:13-20

기도는 하나님께 우리의 마음을 드리고, 그분이 주시는 사랑을 받는 아주 단순한 일이다.

잔느 귀용

기도는 하나님을 믿는 우리와 성경 속에 나타난 많은 이방 종교들을 구별하는 핵심 요소들 중 하나다. "우리 하나님 여호와께서 우리가 그에게 기도할 때마다 우리에게 가까이하심과 같이 그 신이 가까이함을 얻은 큰 나라가 어디 있느냐"(신 4:7). 물론 이방 종교들에도 기도가 있지만 세상의 어떤 신도 우리 하나님처럼 기도에 반응하는 존재는 없다. 하나님은 우리 가까이 계시며, 우리가 기도할 때마다 우리에게 다가오셔서 우리를 품어 주신다. 이처럼 하나님 백성의 독특성은 기도에 있지만 정작 한국 교회 안에서는 기도의 열정이 식어 가고 기도의 총량은 줄어들고 있다. 다른 한편 오랫동안 교회를 나니면서도 여선히 기도를 어려워하거나 기도하지 않는 사람들도 많다. 이번 장에서는 이처럼 기도가 낯선 시대를 사는 그리스도인들에게 기도가 여전히 의미가 있는지 묻고, 얼마나 유용한지를 총괄적으로 다루고자 한다.

이미 언급한 것처럼 많은 성도들이 기도하기를 두려워하지만 정작 기도의 가장 깊은 자리까지 경험한 인물들일수록 기도를 단순하고 명료하게 정의한다. 잔느 귀용(Jeanne Guyon)의 말대로 기도란 하나님께 우리 마음을 드리는 것이다. 그런데 하나님께 드리는 마음에는 감사, 찬양, 평안뿐 아니라 필요의 요청도 포함되며, 염려와 고통과 분노와 미움도 모두 포함된다. 또한 기도는 하나님이 주시는 사랑을 받는 일이다. 성도가 기도할 때 비로소 우리가 얼마나 하나님께 사랑받는 존재인지를 실감한다. 하나님은 우리의 모든 기도를 환영하고 기꺼이 응답하신다.

말씀이 영적 양식이라면, 기도는 영적 호흡이다

"기도는 우리를 향한 하나님의 뜻이다." 이 명제는 두 가지 의미로 사용될 수 있다. 하나는 기도가 하나님이 성도를 위하여 세심하게 준비하신 선물이라는 것이고, 두 번째로 하나님은 자기 백성들이 기도하기를 간절히 원하신다는 의미다. 이제부터 시작되는 우리의 기도 이야기도 여기서부터 출발해 보자. 하나님의 마음은 우리가 기도하는 것이다. 물론 올바른 기도는 무엇이며, 잘하는 기도는 어떻게 하는 것인지도 알아야 한다. 하지만 정작 기도하지 않는다면 기도에 관한 그 모든 지식은 무익하다. 기도하는 단순한 행위가 기도에 관한 모든 지식보다 중요하고 또 유용하다.

종교개혁 이래 교회는 그리스도인의 은혜의 방편으로 말씀과 기도와 성례를 제시해 왔다. 그중 말씀과 기도의 중요성을 강조하는 정형화된 가르침이 바로 "말씀은 영적 양식이며, 기도는 영적 호흡이다"라는 문구다. 그리스도인이라면 모두가 이 말에 동의한다. 날마다 말씀을 듣고, 읽고, 공부하고, 암송하고, 묵상하는 것은 마치 우리의 생명을 유지하기 위해 밥을 먹는 것처럼 중요하다. 그런 의미에서 말씀은 영적 양식이다. 그렇다면 기도가 영적 호흡이라는 말은 어떤 함의가 있을까.

이렇게 질문해 보자. "한 번 호흡할 때 흡입할 공기의 적정량은 얼마일까를 생각하면서 호흡하는 사람이 있을까?" 만일 마실

공기의 부피를 100cc라고 가정해 보자. 어떤 사람이 호흡을 하면서 100cc의 공기를 마시려 했는데 그만 딴생각을 하다가 80cc만 들이켰다고 하자. 그렇다면 이 사람은 다음 호흡에 더욱 주의를 기울이며 입을 좀 더 넓게 벌려 120cc의 공기를 마시기 위해 계산하며 호흡을 할까? 추측컨대 인공호흡기의 도움을 받고 있는 환자가 아닌 한 그렇게 정확히 계산하며 숨쉬기를 하는 사람은 없을 것이다. 사람들은 숨의 양이나 횟수를 계산하면서 숨 쉬지 않고 자연스럽게 그냥 숨을 쉰다. 그리고 숨을 쉬지 않으면…죽는다.

기도도 마찬가지다. 기도는 영적 호흡이다. 성도에게 기도는 숨 쉬는 것과 같다. 그 누구도 숨 쉴 때마다 계산하지 않듯이 성도라면 그에게 기도는 계산된 행동이 아니라 호흡처럼 자연스러운 행위여야 한다. 숨을 쉬기 위해 사는 사람은 없겠지만 살기 위해서는 반드시 숨쉬기가 필요한 것처럼, 성도가 기도하기 위해서만 사는 것은 아니지만 기도하지 않으면 우리의 영은 죽는다. 이것이 기도는 영적 호흡이란 말의 의미다. 한 가지 더 부연하자면, 숨쉬기는 생명이 지속되는 한 끊임없이 지속되어야 한다. 어제는 어제의 숨을 쉬었어도 오늘은 오늘의 숨을 쉬어야 산다. 마찬가지로 우리도 어제 드린 기도의 힘으로 사는 것이 아니라 오늘 드리는 기도의 힘으로 살기에 우리의 매일매일의 삶 가운데 기도는 쉼 없이 반복되어야 한다. 성경은 기도의 일상성에 관해 이렇게 강조한다.

에베소서 6:18

모든 기도와 간구를 하되 항상 성령 안에서 기도하고 이를 위하여 깨어 구하기를 항상 힘쓰며 여러 성도를 위하여 구하라.

골로새서 4:2

기도를 계속하고 기도에 감사함으로 깨어 있으라.

데살로니가전서 5:15하-18

15 항상 선을 따르라. 16 항상 기뻐하라. 17 쉬지 말고 기도하라. 18 범사에 감사하라. 이것이 그리스도 예수 안에서 너희를 향하신 하나님의 뜻이니라.

이 본문들에 나타나는 "모든 기도와 간구를", "항상 기도하고", "깨어 구하기를 힘쓰며", "기도를 계속하고", "쉬지 말고 기도하라" 등등의 표현들은 기도가 우리의 일상이 되어야 함을 강조한다. 경험상 이러한 일상적 기도가 가져오는 유익을 세 가지 들 수 있다. 먼저 기도는 하나님과 우리의 관계를 친밀하게 유지해 준다. 두 번째로 긴급한 상황에서 기도는 우리를 피난처로 안내한다. 마지막으로 기도를 통해 하나님의 구원 사역에 참여하는 영광을 누린다. 모든 것이 유익하고 나쁜 점이 없을 때 종종 버릴 것이 없다고 표현하는 것처럼, 기도야말로 그리스도인들에게 말 그대로 버릴 것이 없는 영적 활동이다.

성경은 기도에 관한 감동적이고도 아름다운 표현, 경험, 고백, 권면 들로 가득하다. 주관적이긴 하겠지만 만일 내게 기도하는 데 동기를 부여해 주는 표현을 꼽으라고 한다면 망설이지 않고 "너희를 고아처럼 버려두지 않으리라"는 요한복음 14:18을 선택할 것이다. 설명을 시작하기 전에 이 구절에 대한 이해를 돕기 위해 요한복음의 구조를 먼저 살펴보기로 하자.

요한복음의 구조

일반적으로 마태복음과 마가복음 그리고 누가복음 세 복음서를 공관복음으로 묶는다. 그렇다면 공관복음과 요한복음 사이에는 어떤 관점의 차이가 있을까? 공관복음의 예수님은 인간으로 오신 분이지만 요한복음의 예수님은 하늘에 계신 분이 우리를 위해 아래 세상으로 내려오신 하나님이시다. 공관복음이 드러내는 십자가의 길은 우리와 같은 인간의 몸을 입고 오신 예수님이 걸어가신 고난의 길이지만, 요한복음이 보여 주는 십자가의 길은 하나님이신 예수님이 우리를 구원하시는 사역을 능동적으로 완수하시고 당당히 영광을 받으시는 길이다. 공관복음의 예수님은 우리를 위해 고통을 당하시고 그 고난의 절정으로 십자가에서 죽임을 당하신다. 이 과정에서 예수님은 십자가라는 참담한 고통을 앞두고 고뇌하는 인간적인 모습을 드러낸다. 하지만 요한복음의 시선으로 바라본 예수님은 삼위일체 하나님의 제2위격이신 성자로서 성부 하나님이신 아버지의 뜻에 순종하여 십자가를 향해 망설임 없이 그리고 기꺼이 나아간다. 가상칠언을 보자. 공관복음의 예수님은 "나의 하나님, 나의 하나님, 어찌하여 나를 버리셨나이까"(마 27:46)라며 절규하지만, 요한복음의 예수님은 십자가 위에서도 당당하게 말씀하신다. "다 이루었다"(요 19:30).

이렇게 다른 복음서와 뚜렷한 차이가 있는 네 번째 복음서인 요한복음의 구조를 단순화하면 1장 '서론', 2-12장 '표적의 책', 13-20장 '영광의 책', 21장 '부록'으로 나뉜다. 먼저 '서론'은 성자 예수는 태초부터 하나님과 함께 계신 분이신데, 우리를 구원하시기 위해 아래 세상인 땅으로 오셨음을 드러낸다. 두 번째로 '표적의 책'은 예수님이 행하신 수많은 기적 중에서 특별히 일곱 개를 택해서 예수님의 하나님 나라 운동을 설명한다(요 20:30-31; 21:25). 이 일곱 가지 기적은 단순히 기적 자체를 목적으로 한 것이 아니다. 각각이 예수님의 하나님 나라를 가리키고 설명하는 표적으로 기능하기에, 주석가들은 이 부분을 '표적의 책'이라 부른다. 세 번째로 '영광의 책'은 예수님의 표적을 보고 믿음 안에 들어와 자기를 따르는 소수의 제자들을 향한 권면, 약속, 기도, 십자가의 길 등으로 채워신다. 특별히 이 부분을 '영광의 책'으로 부르는 것은 십자가와 부활의 사건을 지칭할 때 십자가 대신 영광이라는 용어를 사용하고 있기 때문이다(요 13:31-32). 이 '영광'은 요한복음의 독특한 용어다. 마지막으로 '부록'에서 베드로를 회복시키는 것으로 요한복음은 끝난다.

요한복음 13:1

유월절 전에 예수께서 자기가 세상을 떠나 아버지께로 돌아가실 때가 이른 줄 아시고 세상에 있는 자기 사람들을 사랑하시되 끝까지 사랑하시니라.

요한복음 13:1은 '표적의 책'에서 '영광의 책'으로 전환되는 구절이다. '표적의 책'이 모든 사람을 대상으로 한 공적 사역이라면 '영광의 책'은 좀 더 친밀하고 제한된 제자들에게 초점을 맞춘다. 레슬리 뉴비긴(Lesslie Newbigin)은 이렇게 말한다. "이 지점에서 우리는 노상에서 벗어나 조용한 방으로 움직이게 된다.…그 고요한 방에서 예수는 장차 제자들에게 맡길 세계 선교를 위해 그들을 준비시키신다."[1]

요한복음 13장의 현 시점에서 제자들은 상상도 할 수 없겠지만, 예수님이 아버지께로 돌아가실 때가 되었다. 예수님은 곧 십자가에 죽으시고 부활하신 후 승천하실 것이다. 하지만 제자들은 여전히 세상에 남겨진다. 예수님의 승천 이후 남겨진 제자들이 부딪혀야 하는 세상은 결코 만만하지 않다. 이 모든 일을 앞두고 예수님은 제자들을 사랑하되 끝까지 사랑하신다(요 13:1). 예수님은 제자들의 발을 씻기셨고, 제자들에게 "서로 발을 씻어주[며]"(요 13:14), "서로 사랑하라"(요 13:34-35)는 당부를 남기신다. 또 예수님의 승천 이후에도 하나님 나라 운동은 제자들에 의해 지속될 것임을 말씀하신다(요 14:12). 그리고 난 후, 예수님은 자기 제자들에게 아주 특별한 약속을 하신다.

너희를 고아와 같이 버려두지 아니하리라

요한복음 14:18

내가 너희를 고아와 같이 버려두지 아니하고 너희에게로 오리라.

고아(孤兒)의 사전적 의미는 "부모를 여의거나 부모에게 버림받아 몸 붙일 곳이 없는 어린아이"다. 아직 스스로 삶을 살아 낼 힘이 없는 아이들에게는 성인이 되기까지 부모의 보호와 양육이 필수적이기에 부모가 없다는 것은 아이들에게는 치명적 결핍이다. 그런 의미에서 예수님이 승천 이후 이 땅에 남겨질 제자들의 상태를 고아에 빗대어 설명한 것은 적절하다.

공생애 기간 동안 예수님은 언제나 제자들 곁에 계셨다. 예수님의 보호와 양육과 가르침 아래 제자들은 안전했다. 하지만 때가 되었고 이제 예수님은 아버지께로 돌아가야 한다. 제자들이 처할 이후 상황은 예수님의 품 안에 머물던 이전과는 완전히 다를 것이다. 중요한 것은 그럼에도 예수님의 제자들은 고아로 버려지지 않는다는 점이다. 그렇다. 예수님의 승천 이후에도 제자들은 고아처럼 세상에 덩그러니 남겨지거나 버려진 채로 자기 몸조차 의탁할 곳이 없는 가련한 존재들이 아니다. 제자들은 완전히 잊히고 고립무원 상태에서 복음이라는 무거운 책임만을 짊어진 자들이 아니다.

우리를 고아처럼 버려두지 않겠다는 예수님의 약속은 막연하지도 공허하지도 않다. 물론 주의 재림의 약속이 성취되는 날 우리가 고아가 아니었음은 최종적으로 확증될 것이다. 하지만 예수님의 재림 이전, 예수님의 초림과 재림 사이 곧 우리가 종말이라 부르는 이 시대를 사는 제자들과 그리스도인들도 고아가 아니다. 우리가 고아가 아니라는 보증으로 예수님의 두 가지 약속이 주어지는데, 바로 기도 응답의 약속과 보혜사 성령의 약속이다.

보혜사 성령을 보내 주리라

요한복음 14:16-17

16 내가 아버지께 구하겠으니 그가 또 다른 보혜사를 너희에게 주사 영원토록 너희와 함께 있게 하리니 17 그는 진리의 영이라. 세상은 능히 그를 받지 못하나니 이는 그를 보지도 못하고 알지도 못함이라. 그러나 너희는 그를 아나니 그는 너희와 함께 거하심이요 또 너희 속에 계시겠음이라.

예수님은 영광을 받으시고 하늘로 올라가셔서 하나님의 우편에 계신다. 하지만 우리 곁에 예수님이 없다고 해서 우리가 고아가 아닌 것은, 성령을 보내 주실 것이기 때문이다. 보혜사 성령은 영원히 우리와 함께하시며 우리를 가르치시고, 또한 예수님의 가르침을 생각나게 하실 것이다(요 14:25-26). 예수님은 여기서 한 걸음 더 나아가 내가 떠나고 보혜사가 오는 것이 너희에게 유익하다고 말씀하신다(요 16:7).

약속대로 제자들은 사도행전 2장의 오순절 성령 강림을 경험했고, 이후 성령의 주도로 교회가 시작되고 복음이 퍼져 나갔다. 오늘날도 성령의 역사는 지속된다. 우리가 복음을 듣고 믿음으로 구원받아 참된 교회의 일원이 되는 것도 성령의 역사다. 또한 지속적으로 하나님의 은혜 안에 머물며 총체적 복음의 대리인으로 사는 것도 성령의 인도하심이다. 이처럼 우리에게 성령이 함께 계시다는 것은 우리가 고아가 아니라는 증거 그 자체다.

너희가 기도하면 내가 행하리라

요한복음 14:12-15

12 내가 진실로 진실로 너희에게 이르노니 나를 믿는 자는 내가 하는 일을 그도 할 것이요 또한 그보다 큰 일도 하리니 이는 내가 아버지께로 감이라. 13 너희가 내 이름으로 무엇을 구하든지 내가 행하리니 이는 아버지로 하여금 아들로 말미암아 영광을 받으시게 하려 함이라. 14 내 이름으로 무엇이든지 내게 구하면 내가 행하리라. 15 너희가 나를 사랑하면 나의 계명을 지키리라.

우리가 고아가 아닌 또 다른 증거는 바로 기도 응답의 약속이다. 고아는 고립무원의 존재다. 도움을 요청할 부모가 없다. 하지만 우리는 고아처럼 버려진 존재가 아니다. 하나님이 우리의 '아빠'가 되신다. 자녀는 아빠에게 당당히 요청하고, 아빠는 자녀의 요구에 기꺼이 응답하며 한 걸음 더 나아가 자녀의 요청을 기뻐한다. 하나님의 자녀인 그리스도인들이 아빠이신 하나님께 드리는 감사나 요청의 구체적 행위가 기도다. 제자들은 기도를 통해서 고아가 아니라는 사실을 날마다 확인한다.

물론 요한복음 14:13-14에 나오는 기도 응답의 약속은 도둑의 손에 들린 만능열쇠가 아니다. 구약과 신약을 막론하고 기도를 오직 자신의 욕망을 채우는 수단으로 사용할 때, 그런 기도는 거절된다. 예루살렘 성전 낙성식에서의 솔로몬의 기도와 하나님의 응답을 보라. 솔로몬이 이스라엘의 모든 회중 앞에서 무릎을 꿇고 하늘을 향하여 손을 펴고 기도를 시작한다(대하 6:13이하). 이에 대한 하나님의 반응이 역대하 7장이다.

역대하 7:12-15, 19-20

12 밤에 여호와께서 솔로몬에게 나타나사 그에게 이르시되 내가 이미 네 기도를 듣고 이곳을 택하여 내게 제사하는 성전을 삼았으니 13 혹 내가 하늘을 닫고 비를 내리지 아니하거나 혹 메뚜기들에게 토산을 먹게 하거나 혹 전염병이 내 백성 가운데에 유행하게 할 때에 14 내 이름으로 일컫는 내 백성이 그들의 악한 길에서 떠나 스스로 낮추고 기도하여 내 얼굴을 찾으면 내가 하늘에서 듣고 그들의 죄를 사하고 그들의 땅을 고칠지라. 15 이제 이곳에서 하는 기도에 내가 눈을 들고 귀를 기울이니…19 그

러나 너희가 만일 돌아서서 내가 너희 앞에 둔 내 율례와 명령을 버리고 가서 다른 신들을 섬겨 그들을 경배하면 20 내가 너희에게 준 땅에서 그 뿌리를 뽑아내고 내 이름을 위하여 거룩하게 한 이 성전을 내 앞에서 버려 모든 민족 중에 속담거리와 이야깃거리가 되게 하리니.

이 본문은 두 가지 적용 포인트가 있다. 먼저 이 구절들은 기도와 기도의 형식을 띤 이방인들의 주문(呪文)을 구분해 준다. 주문은 단지 자신의 목적을 이루기 위한 것으로 기도하는 대상과의 관계는 중요치 않다. 이에 비해 참된 기도는 하나님과 기도자 사이의 관계의 신실함을 요청한다. 하나님과의 인격적 관계 속에서 드려지는 것이 기도고 그렇지 않으면 주문이다. 두 번째 포인트는 기도를 들으시겠다는 하나님의 약속과 마음이다. 하나님은 "내 이름으로 일컫는 내 백성" 곧 자기 백성이 기도하기를 원하시고 그 기도를 들으신다. 이 사실이 여전히 우리 기도의 기초가 된다. 그것이 찬양이든, 감사든, 탄원이든, 요청이든 심지어 원망일지라도 하나님은 자기 백성의 기도를 들으신다. 제자들은 고아가 아닌 하나님의 친백성이다. 야고보서 5:13-18을 "너희를 고아와 같이 버려두지 않으리라"는 약속의 관점에서 읽어 보자. 주님의 마음은 자기 백성이 기도하기를 바라고, 제자들의 기도에 항상 열려 있다.

야고보서 5:13-18

¹³너희 중에 고난당하는 자가 있느냐 그는 기도할 것이요 즐거워하는 자가 있느냐 그는 찬송할지니라. ¹⁴너희 중에 병든 자가 있느냐 그는 교회의 장로들을 청할 것이요 그들은 주의 이름으로 기름을 바르며 그를 위하여 기도할지니라. ¹⁵믿음의 기도는 병든 자를 구원하리니 주께서 그를 일으키시리라. 혹시 죄를 범하였을지라도 사하심을 받으리라. ¹⁶그러므로 너희 죄를 서로 고백하며 병이 낫기를 위하여 서로 기도하라. 의인의 간구는 역사하는 힘이 큼이니라. ¹⁷엘리야는 우리와 성정이 같은 사람이로되 그가 비가 오지 않기를 간절히 기도한즉 삼 년 육 개월 동안 땅에 비가 오지 아니하고 ¹⁸다시 기도하니 하늘이 비를 주고 땅이 열매를 맺었느니라.

하나님을 아버지라 하면서 고아처럼 사는 자들

성도에게 기도는 어떤 의미일까? 기도는 우리가 고아인지 아닌지를 판가름하는 기준이다. 예수님은 자기 제자들을 고아처럼 버려두지 않겠다는 약속의 보증으로 기도 응답을 말씀하셨지만 정작 한국 교회의 기도는 점점 약해지고 있다. 예수님의 제자인 우리가 기도하지 않는다면 고아가 아니면서 고아처럼 사는 것이다. 입술로는 하나님을 아버지라 부르면서 실제로는 고아로 사는 불쌍한 사람들이 교회 안에 얼마나 많은가. "나는 고아인가, 고아가 아닌가?" 이 질문은 이렇게 바꿀 수 있다. "나는 기도하는가, 기도하지 않는가?"

"하나님은 우리가 기도하기를 원하시고, 하나님의 백성들은 하나님께 기도해야 한다"는 단순한 사실이 기도에 관한 우리 논의의 출발점이다. 기도는 하나님 아버지의 마음이다. 얼마나 놀라운 일인가. 하나님은 우리의 기도에 항상 귀 기울이시며 응답하실 준비가 되어 있다. 얼마나 감사한 일인가. 그런데 예수님이 기도하면 들으시겠다는 말씀을 읽으면서도 결코 기도하지 않는 사람들, 하나님은 기도 응답을 약속하시고 우리의 기도를 기대하며 기다리지만 끝내 기도의 입술을 벌리지 않고 고집스럽게 입을 꽉 다문 사람들이 있다면 그들이 바로 고아라 할 수 있다.

기도 없이는 응답도 없다

모든 기도자의 바람은 기도 응답일 것이다. 희망의 근거는 우리가 기도하면 들으시겠다는 하나님의 약속이다. 하지만 기대가 현실이 되기 위해서 우선 해야 할 일이 있다. 바로 기도를 실행에 옮기는 것이다. 기도 응답의 비결은 기도에 관한 책을 읽는 것이 아니라 기도하는 것이다. 기도에 대한 해박한 이론과 풍성한 성경적 지식이 우리를 기도로 이끌지 않고 기도의 거룩한 습관이 우리를 기도의 자리로 이끈다. 이 책을 덮고 즉시 기도의 자리로 나아간다면 이 책은 책무를 다한 셈이다.

더 깊은 나눔을 위하여 _____

1 이 장을 읽고 기도에 대해 새롭게 배운 것이나 깨달은 점이 있다면 나누어 보자.

2 기도는 영적 호흡이라는 가르침을 어떻게 일상에 적용할 수 있을까?

3 우리가 고아가 아닌 두 가지 근거를 말해 보라.

4 기도와 주문의 차이점을 각자의 말로 설명해 보자.

5 기도 응답의 비결은 무엇인가?

6 이 장을 공부한 후, 우리가 개인적으로 적용해야 할 점을 구체적으로 나누어 보자.

3장   그래도 내 백성은 내게 기도하라

하나님의 일은 하나님의 뜻을 이루시는 것이고,
우리의 일은 하나님께 기도하는 것이다

⁴⁰ 엘리야가 그들에게 이르되 바알의 선지자를 잡되 그들 중 하나도 도망하지 못하게 하라 하매 곧 잡은지라. 엘리야가 그들을 기손 시내로 내려다가 거기서 죽이니라. ⁴¹ 엘리야가 아합에게 이르되 올라가서 먹고 마시소서 큰 비 소리가 있나이다. ⁴² 아합이 먹고 마시러 올라가니라. 엘리야가 갈멜산 꼭대기로 올라가서 땅에 꿇어 엎드려 그의 얼굴을 무릎 사이에 넣고 ⁴³ 그의 사환에게 이르되 올라가 바다 쪽을 바라보라. 그가 올라가 바라보고 말하되 아무것도 없나이다. 이르되 일곱 번까지 다시 가라. ⁴⁴ 일곱 번째 이르러서는 그가 말하되 바다에서 사람의 손만 한 작은 구름이 일어나나이다. 이르되 올라가 아합에게 말하기를 비에 막히지 아니하도록 마차를 갖추고 내려가소서 하라 하니라. ⁴⁵ 조금 후에 구름과 바람이 일어나서 하늘이 캄캄해지며 큰비가 내리는지라. 아합이 마차를 타고 이스르엘로 가니.

열왕기상 18:40-45

저는 감히 눈을 들어 당신을 바라보지도 두 손 모아 당신께 간구하지도 못하겠습니다. 그러나 당신은 무엇이든 간구하라 명하셨고, 그 기도에 귀를 기울이겠다고 약속하셨습니다.

마르틴 루터

신앙은 질문할 때 성장한다. 질문 없는 신앙은 폐쇄적이며 제한적이다. 교회는 성도의 질문에 열려 있어야 한다. 기도에 대해서도 많은 질문들이 있다. 그중 두 가지를 꼽아 보자. "어차피 하나님이 세상을 향한 당신의 계획을 가지시고 주권적으로 일하시는데, 우리가 기도할 필요가 있는가?" "하나님은 우리가 굳이 기도하지 않아도 우리의 필요를 다 아시는데 그래도 우리는 기도해야 할까?" 이 두 질문은 기도에 대한 근본적인 궁금함을 담고 있기도 하고, 기도를 대하는 태도를 드러낸 것이기도 하다. 어차피 하나님의 시간표 안에서 그분의 뜻을 따라 조금의 착오도 없이 정확하게 이루어 가시는 하나님의 경륜인데, 여기에 우리의 기도가 들어갈 틈이 있기나 할까.

불을 내리신 여호와여 비를 내리소서

열왕기상 18장에는 그 유명한 엘리야의 두 가지 기도 사건이 담겨 있다. 하나는 바알과 아세라 신을 섬기는 선지자들 850명을 상대로 엘리야가 홀로 맞서는 장면이다. 이 기도 대결의 결과 850명의 거짓 선지자들은 기손 시내에서 모두 죽임을 당한다. 두 번째가 엘리야가 갈멜산 꼭대기로 올라가 비를 주시기를 간구하는 장면이다. 엘리야는 무릎을 꿇고 엎드릴 뿐 아니라 자신의 얼굴을 무릎 사이에 파묻고 기도한다(왕상 18:42).

지금 우리의 관심은 엘리야의 두 번째 기도 장면이다. 엘리야의 기도 자세는 그 자체도 특이하지만 열왕기상 18장의 달아 오른 분위기와 기세를 감안하면 천하의 엘리야가 이렇게까지 기도할 필요가 있었을까 하는 생각도 든다. 첫 번째 기도도 중요한데 그에 대해서는 6장에서 자세히 다루도록 하고 여기서는 엘리야와 바알과 아세라의 이방 선지자들과의 내러티브를 중심으로 읽어 보자. 잘 알려진 대로 엘리야는 850대 1의 기도 대결에서 통쾌한 승리를 거두었고, 그는 이스라엘의 영웅이 된다.

> 열왕기상 18:36-38
>
> 36 저녁 소제 드릴 때에 이르러 선지자 엘리야가 나아가서 말하되 아브라함과 이삭과 이스라엘의 하나님 여호와여 주께서 이스라엘 중에서 하나님이신 것과 내가 주의 종인 것과 내가 주의 말씀대로 이 모든 일을 행하는 것을 오늘 알게 하옵소서. 37 여호와여 내게 응답하옵소서. 내게 응답하옵소서. 이 백성에게 주 여호와는 하나님이신 것과 주는 그들의 마음을 되돌이키심을 알게 하옵소서 하매 38 이에 여호와의 불이 내려서 번제물과 나무와 돌과 흙을 태우고 또 도랑의 물을 핥은지라.

본문에 나타난 엘리야의 기도는 마치 골리앗 앞에 선 다윗과 같다(삼상 17장). 다윗처럼 엘리야의 마음도 하나님으로 인해 뜨겁다. 850명의 이방 선지자들 앞에서도 전혀 기죽지 않고 오직 여호와께서 이스라엘의 하나님이며 모든 신들 가운데 참된 신이 되심을 선포하는 엘리야의 당당함에서 골리앗을 두려워하지 않왔던 다윗을 본다. 엘리야의 기도는 단순했고 강력했다. "여호와여 내게 응답하소서." 하나님은 엘리야의 기도에 즉각 반응하셨고 불이 내려서 모든 것을 태우고 핥아 버린다.

이 멋진 신앙의 영웅, 기도의 용사 엘리야가 갈멜산 꼭대기에 서서 두 손을 펼쳐 들고 지중해를 바라보며 이렇게 기도했으면 분위기에 잘 어울렸을 것 같다. "불을 내리신 여호와여, 이제 비를 내리사 여기 모인 이스라엘 백성들이 하나님이 그 자녀들에게 긍휼을 베푸시는 분이심을 보게 하소서…." 그리고 기도를 마친 엘리야가 기도의 손을 내리자마자 하나님께서 큰비를 내리셨다면, 18장은 그 자체로 완벽한 마무리였을 것 같다. 하지만 현실의 엘리야는 그렇게 기도하지 않았다.

꿇어 엎드려 얼굴을 무릎 사이에 넣고

열왕기상 18:42-43

⁴²아합이 먹고 마시러 올라가니라. 엘리야가 갈멜산 꼭대기로 올라가서 땅에 꿇어 엎드려 그의 얼굴을 무릎 사이에 넣고 ⁴³그의 사환에게 이르되 올라가 바다 쪽을 바라보라. 그가 올라가 바라보고 말하되 아무것도 없나이다 이르되 일곱 번까지 다시 가라.

갈멜산 꼭대기에서 엘리야는 불가능하거나 불편한 자세로 기도한다. 무릎을 꿇고 엎드려 자신의 얼굴을 무릎 사이에 파묻고 기도하는 것은 유대인들에게도 일반적이지 않다. 아마도 엘리야는 허리와 목이 유난히 길고 몸의 유연성도 대단한 사람이었던 것 같다. 엉뚱하게 들릴 수도 있겠지만, 엘리야가 이런 자세로 기도했다면 나도 해 보자는 마음으로 여러 번 시도해 보았던 경험이 있다. 비록 실패했지만….

아무튼 갈멜산에서 엘리야는 하나님 앞에 자신을 최대한 낮추는 자세로 간절히 기도한 후 사환에게 요청한다. "올라가 바다 쪽을 바라보라." 지금이나 당시나 갈멜산 꼭대기에서 바라보면 서쪽으로는 지중해가 펼쳐진다. 지중해로부터 불어오는 비구름을 관찰하도록 시킨 것이다. 지중해 상황을 살펴본 사환이 돌아와 말한다. "아무것도 없나이다." 그러면 엘리야는 다시 무릎을 꿇고 얼굴을 무릎 사이에 넣는다. 두 번째, 세 번째…여섯 번째까지도 사환은 지중해에서 비의 징조를 전혀 발견하지 못했지만 엘리야는 기도하기를 포기하지 않는다. 그리고 일곱 번째 기도를 드렸을 때, 사환이 보고한다.

손만 한 작은 구름

열왕기상 18:44-45

44 일곱 번째 이르러서는 그가 말하되 바다에서 사람의 손만 한 작은 구름이 일어나나이다 이르되 올라가 아합에게 말하기를 비에 막히지 아니하도록 마차를 갖추고 내려가소서 하라 하니라. **45** 조금 후에 구름과 바

람이 일어나서 하늘이 캄캄해지며 큰비가 내리는지라. 아합이 마차를 타고 이스르엘로 가니.

사환이 보고한 것은 바다의 "사람의 손만 한 작은 구름"이었지만, 엘리야는 이것이 큰비의 전조임을 안다. 기도하는 사람 특유의 영적 민감성이 작동한 결과다. 과연 조금 후에 구름과 바람이 일어나더니 하늘이 캄캄해지며 큰비가 내린다. 마침내 엘리야의 기도가 응답된 것이다.

엘리야의 위대한 기도 이야기는 이렇게 마무리되고, 기도하는 사람들에게 그 자체로 훌륭한 기도 모범이 된다. 하지만 이 기도 이야기는 이렇게 마무리되어서는 안 된다. 진짜가 남아 있다. 이제 진실의 문을 열고 한 걸음 더 들어가 보자. 사실 엘리야의 기도 내러티브의 시작은 열왕기상 17장이다.

비가 그치고, 그리고 다시 비가 내리고

열왕기상 17:1-7

¹ 길르앗에 우거하는 자 중에 디셉 사람 엘리야가 아합에게 말하되 내가 섬기는 이스라엘의 하나님 여호와께서 살아 계심을 두고 맹세하노니 내 말이 없으면 수년 동안 비도 이슬도 있지 아니하리라 하니라. ² 여호와의 말씀이 엘리야에게 임하여 이르시되 ³ 너는 여기서 떠나 동쪽으로 가서 요단 앞 그릿 시냇가에 숨고 ⁴ 그 시냇물을 마시라. 내가 까마귀들에게 명

령하여 거기서 너를 먹이게 하리라. ⁵ 그가 여호와의 말씀과 같이 하여 곧 가서 요단 앞 그릿 시냇가에 머물매 ⁶까마귀들이 아침에도 떡과 고기를, 저녁에도 떡과 고기를 가져왔고 그가 시냇물을 마셨으나 ⁷땅에 비가 내리지 아니하므로 얼마 후에 그 시내가 마르니라.

열왕기상 18장에서 엘리야는 왜 그토록 간절히 비를 달라는 기도를 드렸는가? 하나님이 비를 멈추셨기 때문이다. 왜 하나님은 비를 멈추셨는가? 북이스라엘의 악한 왕 아합에 대한 하나님의 징계이자 심판이었다. 그 이전의 모든 왕들보다 더 악한 아합왕은 이세벨과 손을 잡고 하나님에 대한 어떤 두려움도 없이 바알을 섬기며 아무런 거리낌도 없이 이방 신들을 위한 제단을 쌓았다. 성경은 이런 아합왕을 이렇게 평가한다. "그는 그 이전의 이스라엘의 모든 왕보다 심히 이스라엘 하나님 여호와를 노하시게 하였더라"(왕상 16:33). 하나님은 그런 아합왕을 심판하셨고, 그 결과 땅에는 비가 멈췄다.

비가 내리지 않는 가뭄의 기간은 3년 6개월이다. 뜻밖에도 가뭄의 기간에 대한 정확한 정보는 열왕기상이 아닌 신약에 나온다(눅 4:25; 약 5:17). 그렇다면 왜 3년 6개월 동안의 가뭄일까? 이 장의 직접적인 주제는 아니지만 이 질문은 우리에게 성경이 얼마나 생생한 기록인지 맛볼 수 있는 기회를 제공해 준다. 결론적으로 3년은 하나님이 정하시지만 6개월은 하나님도 어찌하실 수 없는(?) 시간이다.

팔레스타인의 기후는 우기와 건기로 나뉜다. 대체로 우기는 10월부터 4월까지며, 건기는 5월부터 시작되어 10월 무렵 끝난다. 성경의 이른 비와 늦은 비는 이런 기후에서 유래한다. 우기가 시작되는 10-11월에 내리는 비를 '이른 비', '가을비'로 부르며, 우기의 끝 무렵인 3, 4월에 내리는 비를 '늦은 비', '봄비'라 부른다. 이렇게 뚜렷이 나뉘는 우기와 건기를 열왕기상 17장에 대입해 보자.

아합 시대의 가뭄이 하나님의 심판인데 마침 그 시작이 건기였다면 그 누구도 비가 내리지 않는 것을 심판으로 생각하지 않을 것이다. 건기에는 원래 비가 오지 않으니 말이다. 그런데 본문을 관찰하면 비가 멈춘 시기가 우기다. 더구나 한참 비가 내리다 갑자기 비가 그쳤음을 알 수 있다. 이로써 비를 내리지 않겠다는 하나님의 징계가 시작된 것이 분명해진다. 그렇다면 이때가 우기였다는 것은 어떻게 알 수 있을까?

엘리야는 하나님의 명령대로 아합을 만나 앞으로 수년 동안 비도 이슬도 있지 않을 것이라고 전한다(1절). 그리고 엘리야는 아합을 피해 동쪽으로 가서 요단 앞 그릿 시냇가에 숨으라(3-4절)고 하신 하나님의 말씀대로 그릿 시내로 갔고 그곳에서 시냇물을 마셨는데, 곧 땅에 비가 그치자 그릿 시내도 마른다(6-7절). 이 그릿 시내는 와디(wadi, 건천)다. 비가 오는 동안에는 물이 흐르지만 비가 내리지 않으면 마른 바닥을 드러내는 것이 와디로, 물이 풍부한 우리에게는 낯선 용어지만 팔레스타인이나 미국의 서부 지역에서는 흔히 볼 수 있다. 본문에서 와디인 그릿 시내에 물이 흐르고 엘리야가 그 물을 마셨다는 것은 이때가 우기임을 보여 준다. 이 장면에서 우리가 세심하게 읽어야 할 부분은 "그 시냇물을 마시라"(4절)이다. 이 구절이 들어간 까닭은 일종의 문학적 장치로 이때가 우기임을 강조하기 위함이다. 비가 내리던 우기에 갑자기 비가 그치자 물이 흐르던 그릿 시내도 마르고 바닥을 드러낸다. 하나님의 심판이 우기에 시작된 것이다.

그 후, 3년 6개월이 지났다. 이번에는 하나님이 엘리야에게 비를 다시 주실 것을 말씀하셨고(왕상 18:1), 갈멜산에서 엘리야의 기도에 응답하심으로 비를 내리신다. 하나님의 징계가 끝난 것이다. 이 과정을 다시 찬찬히 살펴보자. 이미 살펴본 대로 비가 그친 것은 우기인데, 이때부터 3년이 지난 시점이면 계절상 또다시 우기다. 이 우기에 하나님이 다시 비를 주셨다면 이스라엘 사람들은 내리는 비를 보면서 하나님의 징계가 끝난 것으로 받아들이기보다 지난 몇 년을 이상 기후 정도로 치부해 버렸을 것이다. 하지만 3년이 지나고 다시 6개월이 지나면 건기다. 비가 한 방울도 내리지 않는 건기의 한복판에 "구름과 바람이 일어나서 하늘이 캄캄해지며 큰비가 내리는"(왕상 18:45) 엄청난 일이 일어난 것이다. 이렇게 3년이 지나고 다시 반년 후, 건기의 한복판에 내리는 비를 보고 나서야 북이스라엘은 비로소 하나님의 심판이 끝났음을 인정하게 된다.

다시 읽는 갈멜산의 기도

열왕기상 18:1-2

¹많은 날이 지나고 제삼년에 여호와의 말씀이 엘리야에게 임하여 이르시되 너는 가서 아합에게 보이라. 내가 비를 지면에 내리리라. ²엘리야가 아합에게 보이려고 가니 그때에 사마리아에 기근이 심하였더라.

열왕기상 17장이 하나님의 심판을 다루고 있다면, 열왕기상 18장은 하나님의 회복을 다룬다. 가뭄은 심판이고 비가 내리는 것은 회복이다. 하나님이 엘리야에게 말씀한다. "너는 가서 아합에게 보이라. 내가 비를 지면에 내리리라"(왕상 18:1). 엘리야는 이 말씀을 믿었고 바로 아합왕을 만난다. 또 엘리야는 하나님의 말씀을 온전히 믿었기에 홀로 바알과 아세라의 선지자들 850명과 맞선다. 열왕기상 18장에 나타난 엘리야의 행동은 어떤 두려움도 없고 거침없고 담대하다.

이제 이야기를 엘리야의 갈멜산 기도로 이어 보자. 다시 말하지만 왕상 18:1에서 하나님은 엘리야에게 비를 주리라는 약속을 하셨고, 엘리야는 그것을 의심 없이 믿었다. 그 믿음이 이방 선지자들 곧 샤먼들과의 대결을 승리로 이끌었고 엘리야는 그 승리의 기세를 몰아 갈멜산 꼭대기로 올라갔다. 그리고 아합왕에게 이렇게 선포한다. "올라가서 먹고 마시소서. 큰비 소리가 있나이다"(왕상 18:41).

하지만 정작 갈멜산에서 엘리야가 기도하는 모습은 850명의 거짓 선지자들과 대결할 때나 아합왕에게 선언할 때의 당당함에 비하면 낯설다. 두 손을 높이 들고 확신에 찬 음성으로 "불을 내리신 하나님, 비를 내리소서"라고 기도하지 않는다. 오히려 하나님 앞에서 가장 낮고 겸손한 자세로 비를 달라고 기도한다. 마치 비에 관해 어떤 언질도 받지 못한 사람처럼 땅에 엎드려 자신의 얼굴을 무릎 사이에 파묻은 채 간절히 기도를 드린다. 엘리야가 갑자기 소심해진 것일까? 혹시 비가 내리지 않으면 어쩌나 하고 의심하거나 염려하는 것일까? 당연히 그렇지 않다. 엘리야의 기도가 우리에게 주는 중요한 가르침이 있다.

여호와께 비를 구하라

반복되지만 처음 했던 질문들을 다시 생각해 보자. "나를 사랑하시는 하나님이 나의 형편과 필요를 아시는데, 내가 굳이 기도하지 않아도 하나님이 알아서 다 주시지 않을까?" "하나님이 당신의 시간에 당신의 마음대로 하실 텐데 우리가 기도할 필요가 있을까?" 교회를 오래 다녔어도 이렇게 생각하는 사람들이 적시 않다. 물론 전부는 아니지만 이런 질문들은 기도하지 않는 사람들의 변명이 되기도 한다.

하지만 이것은 하나님의 마음이 아니다. 2장에서 본 것처럼 하나님은 우리가 기도하기를 원하신다. 엘리야에게 비를 주겠노라고 말씀하신 하나님(왕상 18:1)은 엘리야가 가만히 서서 비 오기를 기다리는 것이 아니라 비를 달라고 하나님께 기도하길 바라신다. 이쯤에서 기도에 관한 오래된 격언을 상기해 보자. "모든 것이 하나님께 달려 있는 것처럼 기도하라. 모든 것이 당신에게 달려 있는 것처럼 일하라." 그렇다. 하나님은 하나님의 일을 하시고, 우리는 우리의 일을 하면 된다. 하나님의 일은 하나님의 뜻을 이루시는 것이고, 우리의 일은 하나님께 기도하는 것이다. 열왕기상 18장에 적용하면, 하나님의 일은 비를 일으키는 것이고 엘리야의 일은 비를 구하는 것이다. 이번에는 스가랴서를 보자.

스가랴 10:1

봄비가 올 때에 여호와 곧 구름을 일게 하시는 여호와께 비를 구하라. 무리에게 소낙비를 내려서 밭의 채소를 각 사람에게 주시리라.

팔레스타인 지역을 우기와 건기로 나누신 분이 하나님이시다. 계절적으로 봄비가 내릴 때가 되면 하나님이 당연히 비를 주실 것이다. 하지만 이때 우리의 올바른 태도는 단순히 비가 오기를 기다리는 것이 아니다. 봄비 때가 되면, '봄이 왔으니 봄비가 오겠지' 하며 팔짱 끼고 봄비를 기다리고만 있지 말고 구름을 일게 하시는 하나님께 봄비를 내려 달라고 기도해야 한다. 그렇다. 하나님은 자기 백성들이 기도하기를 원하신다. 마지막 세 번째로 에스겔 36장을 보자.

그래도 이스라엘 족속은 내게 구하여야 할지라

에스겔 36:16-38은 에스겔서 전체의 핵심 메시지다. 이스라엘이 자기 땅에 있을 때에 그들은 불법을 행함으로 그 땅을 더럽혔고(17절), 우상숭배로 하나님의 분노를 일으켰다(18절). 그 결과로 하나님은 유다 백성들을 심판하셨고 다른 땅으로 흩어 버리셨다(19절). 바빌론에 포로로 끌려간 것이다.

하지만 하나님은 자기 백성에게 은혜를 베푸셨고, 약속을 주신다. 그 약속을 따라 이스라엘 백성들은 다시 고국 땅으로 돌아가게 될 것이다(24절). 조상들에게 준 땅에 돌아간 이스라엘은 다시 하나님의 백성이 되고 하나님은 이스라엘의 하나님 노릇을 해주실 것이다(26절). 이런 언약 회복의 맥락에서 예루살렘을 포함한 성읍들이 다시 세워질 것이다.

> 에스겔 36:35-36
>
> 35 사람이 이르기를 이 땅이 황폐하더니 이제는 에덴동산같이 되었고 황량하고 적막하고 무너진 성읍들에 성벽과 주민이 있다 하리니 36 너희 사방에 남은 이방 사람이 나 여호와가 무너진 곳을 건축하며 황폐한 자리에 심은 줄을 알리라. 나 여호와가 말하였으니 이루리라.

황무한 땅이 이제 다시 에덴동산같이 될 것이며, 성읍들은 무너져 황량하고 적막한 곳이 되었지만 이 성읍들에 다시 성벽이 세워지고 사람들이 살게 될 것이다(35절). 이처럼 불가능해 보였던 성읍들의 회복과 재건을 보면서 이방 사람들조차 이것은 하나님이 하신 것이라고 인정하게 될 것이다(36절). 더구나 하나님은 이 언약에 스스로의 인격을 담보하며 맹세하신다. "나 여호와가 말하였으니 이 모든 일이 반드시 이루어질 것이다"(36절 하). 그렇다. 하나님이 작정하신 일을 막아설 자는 없다. 그런데 에스겔서의 핵심 메시지는 이렇게 마무리되지 않는다.

> 에스겔 36:37-38
> 37 주 여호와께서 이같이 말씀하셨느니라. 그래도 이스라엘 족속이 이같이 자기들에게 이루어 주기를 내게 구하여야 할지라. 내가 그들의 수효를 양 떼같이 많아지게 하되 38 제사 드릴 양 떼 곧 예루살렘이 정한 절기의 양 무리같이 황폐한 성읍을 사람의 떼로 채우리라. 그리한즉 그들이 나를 여호와인 줄 알리라 하셨느니라.

하나님이 약속하셨으니 이루실 것이다. 하나님의 이름을 걸고 말씀하신 이 일은 반드시 이루어질 것이다. 이제 유다 백성들은 그날을 기다리면 될 일이다. 하지만 그것은 하나님의 방법이 아니다. 37절에 드러난 하나님의 마음은 "그래도 내 백성은" 자신들에게 주신 이 언약이 이루어지기를 하나님께 간구하라고 하신다. 이것이 하나님의 마음이며 하나님이 자신의 뜻을 이루어 가시는 방식이다.

내 백성은 내게 기도하라

열왕기상 18:40-45, 스가랴 10:1, 에스겔 36:37-38의 세 구절의 공통점은 "그래도 내 백성은 이와 같이 너희에게 이루어 주시도록 내게 기도하라"는 것이다. 엘리야는 이미 비를 주시겠다는 약속을 받았고 그 말씀을 굳게 믿고 850대 1의 기도 대결을 펼쳤다. 하지만 정작 비를 내려 달라는 기도를 드릴 때는 마치 아무런 약속을 받지 못한 사람처럼 그 기도가 이루어지기까지 무릎을 꿇고, 머리를 무릎 사이에 묻고 일곱 번이나 기도했다. 에스겔서에서 하나님은 이스라엘을 축복하고 회복을 선언하시지만, 동시에 남유다 백성들로 하여금 그 일이 이루어지도록 하나님께 기도할 것을 요청하신다. 스가랴서도 마찬가지다. 우기가 되면, 당연히 비가 내리겠지 하며 팔짱을 끼고 기다리지 말고 비를 주시는 하나님께 비를 내려 달라고 기도하는 것이 성도들의 올바른 자세다.

노는 네가 저어라

사하라 사막에서 10년 동안 침묵과 고독 속에서 노동과 기도에 전념했던 20세기 영성가인 카를로 카레토(Carlo Carretto)는 말한다. "하나님은 우리에게 나룻배와 노를 주시며 말씀하신다. '노는 네가 저어야 한다.'"[1] 이것이 우리가 기도해야 할 이유다. 첫 질문으로 돌아가 보자. "어차피 하나님이 세상을 향한 당신의 계획을 갖고 주권적으로 일하시는데, 우리가 기도할 필요가 있는가?" 이제 우리의 대답은 분명하다. 기도해야 한다. "하나님은 우리가 기도하지 않아도 우리의 필요를 다 아시는데 그래도 우리는 기도해야 할까?" 마찬가지로 우리의 대답은 "그렇다"이다. 기도의 소망은 주께서 우리의 기도를 원하신다는 사실에 바탕을 둔다. 하나님의 약속은 기도의 통로를 따라 성취된다. 거듭 강조하지만 기도 없이는 응답도 없다. 노는 우리가 저어야 한다.

더 깊은 나눔을 위하여

1 이 장을 읽고 기도에 대해 새롭게 배운 것이나 깨달은 점이 있다면 나누어 보자.

2 이 장의 서두에 제시한 기도에 관한 두 가지 질문에 대한 평소의 생각을 나누어 보자.
   - "어차피 하나님이 주권적으로 일하시는데, 우리가 기도할 필요가 있는가?"
   - "하나님은 우리가 기도하지 않아도 우리의 필요를 다 아시는데 그래도 우리는 기도해야 할까?"

3 이 장에서 설명한 3년 반의 가뭄을 각자의 표현으로 재구성해 보자.

4 열왕기상 18:1-2과 열왕기상 18:42을 읽고 우리의 기도와 비교해 보자.

5 열왕기상 18:42, 스가랴 10:1, 에스겔 36:37-38에 공통적으로 드러난 하나님의 마음을 나누어 보자.

6 이 장을 공부한 후, 우리가 개인적으로 적용해야 할 점을 구체적으로 나누어 보자.

4장 여호와의 선하심을 맛보라

하나님께는 예측 못할 비상사태가 없으며,
우리에게는 기도하지 못할 긴급한 순간이 없다

¹내가 여호와를 항상 송축함이여 내 입술로 항상 주를 찬양하리이다. ²내 영혼이 여호와를 자랑하리니 곤고한 자들이 이를 듣고 기뻐하리로다. ³나와 함께 여호와를 광대하시다 하며 함께 그의 이름을 높이세. ⁴내가 여호와께 간구하매 내게 응답하시고 내 모든 두려움에서 나를 건지셨도다. ⁵그들이 주를 앙망하고 광채를 내었으니 그들의 얼굴은 부끄럽지 아니하리로다. ⁶이 곤고한 자가 부르짖으매 여호와께서 들으시고 그의 모든 환난에서 구원하셨도다. ⁷여호와의 천사가 주를 경외하는 자를 둘러 진 치고 그들을 건지시는도다. ⁸너희는 여호와의 선하심을 맛보아 알지어다. 그에게 피하는 자는 복이 있도다.

시편 34:1-8

하나님께는 예측할 수 없는 비상사태가 없으며, 응답할 수 없는 부족함이 없다.
조지 뮬러

하나님 자리에 인간의 이성을 대체시킨 18세기의 계몽주의는 기독교를 미신으로 치부했다. 대표적 인물이 볼테르다. 계몽주의의 상징적 인물인 볼테르는 기독교 신앙을 가리켜 "약자의 목발"이라고 조롱하며 폄훼했다. 반면에 볼테르보다 한 세기 전 인물인 파스칼은 정반대 입장에 선다. 17세기 과학혁명의 시기에 수학자로 또 자연과학자로 이름을 떨치던 그는 당대의 지식인들 사이에 기독교 신앙을 포기하는 일이 유행처럼 퍼져 나가자 이런 풍조에 한탄하며 신앙을 변호한다. 파스칼이 죽은 후 그가 남긴 메모들을 편집해 세상에 나온 책이 『팡세』(Pensées)인데, 그 책의 한 토막을 보자. "인간이란 은혜 없이는 지워 버리기 힘든 오류로 가득 찬 존재다." 아무리 과학이 발달한 AI 시대라 해도 오류로 가득 찬 우리 인간에게는 여전히 신앙이 필요하다. 볼테르가 보기에 파스칼은 불쌍한 사람이지만, 파스칼이 보기에 볼테르는 무모한 사람이다. 볼테르가 맞다면 파스칼은 잃을 것이 없지만 파스칼이 맞다면 볼테르는 모든 것을 잃는다.

볼테르는 기독교를 비하하는 의미로 약자의 목발을 이야기했지만, 역설적으로 우리 그리스도인들은 자기 힘으로 설 수 없는 존재임을 인정하고, 하나님의 은혜가 절대적으로 필요한 약자임을 스스로 고백하는 자들이다(고전 4:10; 고후 12:10). 자신의 내재적 힘이 아닌 하나님의 도우심으로 사는 것을 전적으로 고백하는 사람들에게 필요한 것이 기도이며 그런 의미에서 기도는 약자에게 주어진 은혜의 목발이다. 달리 표현하자면 우리 삶은 마치 지뢰밭을 걷는 것과 같다. 성도가 기도하지 않는 것은 지뢰 탐지기 없이 스스로 탐지기가 되어 자신의 경험이나 직감만으로 지뢰밭을 건너고자 하는 것처럼 무모하다. 삶이 지뢰밭이라면 기도는 지뢰 탐지기다.

성경에는 자신의 힘으로 극복할 수 없는 위급하고 긴급한 상황 속에서 하나님의 도우심을 바라며 기도하는 믿음의 사람들 이야기로 가득하다. 이들은 자신을 에워싼 환경에 압도되지 않고 오히려 기도함으로 하나님의 선하심을 맛본다. 아무리 위급한 상황이라도 기도하지 못할 만큼 긴급한 순간은 없다. 다윗도 느헤미야도 환경보다 기도가 강하다는 것을 경험한 사람들이다.

아기스왕 앞에 선 다윗

사무엘상 21:10-15

10 그날에 다윗이 사울을 두려워하여 일어나 도망하여 가드 왕 아기스에게로 가니 11 아기스의 신하들이 아기스에게 말하되 이는 그 땅의 왕 다윗이 아니니이까. 무리가 춤추며 이 사람의 일을 노래하여 이르되 사울이 죽인 자는 천천이요 다윗은 만만이로다 하지 아니하였나이까 한지라. 12 다윗이 이 말을 그의 마음에 두고 가드 왕 아기스를 심히 두려워하여 13 그들 앞에서 그의 행동을 변하여 미친 체하고 대문짝에 그적거리며 침을 수염에 흘리매 14 아기스가 그의 신하에게 이르되 너희도 보거니와 이 사람이 미치광이로다. 어찌하여 그를 내게로 데려왔느냐. 15 내게 미치광이가 부족하여서 너희가 이 자를 데려다가 내 앞에서 미친 짓을 하게 하느냐. 이 자가 어찌 내 집에 들어오겠느냐 하니라.

본문은 사울에게 쫓기는 삶에 지친 다윗이 블레셋의 가드로 망명을 시도하는 이야기다. 우선 다윗의 행동을 "민족을 저버린 행위"로 단정해서 정죄할 필요는 없다. 긍휼의 마음으로 보면 우리 자신의 이야기이기도 하다. 오죽하면 블레셋 원수의 나라로 피신을 했겠는가. 사실 하나님도 다윗의 망명 시도를 정죄하거나 판단하지 않으시고 다윗을 도우신다. 더구나 사무엘상 27장을 보면, 다윗은 두 번째로 가드에 갔고 그때는 아기스왕도 다윗의 망명을 받아들인다. 이제 그 서사를 찬찬히 살펴보자.

다윗이 사울을 두려워하여 가드로 향한 사건은 블레셋 가드 입장에서는 좋은 기회다. 골리앗을 죽인 강력한 다윗이 제 발로 걸어와 투항하겠다는 뜻밖의 상황이 벌어졌고, 가드 왕 아기스와 신하들은 다윗의 망명을 어떻게 처리해야 할지를 두고 난상토론을 벌인다. 물론 이 과정을 가장 초조한 마음으로 지켜보는 사람은 다윗이었을 것이다. 시간이 얼마 지나고 결론의 시간이 다가오는데, 분위기는 다윗의 희망과는 다른 방향으로 흘러간다. 신하들이 다윗을 탄핵하는 강력한 고소가 어전 회의의 장소에 울려 퍼진다. "무리가 춤추며 이 사람의 일을 노래하여 이르되 사울이 죽인 자는 천천이요 다윗은 만만이로다 하지 아니하였나이까"(11절).

이제 다윗의 운명은 풍전등화와 같다. 고대 로마 제국식으로 설명하면, 아기스왕이 치켜든 엄지가 아래를 향하면 다윗은 죽는다. 분위기가 급격하게 반(反) 다윗으로 기울고 이제 곧 결정이 내려질 순간에, 우리가 다 아는 것처럼 갑자기 다윗이 이상한 행동을 한다. 마치 미친 사람처럼 침을 질질 흘려 수염을 적시고, 성문 문짝에 아무렇게나 글자를 긁적거린다. 이 모습을 지켜보던 아기스왕은 미치광이 다윗을 당장 내쫓으라는 명령을 내렸고, 다윗은 쫓겨나 배척당한다. 하지만 역설적으로 다윗은 쫓겨나서 오히려 목숨을 건진다. 사건 자체는 해피엔딩이지만 이러한 결말은 우연적 사건도, 다윗이 기지를 발휘한 결과도 아닌 기도 응답이다. 시편을 보자.

여호와께 간구하매 내게 응답하시는도다

다윗 이야기는 많은 경우 시편과 함께 읽어야 한다. 예를 들면 사무엘하 15장은 시편 3편과 시편 5편, 사무엘하 12장은 시편 51편, 사무엘하 22장은 시편 18편과 함께 읽을 때 더욱 생생하게 다가온다. 사무엘서에 나오는 다윗의 행적은 역사적 사실이다. 그리고 시편은 이 사건들이 발생했을 당시 다윗의 내밀한 마음을 알 수 있는 기도문이다. 사무엘서만 있다면 다윗은 영웅으로 남겠지만 시편의 기도문이 있어서 다윗은 비로소 우리와 같은 성정을 가진 친숙한 사람이 된다. 다윗도 두려워하기도 하고, 간절하게 하나님의 도움을 구하기도 하는 인간이다.

사무엘상 21장과 짝을 이루는 것이 시편 34편이다. 이제 시편 34편을 배경으로 사무엘상 21장의 사건을 재구성해 보자. 시편 34편의 "다윗이 아비멜렉[1] 앞에서 미친 체하다가 쫓겨나서 지은 시"라는 표제가 사무엘상 21장과의 직접적인 연관성을 밝혀 준다.

> 시편 34:1-3
>
> [1] 내가 여호와를 항상 송축함이여 내 입술로 항상 주를 찬양하리이다. [2] 내 영혼이 여호와를 자랑하리니 곤고한 자들이 이를 듣고 기뻐하리로다. [3] 나와 함께 여호와를 광대하시다 하며 함께 그의 이름을 높이세.

아기스왕의 결정으로 다윗은 추방당했다. 그런데 쫓겨난 다윗은 아기스왕의 손아귀에서 벗어나 안전한 거리를 확보하자마자 하나님을 찬양한다. 시편 34편의 이 구절들은 죽음의 입구에서 되돌아온 다윗의 모습이다. 조용한 감사는 불가능해 보인다. 기쁨을 가누지 못하고 지축을 박차며 뛰어오르고 하늘을 향해 큰 소리로 찬송하는 다윗의 마음이 느껴지는가. 우리가 주목하는 것은 하나님을 향한 다윗의 마음이다. 자신이 아기스왕의 손아귀에서 벗어난 것은 위기를 모면하기 위해 스스로 고안해 낸 기발한 아이디어가 아니라 하나님의 지혜임을 고백한다. 하나님은 광대하시다. 하나님은 만 가지로 응답하는 분이시다. 다윗은 그 하나님을 자랑하고 높이고 선포한다. 그렇다면 다윗을 이토록 환호하게 만드는 이유가 무엇일까? 바로 자신의 기도에 즉각 응답하시는 구원의 하나님을 맛본 것이다.

시편 34:4-6

⁴내가 여호와께 간구하매 내게 응답하시고 내 모든 두려움에서 나를 건지셨도다. ⁵그들이 주를 앙망하고 광채를 내었으니 그들의 얼굴은 부끄럽지 아니하리로다. ⁶이 곤고한 자가 부르짖으매 여호와께서 들으시고 그의 모든 환난에서 구원하셨도다.

사무엘상 21장에는 없지만 시편 34편에 있는 것은 다윗이 위기의 순간에 하나님께 기도했다는 사실이다. 4절에 의하면 아기스왕 앞에서 그리고 수많은 가드 사람들에게 둘러싸인 채 하늘의 하나님을 향하여 기도했고 그 결과 다윗은 두려움에서 벗어난다. 6절은 곤고한 자로서 다윗이 부르짖으매 하나님이 그의 기도를 들으시고 환난에서 구원하셨음을 고백한다. 이 장면을 느린 화면으로 찬찬히 살펴보자.

"사울은 천천이요 다윗은 만만이라"는 말과 함께 다윗은 죽음에 곧바로 노출된다. 그 절체절명의 순간 다윗은 하나님께 기도한다. 기도 시간은 아주 짧고 형식은 소리를 입 밖으로 내지도 못하고 무릎을 꿇지도 못하고 서 있는 모습 그대로일 것이다. 내용은 "하나님 살려 주세요, 하나님 노와주세요" 하는 외마디 기도였을 것이다. 하지만 다윗의 짧은 기도는 운명을 건 절규였고 자신의 마음과 정성을 다한 외마디 기도에 하나님은 긴급하게 응답하셨다. "미친 체하라, 미친 자처럼 행동하라." 그 응답에 다윗은 즉각 순종한다. 미친 사람처럼 행동하여 성문 문짝 위에 아무렇게나 글자를 긁적거리기도 하고 수염에 침을 질질 흘리기도 하였다(삼상 21:13). 그 결과 다윗은 살았다. 시편 34편을 보니, 사무엘상 21장의 위기를 모면한 다윗의 모습은 우연적 사건이 아니라 기도에 대한 하나님의 응답이다.

긴급한 기도에 긴급한 응답

하나님이 필요 없을 만큼 절대적인 강자는 없다. 단지 강자인 척하는 교만한 사람만 있을 뿐이다. 기도는 겸손의 증거이며 하나님의 사람은 기꺼이 기도라는 은혜의 목발에 기댄다. 느헤미야도 위기의 순간에 다윗과 거의 동일한 기도를 드린다. 느헤미야 내러티브는 자신의 형제 하나니를 통해 예루살렘의 거민들의 형편을 전해 듣는 것으로 시작된다. "사로잡힘을 면하고 남아 있는 자들이 그 지방 거기에서 큰 환난을 당하고 능욕을 받으며 예루살렘성은 허물어지고 성문들은 불탔다"(느 1:3). 하나니의 전갈에 충격을 받은 느헤미야는 슬픔에만 머물지 않고 기도한다. "이 말을 듣고 앉아서 울고 수일 동안 슬퍼하며 하늘의 하나님 앞에 금식하며 기도[했다]"(느 1:4). 기슬르월에 시작된 기도는 어느덧 4개월이 지나 니산월까지 이어진다. 니산월 어느 날…여느 때처럼 아닥사스다왕 앞에 선 느헤미야에게 위기가 찾아왔다. 하지만 결과적으로 이 위기는 느헤미야에게 걸림돌이 아니라 디딤돌이 된다. 바로 기도가 놓은 디딤돌이다.

느헤미야 2:1-4상

¹ 아닥사스다왕 제이십년 니산월에 왕 앞에 포도주가 있기로 내가 그 포도주를 왕에게 드렸는데 이전에는 내가 왕 앞에서 수심이 없었더니 ² 왕이 내게 이르시되 네가 병이 없거늘 어찌하여 얼굴에 수심이 있느냐 이는 필연 네 마음에 근심이 있음이로다 하더라 그때에 내가 크게 두려워하여 ³ 왕께 대답하되 왕은 만세수를 하옵소서 내 조상들의 묘실이 있는 성읍이 이제까지 황폐하고 성문이 불탔사오니 내가 어찌 얼굴에 수심이 없사오리이까 하니 ⁴ 왕이 내게 이르시되 그러면 네가 무엇을 원하느냐 하시기로.

동서고금을 막론하고 권력의 크기는 권력자와의 거리에 반비례한다. 아닥사스다왕의 술 맡은 관원장이라는 느헤미야의 직책은 그의 권력의 크기를 보여 준다. 하지만 이 권력은 양날의 검이기도 하다. 왕의 무한 신임을 받는 권력의 기회이기도 했지만, 다른 한편 왕의 신임이 거두어졌을 때는 언제든 목숨을 내놓아야 하는 위기로 바뀔 수도 있었다. 느헤미야 2:1-2이 바로 그런 상황이다. "이전에는 내가 왕 앞에서 수심이 없었더니…'네가 병이 없거늘 어찌하여 얼굴에 수심이 있느냐. 이는 필연 네 마음에 근심이 있음이로다.'" 내가 보기에, 아닥사스다왕의 이 말은 "오, 충성스런 느헤미야여, 어디 아픈가?" 하는 걱정과 사랑이 담긴 언어가 전혀 아니다. 느헤미야는 근심스런 얼굴을 최대한 감추려 했겠지만 표정의 변화를 눈치챈 왕이 느헤미야가 자신을 독살하려 한다고 의심하는 장면이다. 아마도 왕의 입에서 이 말이 떨어지는 순간, 왕의 근위병들이 즉시 느헤미야를 에워쌌을 것이다. 이것이 느헤미야가 크게 두려워한(2절) 이유다.

압도적인 왕의 힘 앞에 아무것도 할 수 없는 약자로 왕의 처분만 기다릴 뿐, 느헤미야가 할 수 있는 일은 없다. 왕을 독살하려 한다는 반역 혐의 속에 느헤미야는 다시 한번 왕에 대한 충성심을 고백하고, 자신이 왕 앞에서 수심을 보인 이유는 폐허로 변해 버린 예루살렘 때문이라고 설명한다. 이에 아닥사스다왕이 되물었고 단 한 번의 해명의 기회가 주어졌다. 느헤미야는 답하기 전에 기도한다.

느헤미야 2:4하
내가 곧 하늘의 하나님께 묵도하고.

그 짧은 시간에, 느헤미야는 하늘의 하나님께 기도를 드린다. 아마도 그 기도는 "주여, 도우소서" 정도였을 것이다. 느헤미야의 이 단순하고 긴급한 기도에 하나님은 다윗의 경우처럼 다시 한번 신속하게 응답하셨다. 그 결과 마치 아무 일도 없었던 것처럼 자연스럽게 왕의 오해가 풀렸고 이어서 왕의 허락과 지원 속에 느헤미야는 유다의 총독으로 임명되어 예루살렘성을 재건한다. 다윗처럼 느헤미야도 위기 속 짧고 단순한 기도의 위력을 맛본 것이다. 다시 시편 34편에 나오는 다윗의 이야기로 돌아가 보자.

기도하는 사람들을 둘러싸고 보호하는 천사들

시편 34:7

여호와의 천사가 주를 경외하는 자를 둘러 진 치고 그들을 건지시는도다.

비록 다윗은 미친 척했지만 인간 다윗의 감추고 싶은 굴욕의 순간은 아니다. 비굴하고 수치스러운 초상화가 아니라 이 모든 과정이 기도를 들으신 하나님의 구원의 손길이었다. 7절은 우리의 기도가 어떻게 영적인 실제와 연결되는지를 보여 준다. 다윗이 기도할 때, 여호와의 천사가 주를 경외하는 다윗을 둘러싸고 보호한다. 아기스왕 앞에 선 다윗은 비무장 상태로 적들에게 둘러싸여 있다. 천하의 다윗이라도 저항은 불가능했고 아기스왕의 결정이 내려지면 죽을 수밖에 없다. 그러나 이것은 말 그대로 우리의 육안, 그저 맨눈으로 보는 상황일 뿐이다. 다윗이 경험한 영적 실제는 기도할 때 천군 천사들이 자신을 둘러싸고 보호한다는 사실이다. 아기스왕과 다윗의 물리적 거리는 손 뻗으면 닿을 정도였겠지만, 아기스와 다윗의 사이에는 아기스왕의 신하들과 가드의 근위병들을 합친 것보다 더 많은 전군 천사들이 있다. 이들이 하나님의 사람인 다윗을 둘러싸고 호위하기 때문에 실제 아기스왕과 다윗의 거리는 하늘과 땅만큼 멀고, 설령 아기스의 군대가 팔을 펴 잡으려 해도 결코 다윗에 미치지 못한다. 이렇게 천사가 호위하는 모습은 열왕기하 6장에도 나타난다.

내가 보고 있는 것을 사환도 보게 하옵소서

열왕기하 6장을 보면 아람 왕이 북이스라엘을 공격할 계획을 세운다. 그런데 아람의 군사 작전은 매번 사전에 누출되었고, 북이스라엘이 철저히 대비하는 바람에 실패로 끝나고 만다. 아람 왕이 자기의 신하들 중에 간첩이 있을 것이라는 합리적 의심을 품고 색출하고자 할 때, 한 신하가 앞으로 나서서 아람 왕에게 진언한다.

> 열왕기하 6:12-17
>
> 12 그 신복 중의 한 사람이 이르되 우리 주 왕이여 아니로소이다. 오직 이스라엘 선지자 엘리사가 왕이 침실에서 하신 말씀을 이스라엘의 왕에게 고하나이다 하는지라. 13 왕이 이르되 너희는 가서 엘리사가 어디 있나 보라. 내가 사람을 보내어 그를 잡으리라. 왕에게 아뢰어 이르되 보라. 그가 도단에 있도다 하나이다. 14 왕이 이에 말과 병거와 많은 군사를 보내매 그들이 밤에 가서 그 성읍을 에워쌌더라. 15 하나님의 사람의 사환이 일찍이 일어나서 나가 보니 군사와 말과 병거가 성읍을 에워쌌는지라. 그의 사환이 엘리사에게 말하되 아아, 내 주여 우리가 어찌하리이까 하니 16 대답하되 두려워하지 말라. 우리와 함께한 자가 그들과 함께한 자보다 많으니라 하고 17 기도하여 이르되 여호와여 원하건대 그의 눈을 열어서 보게 하옵소서 하니 여호와께서 그 청년의 눈을 여시매 그가 보니 불 말과 불 병거가 산에 가득하여 엘리사를 둘렀더라.

신하의 말을 들은 아람 왕은 먼저 하나님의 사람 엘리사를 제압하기로 하고 밤사이 군대를 보내 엘리사가 머물고 있는 도단을 에워싼다. 한편 엘리사의 사환이 아침 일찍 집 앞으로 나왔다가 아람 군대가 성읍을 둘러싼 모습을 보고 혼비백산하여 엘리사에게 이 사실을 전한다. 하지만 이 급박한 소식에도 엘리사는 전혀 동요하지 않고 오히려 자신의 사환을 안심시킨다. "두려워하지 말라. 우리와 함께한 자가 그들과 함께한 자 곧 아람 군대보다 많다." 그리고 엘리사는 놀랍게도 이렇게 기도한다. "내가 보고 있는 것을 사환도 보게 하옵소서." 그 순간 사환의 영안이 열렸고, 그는 불 말과 불 병거가 엘리사를 둘러싸고 있는 모습을 보았다.

다윗 이야기와 엘리사의 이야기 사이에 공통점이 우리에게 주는 교훈은 모호하지 않다. 다윗의 목숨은 아기스왕의 엄지손가락에 달려 있지 않고 하나님의 손에 달려 있다. 마찬가지로 느헤미야도 엘리사도 하나님의 허락 없이는 대적들이 그들의 머리카락 한 올도 건드리지 못한다. 우리 앞에 문제는 늘 있기 마련이다. 환경은 늘 우리를 에워싸고 압도한다. 하지만 하나님께는 예측하지 못할 비상사태가 없고, 우리에게는 기도하지 못할 긴급한 순간은 없다. 다윗과 느헤미야와 엘리사의 하나님이 여전히 우리의 하나님이다. 긴급한 문제 앞에서 기도하지 않으면 우리의 맨손으로 맞서야 하지만, 기도하면 하나님이 천군천사를 보내어 그 환경에 맞서신다.

여호와의 선하심을 맛보라

시편 34:8-10

⁸너희는 여호와의 선하심을 맛보아 알지어다. 그에게 피하는 자는 복이 있도다. ⁹너희 성도들아 여호와를 경외하라. 그를 경외하는 자에게는 부족함이 없도다. ¹⁰젊은 사자는 궁핍하여 주릴지라도 여호와를 찾는 자는 모든 좋은 것에 부족함이 없으리로다.

내게 시편 34:8은 성경 전체에서 가장 강력한 울림을 주는 구절 중 하나다. 다윗은 자신이 하나님의 구원을 경험했을 뿐 아니라 당시의 주변 사람들에게 그리고 오늘날 우리에게 권한다. 내가 그랬던 것처럼 "너희는 여호와의 선하심을 맛보아 알지어다"(8절). 이 구절을 이렇게 설명해 보자. 진수성찬이라 할 만한 다양하고 풍성한 음식이 눈앞에 펼쳐져 있어도 정말 맛있는지 알려면 직접 먹어 봐야 한다. 하나님이 좋으신 분이라는 이야기를 듣기만 하는 사람과 경험한 사람의 차이는 하늘과 땅 차이다. 기도 응답을 경험해 봐야 하나님의 선하심을 알게 된다. 기도는 그 맛을 경험해 본 자만 안다.

기도를 들으시는 하나님을 경험한 다윗은 확신에 찬 목소리로 이렇게 말한다. "젊은 사자는 궁핍하여 주릴지라도 여호와를 찾는 자는 모든 좋은 것에 부족함이 없으리로다"(10절). 그렇다. 젊고 힘 있는 사자가 굶주릴 가능성은 거의 없다. 하지만 설사 그런 일이 일어난다 할지라도 하나님이 그 기도하는 자를 외면하실 일은 절대 없다. 이것이 기도다. 이것이 기도의 힘이다.

신앙의 경륜은 신앙생활의 기간이 결정해 주지 않는다. 기도 없이는 하나님을 경험할 수 없다. 하나님을 경험하지 않고서는 세월이 오래되어도 여전히 어린아이에 불과하다(히 5:12). 언제까지 여호와께서 선하시다는 간증을 듣기만 하는 신앙에 머물 것인가. 여호와의 선하심을 맛보는 신앙을 소망한다면, 기도하라. 다윗은 자신이 맛본 기도의 힘을 우리 모두가 맛보도록 초청한다. "너희는 여호와의 선하심을 맛보아 알지어다. 그에게 피하는 자는 복이 있도다." 우리에게는 과연 '인생 기도'라 할 만한 경험이 있는가?

더 깊은 나눔을 위하여

1 이 장을 읽고 기도에 대해 새롭게 배운 것이나 깨달은 점이 있다면 나누어 보자.

2 사무엘상 21:10-15과 시편 34편을 읽고 다윗에게 일어났던 일을 재구성해 보라.

3 아기스왕 앞에서 드린 다윗의 기도와 아닥사스다왕 앞에서 드린 느헤미아의 기도 사이의 공통점은 무엇인가?

4 시편 34:7과 열왕기하 6:14-17의 기도 경험은 오늘날에도 여전히 유효할까?

5 여호와의 선하심을 맛본 '인생 기도'의 경험이 있는가? 있다면 함께 나누어 보자.

6 이 장을 공부한 후, 우리가 개인적으로 적용해야 할 점을 구체적으로 나누어 보자.

5장   고난당한 자의 목소리에 반응하시는 하나님

기도하는 사람만이 기도가 우리가 상상하는 것
그 이상임을 경험한다

⁵사망의 물결이 나를 에우고 불의의 창수가 나를 두렵게 하였으며 ⁶스올의 줄이 나를 두르고 사망의 올무가 내게 이르렀도다. ⁷내가 환난 중에서 여호와께 아뢰며 나의 하나님께 아뢰었더니 그가 그의 성전에서 내 소리를 들으심이여 나의 부르짖음이 그의 귀에 들렸도다. ⁸이에 땅이 진동하고 떨며 하늘의 기초가 요동하고 흔들렸으니 그의 진노로 말미암음이로다. ⁹그의 코에서 연기가 오르고 입에서 불이 나와 사름이여 그 불에 숯이 피었도다. ¹⁰그가 또 하늘을 드리우고 강림하시니 그의 발아래는 어두컴컴하였도다. ¹¹그룹을 타고 날으심이여 바람 날개 위에 나타나셨도다. ¹²그가 흑암 곧 모인 물과 공중의 빽빽한 구름으로 둘린 장막을 삼으심이여 ¹³그 앞에 있는 광채로 말미암아 숯불이 피었도다. ¹⁴여호와께서 하늘에서 우렛소리를 내시며 지존하신 자가 음성을 내심이여 ¹⁵화살을 날려 그들을 흩으시며 번개로 무찌르셨도다. ¹⁶이럴 때에 여호와의 꾸지람과 콧김으로 말미암아 물 밑이 드러나고 세상의 기초가 나타났도다.

사무엘하 22:5-16

그의 진면목은 은밀한 가운데 전능하신 하나님 앞에 무릎을 꿇느냐에 달렸다. 그 이상도 그 이하도 아니다.

존 오웬

기도는 신비이기도 하고 실재이기도 하다. 하나님은 자기 백성의 기도에 귀를 기울이신다. 우리가 할 일은 각자 자기의 목소리로 기도하는 것이다. 기도하는 사람만이 기도가 우리가 상상하는 것 그 이상임을 안다. C. S. 루이스가 "고난은 우리를 향한 하나님의 확성기"라고 말한 것처럼, 특별히 고난은 우리를 기도로 이끌고 하나님은 고난당한 자의 긴급하고 간절한 기도에 속히 응답하신다. 이미 언급했지만, 그리스도인을 자처하면서 고난 가운데도 기도하지 않는다면 고아가 아닌데 고아처럼 사는 것이다. 칼뱅은 이렇게 말한다. "어려운 환경에서 기도하고 싶은 마음마저 없다면 우리는 짐승만도 못한 사람들이 아닐 수 없다." 이처럼 고난 중에도 기도하지 않는 것은 성경을 모르기 때문이거나 알고도 기도하지 않는다면 영적 교만이다. "너희 중에 고난당하는 자가 있느냐 그는 기도할 것이요"(약 5:13상).

다윗의 누란지위

누란지위(累卵之危)는 "알을 여러 개 포개 놓은 것처럼 형세나 상황이 매우 위태로움"을 의미하는 사자성어다. 달걀을 포개서 쌓아 올리는 것(누란)은 거의 불가능하다. 혹시 두세 개 쌓아 올렸다 해도 당연히 불안하고 위태하며, 무게 중심이 미세하게 흔들리기만 해도 무너질 수 있다. 그런데 이 고사성어에는 반전이 있다. 사마천의 『사기』(史記)에는 진나라에 살았던 범저라는 인물이 나온다. 그는 완전한 흙수저 출신임에도 불구하고 끈질기게 살아남아 나라에 큰 공을 세운다. 이런 범저의 인생 경험에서 탄생한 고사성어인 누란지위는 상황의 위태로움에 강조점이 있는 것이 아니라 그러한 고난의 과정을 잘 견뎌 냄으로 결국 기회를 맞는 것에 초점을 맞춘다. 누란지위의 관점에서 다시 다윗을 보자.

별생각 없이 다윗을 평가하자면 "하나님의 손에 붙들린 영광스런 삶을 살아간 다윗 언약의 주인공"이다. 하지만 실제 그의 일생은 고난으로 점철된 고단한 삶이었다. 사실 다윗의 아픔은 아버지 집에 있을 때부터 시작되었다. 사무엘상 16장, 사무엘이 이새의 집에 찾아왔을 때 막내아들 다윗은 그 자리에 있지 못하고 들판에 머물러야 했다. "내 부모는 나를 버렸으나 여호와는 나를 영접하시리이다"(시 27:10). 다윗의 고백이 예사롭지 않다. 사울에 쫓기던 힘난한 세월을 생각해 보라. 우여곡절 끝에 겨우 왕이 되었지만 아들 압살롬의 반란과 세바의 반역 등을 겪어야 했던 비운의 주인공이기도 하다. 다윗은 요나단 앞에서 자신의 신세를 탓하며 말한다. "나와 죽음의 사이는 한 걸음뿐이니라"(삼상 20:3). 이 말은 단순한 비유가 아니다. 삐끗하면 바로 죽음의 나락으로 떨어지는 외줄 위에 서 있는 곡예사의 위태로움을 매일같이 맞닥뜨려야 하는 상황이다. 그런 의미에서 다윗의 일생이야말로 누란지위다. 그렇다면 다윗은 이러한 누란지위의 위태로움을 어떻게 극복하고 하나님의 마음에 합한 사람이 되었을까?(행 13:22, 개역한글) 그 답은 기도에 있다. 다윗에게는 기도가 유일한 비책이다.

내가 나의 목소리로 부르짖으니

시편 3:1-4

¹여호와여 나의 대적이 어찌 그리 많은지요 일어나 나를 치는 자가 많으니이다. ²많은 사람이 나를 대적하여 말하기를 그는 하나님께 구원을 받지 못한다 하나이다. (셀라) ³여호와여 주는 나의 방패시요 나의 영광이시요 나의 머리를 드시는 자이시니이다. ⁴내가 나의 목소리로 여호와께 부르짖으니 그의 성산에서 응답하시는도다. (셀라)

시편 3편에는 "다윗이 그의 아들 압살롬을 피할 때에 지은 시"라는 표제가 붙어 있다. 이 기도문에는 아들의 반역을 피해 급하게 도망가야 했던 다윗의 긴박감이 잘 담겨 있다. 다윗의 기도는 한탄과 절규로 시작한다. "하나님, 나의 대적이 어찌 이리도 많습니까." 아들까지 반역하고 자기를 죽이려 드는 비참한 상황에서 다윗의 심정은 문자 그대로 죽지 못해 사는 삶일 것이다.

더구나 많은 사람들이 다윗을 버리고 압살롬에게 줄을 선다. 다윗의 주변 사람들조차 권력의 향배에 대한 판단은 빨랐고 줄서기는 더 빨랐다. 2절에는 다윗을 손절하는 분위기에 대한 다윗의 쓸쓸함이 그대로 묻어난다. 처세술이 뛰어난 그들의 판단은 이렇다. "아무리 천하의 다윗이라도 이번만큼은 하나님께 구원을 받지 못할 것이다. 이제는 다윗도, 다윗의 시대도 끝났다." 이런 계산 빠른 사람들은 당시나 오늘이나 넘쳐난다. 그래서 예수님도 사람들을 의지하지 않으신다.

요한복음 2:23-26

²³유월절에 예수께서 예루살렘에 계시니 많은 사람이 그의 행하시는 표적을 보고 그의 이름을 믿었으나 ²⁴예수는 그의 몸을 그들에게 의탁하지 아니하셨으니 이는 친히 모든 사람을 아심이요. ²⁵또 사람에 대하여 누구의 증언도 받으실 필요가 없었으니 이는 그가 친히 사람의 속에 있는 것을 아셨음이니라.

요한복음 6:66

그때부터 그의 제자 중에서 많은 사람이 떠나가고 다시 그와 함께 다니지 아니하더라.

사람은 사랑의 대상이지 신뢰의 대상이 아니다. 이것이 바로 우리가 하나님만을 의뢰해야 하는 이유다. 다윗도 사람을 포함한 주변 환경에 기대지 않고 하나님을 의지한 사람이다. 시편 3편은 아들 압살롬이 치밀한 준비 끝에 반역을 일으켜 아버지 다윗을 죽이려 하는 비참한 상황을 배경으로 한다. 다윗은 황망함 속에서 급히 몸만 겨우 빠져나와 피난길에 오른다. 이처럼 모든 것이 무너져 내리고, 희망의 불빛이 거의 사라진 순간에도 다윗이 멈추지 않은 것이 있다. 바로 하나님을 바라보며 기도하는 것이다.

시편 3편의 다윗은 하나님께 기도를 멈추지 않았다. 다윗은 한탄보다 찬양을 선택했고(3절), 절망보다 소망을 선택했다. 특히 4절이 중요하다. "내가 나의 목소리로 여호와께 부르짖으니 그의 성산에서 응답하시는도다"(4절). 고난을 당한 다윗의 기도에 하나님은 응답하신다. "나의 목소리로 기도했다"는 점이 중요하다. 이는 곧 자신의 목소리로 기도하는 것을 의미한다. 적지 않은 기간 목회 현장에 있으면서 목사에게 기도 부탁을 하지만 정작 자신은 기도하지 않는 사람들을 보았다. 목회자를 비롯해 주변에 기도를 부탁하는 것은 좋은 일이고 옳은 일이다. 하지만 기본적으로 기도를 부탁하는 사람은 자기 목소리로 기도해야 한다. 단언컨대 자기 문제를 본인보다 더 절실하게 느끼는 다인은 없다. 물론 스스로 기도할 힘조차 내지 못하는 연약한 상태에 놓여 있을 수 있다. 그런 때 우리는 어떻게 자기 목소리로 기도할 수 있을까. 다시 다윗을 보자.

> 시편 55:2하-5
>
> ² 내가 근심으로 편하지 못하여 탄식하오니 ³ 이는 원수의 소리와 악인의 압제 때문이라. 그들이 죄악을 내게 더하며 노하여 나를 핍박하나이다. ⁴ 내 마음이 내 속에서 심히 아파하며 사망의 위험이 내게 이르렀도다. ⁵ 두려움과 떨림이 내게 이르고 공포가 나를 덮었도다.

시편 55편은 시편 3편과 마찬가지로 압살롬에게 쫓기는 상황이거나 칼뱅이 주장하는 것처럼 사울에게 쫓기는 상황에서 기록한 기도문이다. 근심, 탄식, 압제, 핍박, 아픔, 사망, 두려움, 떨림 등의 용어가 다윗이 처한 상황을 설명해 준다. 이런 환경에서도 다윗은 기도한다. 하지만 이 기도는 기도라기보다 신음에 가깝다.

> 시편 55:16-18
>
> 16 나는 하나님께 부르짖으리니 여호와께서 나를 구원하시리로다. 17 저녁과 아침과 정오에 내가 근심하여 탄식하리니 여호와께서 내 소리를 들으시리로다. 18 나를 대적하는 자 많더니 나를 치는 전쟁에서 그가 내 생명을 구원하사 평안하게 하셨도다.

다윗은 하나님께 부르짖었다고 하지만 사실 그 기도는 저녁과 아침과 정오에 근심하여 탄식하는 것이었다. 우리 중에 "이게 무슨 기도야"라고 부정적으로 생각할 사람도 많겠지만 다윗은 "여호와께서 내 소리를 들으신다"고 고백한다. 우리의 탄식도 하나님을 향하면 기도다. 심지어 우리가 탄식하는 것 외에 무엇을 구해야 할지조차 알지 못할 때에도 성령께서 말할 수 없는 탄식으로 우리를 위하여 친히 간구하신다(롬 8:26). 하나님은 이스라엘의 신음 소리를 들으시고 자신의 언약을 기억하시는 신실하신 분이시다(출 6:5). 우리의 할 일은 입을 벌릴 힘만 있으면 '나의 목소리'로 기도하는 것이다.

기도에 응답하시는 하나님

시편 3:5-8

⁵ 내가 누워 자고 깨었으니 여호와께서 나를 붙드심이로다. ⁶ 천만인이 나를 에워싸 진 친다 하여도 나는 두려워하지 아니하리이다. ⁷ 여호와여 일어나소서. 나의 하나님이여 나를 구원하소서. 주께서 나의 모든 원수의 뺨을 치시며 악인의 이를 꺾으셨나이다. ⁸ 구원은 여호와께 있사오니 주의 복을 주의 백성에게 내리소서. (셀라)

경험에 비추어 볼 때 기도 응답은 대개 두 가지 길로 온다. 첫 번째 길은 마음의 평화다. 어떤 문제를 놓고 기도할 때 찾아온 깊은 평화는 하나님이 응답하시는 표지다. 그리고 성경은 종종 이 평화를 잠과 연결시킨다(시 4:8; 시 127:2; 잠 3:24-26). 그런 의미에서 "내가 누워 자고 깨었다"(5절)라는 다윗의 고백은 평범한 서술이 아니다. 일상에서 감당하기 어려운 걱정거리가 있는 경우 잠을 이루지 못하는 것이 일반적이다. 그런데 다윗은 아들 압살롬에게 쫓기고, 신뢰했던 사람들에게 배신당하고, 자신의 목숨조차 경각에 달린 그 순간에도 자고 깨었다. 그리고 다윗의 이 잠은 기도 응답의 징조다.

기도 응답의 두 번째 길은 담대함이다. 문제가 해결된 것은 아무것도 없는데, 기도하면 뱃심이 생긴다. 이 담력은 하나님께로부터 나온다. 6절을 보면, 눈앞의 태산은 여전히 기세등등한데 다윗의 기백은 당당하기만 하다. "천만인이 에워싸도 두려워하지 않는다." 수많은 기도의 경험을 쌓은 다윗은 위기를 하나님께 올려드리고 경험에서 오는 직관으로 기도 응답을 확신한다. 그러기에 기도하는 다윗은 시종일관 대담하고 당당하다(7-8절).

기도 응답 이야기를 언급한 김에 몇 가지 정리를 해 보자. 일반적으로 교회에서는 기도 응답의 종류를 네 가지로 분류할 수 있다고 가르친다. 예스 그리고 더(yes and more), 예스(yes), 예스 그러나 기다리라(yes but wait), 마지막으로 노(no)가 그것들이다. 솔로몬이 지혜를 구했을 때 부귀영화도 함께 주신 것이 "예스 그리고 더"의 경우이고(대하 11:7-12), 사무엘의 인도하에 이스라엘이 미스바에서 기도했을 때 블레셋을 물리친 것이 "예스"에 해당한다(삼상 7:5-11). 다니엘의 기도에 대해 가브리엘 천사가 가져온 하나님의 응답이 "예스 그러나 기다리라"의 예라면(단 9장), 다윗이 우리아의 아내였던 밧세바와 사이에 낳은 아이가 중병에 걸렸을 때, 금식하며 밤새도록 땅에 엎드려 아이를 살려 달라고 기도했지만 아들이 끝내 죽은 사건이 "노"의 응답이다(삼하 12:15-19). 이러한 분류는 여전히 의미 있고 유용한 가르침이라고 생각한다.

문제가 해결되든지, 문제를 이길 힘을 주시든지

그러나 나는 하나님의 기도 응답을 두 가지로 나누는 것을 선호한다. "문제가 해결되든지, 문제를 이길 힘을 주시든지" 둘

중 하나다. 지난 수십 년의 기도 여정을 돌이켜 보면 어떤 경우든 기도는 응답된다는 고백을 하지 않을 수 없다. 물론 기도 응답으로 문제가 직접 해결된 경험도 많지만 해결되지 않은 경우도 그에 못지않다. 아니 기도한 대로 해결되지 않는 경우가 훨씬 더 많다. 진지하게 기도 생활을 하는 성도들이라면 하나님이 침묵하신다는 느낌을 받을 때가 종종 있다. 하지만 문제가 직접 해결되지 않았더라도, 마침내 하나님은 나의 문제보다 더 큰 믿음과 힘과 용기와 담력을 주셔서 나로 하여금 이기게 하셨다. 나는 이것이 기도 응답의 은혜라고 믿는다. 그런 의미에서 내게 응답되지 않는 기도는 없다.

하나님은 나보다 크시고, 나보다 더 신실하신 분이시다. 신앙의 길은 과거를 돌이켜보면 더 잘 이해할 수 있다. 돌아보면, 인생의 크고 작은 갈림길에서 기도했고 지금의 나는 바로 그 기도가 하나님의 방식으로 응답된 결과다. 그런 의미에서 "기도는 하나님을 변화시키는 게 아니라 기도하는 사람을 변화시킨다"는 키르케고르의 말에 동의한다. 기도가 우리의 태도를 결정한다.

기도가 태도를 결정한다

바울은 모든 것을 갖춘 하나님의 사람처럼 보이지만 실상은 그렇지 않다. 그의 고난 목록(고전 4:10-13; 고후 6:4-5; 고후 11:24-27)에도 잘 나와 있지만 바울의 삶은 고난의 연속이었고 일상적으로 결핍된 삶이었다. 그뿐 아니라 바울에게는 자신을 괴롭히는 또 다른 것 곧 육체의 병이 있었다. 바울을 만난 사람들이 했던 바울의 인물평을 보자. "그들의 말이 그의 편지들은 무게가 있고 힘이 있으나 그가 몸으로 대할 때는 약하고 그 말도 시원하지 않다 하니"(고후 10:10). 아마도 바울의 지병은 그 자신에게 직접 고통을 주었을 뿐 아니라 사람들 눈에도 금방 표가 나는 그런 종류였던 것 같다. 바울은 자신의 지병을 놓고 기도했고 그 경험을 고린도 교회의 편지 속에 담았다.

고린도전서 12:7-10

7 여러 계시를 받은 것이 지극히 크므로 너무 자만하지 않게 하시려고 내 육체에 가시 곧 사탄의 사자를 주셨으니 이는 나를 쳐서 너무 자만하지 않게 하려 하심이라. 8 이것이 내게서 떠나가게 하기 위하여 내가 세 번 주께 간구하였더니 9 나에게 이르시기를 내 은혜가 네게 족하도다. 이는 내 능력이 약한 데서 온전하여짐이라 하신지라. 그러므로 도리어 크게 기뻐함으로 나의 여러 약한 것들에 대하여 자랑하리니 이는 그리스도의 능력이 내게 머물게 하려 함이라. 10 그러므로 내가 그리스도를 위하여 약한 것들과 능욕과 궁핍과 박해와 곤고를 기뻐하노니 이는 내가 약한 그때에 강함이라.

바울은 자신의 지병을 육체의 가시로 부르며 직접 하나님께 치유해 주시기를 세 번 기도했지만 그가 원하는 방식의 응답은 없었다. 하지만 바울은 흔들리지 않는다. 중요한 것은 이런 고난과 결핍을 대하는 바울의 태도인데 그는 이 모든 상황을 은혜로 받아들인다. 바울의 고백을 보라. "내가 나 된 것은 하나님의 은혜로 된 것이니"(고전 15:10). 바울을 보며 다시 깨닫게 되는 것은 바로 기도가 태도를 결정한다는 것이다. 기도는 기도자가 원하는 방식으로 응답되기도 하지만 그렇지 않은 방식으로 응답되는 경우가 더욱 많다. 그럼에도 바울의 고백에서 배우는 것은 우리가 기도하기를 멈추지 않는 한 핍박, 고통, 질병, 가난의 문제 때문에 쓰러지지 않는다는 사실이다. 확신하건대 우리가 원하는 방식이든 아니든 하나님은 우리에게 가장 좋은 것으로 응답하시는 분이시다. 우리가 할 일은 바로 자신의 목소리로 기도하는 것이다.

하나님의 진노, 하나님의 콧김

사무엘하 22:5-8

5 사망의 물결이 나를 에우고 불의의 창수가 나를 두렵게 하였으며 6 스올의 줄이 나를 두르고 사망의 올무가 내게 이르렀도다. 7 내가 환난 중에서 여호와께 아뢰며 나의 하나님께 아뢰었더니 그가 그의 성전에서 내 소리를 들으심이여 나의 부르짖음이 그의 귀에 들렸도다. 8 이에 땅이 진동하고 떨며 하늘의 기초가 요동하고 흔들렸으니 그의 진노로 말미암음이로다.

사무엘하 22장은 다윗판 "이제는 말할 수 있다"이다. 사울의 손을 벗어나 마침내 이스라엘의 왕이 된 다윗은 지난날을 회상하면서, 자신이 처했던 고난의 크기와 깊이를 되돌아본다. "사망의 물결이 나를 에우고 불의의 창수가 나를 두렵게 하였으며 스올의 줄이 나를 두르고 사망의 올무가 내게 이르렀도다"(5-6절). 이 말은 다윗의 실제 삶에 비추어 볼 때 전혀 과장이 아니다. 이처럼 산 너머 산이고, 강 건너 강 같았던 긴 세월을 견뎌 내고 마침내 이스라엘 왕이 된 이 시점에서 다윗은 스스로에게 이렇게 반문하고 있을지도 모르겠다. '와…내가 어떻게 저토록 많고, 저토록 깊은 수렁들에 빠지지 않고 여기까지 올 수 있었지?'

다윗의 이어지는 고백에 의하면 그 유일한 비결은 기도다. 기도를 통해 하나님의 은혜를 입었고 다윗은 안전할 수 있었다. 다윗이 환난 중에 기도할 때마다 하나님이 보좌 성전에서 그 탄식을 들으시고 응답하신 것이다.

사무엘하 22장은 "다윗의 승전가"라는 제목이 붙어 있지만 사실은 하나님의 승전가다. 따라서 다윗의 긴 회고문에서 우리가 주목할 존재는 다윗이 아니라 하나님이다. 특별히 고난 중에 드려진 성도의 기도에 반응하시는 하나님을 성경 자체가 어떻게 그려 내는지 그 특별함을 이 본문에서 느껴 보자.

출발점은 8절의 "하나님의 진노"다. 자신의 종인 다윗이 고난 가운데 기도할 때, 하나님은 그를 괴롭히고 죽이려 하는 자들을 향해 분노하신다. 하나님의 진노가 얼마나 큰지 하늘의 기초가 흔들릴 정도다.

> 사무엘하 22:9-16
>
> ⁹ 그의 코에서 연기가 오르고 입에서 불이 나와 사름이여 그 불에 숯이 피었도다. ¹⁰ 그가 또 하늘을 드리우고 강림하시니 그의 발아래는 어두캄캄하였도다. ¹¹ 그룹을 타고 날으심이여 바람 날개 위에 나타나셨도다. ¹² 그가 흑암 곧 모인 물과 공중의 빽빽한 구름으로 둘린 장막을 삼으심이여 ¹³ 그 앞에 있는 광채로 말미암아 숯불이 피었도다. ¹⁴ 여호와께서 하늘에서 우렛소리를 내시며 지존하신 자가 음성을 내심이여 ¹⁵ 화살을 날려 그들을 흩으시며 번개로 무찌르셨도다. ¹⁶ 이럴 때에 여호와의 꾸지람과 콧김으로 말미암아 물 밑이 드러나고 세상의 기초가 나타났도다.

성경 전체에서 환난당한 자의 기도에 응답하시는 하나님의 모습을 묘사한 구절들 중에 가장 생생하고 극적으로 표현된 장면이다. 나는 이 장면을 점잖게 표현하거나 얌전하게 그려 낼 수가 없고 단 한 번도 이 구절을 무심하게 읽고 넘어갈 수 없다. 기도를 주제로 사경회를 인도할 때마다 이 구절에 이르면 스스로 이 말씀의 은혜에 취해 일인극을 하게 된다. 하지만 내가 느끼는 것을 글로 표현하기란 불가능에 가깝다. 독자들 각자가 한 절 한 절 읽으며 다윗의 기도에 반응해서 진노하시는 하나님의 모습을 느끼고 맛보길 바랄 뿐이다. 어린 시절의 경험이지만 만화나 만화영화에서 화가 극도로 난 것을 표현할 때, 머리 뚜껑이 열리고 머리와 코에서 김이 나는 모습으로 그린다. 지금 하나님이 그러하시다(9절).

"어떤 놈이야. 내 종 다윗을 괴롭히는 놈이"라며 분노하신 하나님이 내시는 소리는 얼마나 큰지 우렛소리와 같다(14절). 하나님의 손에 들린 화살과 번개로 다윗을 괴롭힌 대적들을 물리치신다(15절). 대적들을 다 쫓으시고 물리치고 나서도 하나님은 여전히 거친 숨을 내뿜으시며 여호와의 꾸지람과 콧김 때문에 물이 바닥을 드러내고 세상의 기초가 드러나고 만다(16절). 이것이 다윗의 기도에 대한 하나님의 반응이다.

다윗을 향한 하나님의 모습과 우리를 향한 하나님의 모습이 다를 이유가 없다. 그것은 하나님의 본성으로부터 나오기 때문이다. 성경을 읽다 보면 우리가 자주 빠지는 함정이 있다. 바로 인물을 영웅주의적으로 읽는 것이다. 아브라함이나 다윗이 영웅이 되는 순간 이들의 이야기는 우리와 상관없는 것이 된다. 우리는 영웅이 아니기 때문이다. 성경의 모든 인물은 우리와 같은 성정을 가진 자들에 불과하다. 다윗의 고통에 응답하신 하나님은 우리의 탄식에 동일한 방법으로 응답하신다. 고통 중에 있는 성도가 기도할 이유가 이 말씀, 이 구절들 말고 더 필요한가. 중요한 것은 적용이다. 각자가 자기 목소리로 기도하는 것이다. "오, 하나님, 충분히 알겠습니다. 고난 가운데 있는 성도를 지켜보시는 하나님의 마음을, 부르짖는 자의 기도에 반응하시는 그 모습 감사합니다. 놀라고 찬양합니다."

전능자의 그늘 아래 사는 자

시편 91:1-4

¹지존자의 은밀한 곳에 거주하며 전능자의 그늘 아래 사는 자여 ²나는 여호와를 향하여 말하기를 그는 나의 피난처요 나의 요새요 내가 의뢰하는 하나님이라 하리니 ³이는 그가 너를 새 사냥꾼의 올무에서와 심한 전염병에서 건지실 것임이로다. ⁴그가 너를 그의 깃으로 덮으시리니 네가 그의 날개 아래에 피하리로다. 그의 진실함은 방패와 손 방패가 되시나니.

하늘에 솔개들이 날 때 암탉이 병아리들을 품는 것을 본 적이 있는가? 암탉이 제 새끼를 날개 아래에 모음같이 주님은 우리를 그 깃으로 덮으신다. 세상에 대적들은 많고, 우리를 빠뜨리기 위한 수렁은 곳곳에 숨겨져 있지만 우리가 안전한 것은 전능자의 그늘 아래 살기 때문이다. 그제 아무 일 없었고, 어제 안전했다고 오늘도 당연히 무사한 것은 아니다. 주님만이 우리의 피난처가 되신다. 이처럼 내 편이 되어 주시겠다는 놀라운 약속을 주신 그분은 단 하나의 요구를 하신다. 바로 기도다.

시편 91:15

그가 내게 간구하리니 내가 그에게 응답하리라. 그들이 환난당할 때에 내가 그와 함께하여 그를 건지고 영화롭게 하리라.

이제 1부(2-5장)를 마무리하며 자크 엘륄(Jacques Ellul)의 글을 소개한다. "철학자, 사회학자, 신학자는 기도를 주제로 해서 훌륭한 이론들을 내놓을 수 있다. 그러나 사람들이 기도하지 않을 때 그것은 아무런 의미도 가지지 못한다. 달리 말하자면 기도는 그 자체로는 존재하지 않으며, 인지하고 확인할 수 있는 실체가 되지 않는다는 점을 알아야 한다. 오직 기도하는 사람들에게만 존재할 뿐인 것이다. 그것이 기도의 유일한 실재이다."[1]

기도의 기초는 기도하는 것이다. 기도는 하나님의 마음이다. 하나님은 자기 백성이 기도하기 원하신다. 하나님은 기도를 들으실 준비가 되어 있다. 기도는 우리가 고아가 아님을 증명해 주는 가장 분명한 수단이다. 1부에서 다양한 성경 구절을 다양한 방법으로 살펴본 것은 그리스도인이라면 어떤 이유로든 기도하지 않는 것을 정당화할 수 없음을 분명히 하기 위함이다. 이론이 넘쳐나는 시대지만 기도는 이론이나 관념이 아니라 실재다. 기도에 관한 책을 읽고 기도를 깊이 이해하는 것도 중요하지만 이런 수고를 통해 실제 기도하는 삶으로 연결되지 않는다면 그 많은 지식은 결국 무용지물이다. 성도가 기도할 때, 그는 전능자의 그늘 아래 사는 자가 된다.

더 깊은 나눔을 위하여 _____

1 이 장을 읽고 기도에 대해 새롭게 배운 것이나 깨달은 점이 있다면 나누어 보자.

2 시편 3, 5, 18편에서 "나의 소리"로 기도한다는 표현을 찾아보고 그 의미를 나누어 보자.

3 이 장에서 설명하는 기도 응답의 종류를 요약해 보고 토론해 보자.

4 "기도는 하나님을 변화시키는 게 아니라 기도자를 변화시킨다"는 키르케고르의 말에 대한 각자의 생각을 말해 보자.

5 사무엘하 22:2-17의 다윗의 기도와 하나님의 반응을 역할극으로 표현해 보자.

6 이 장을 공부한 후, 우리가 개인적으로 적용해야 할 점을 구체적으로 나누어 보자.

2부

기도와 하나님의 말씀

6장　중언부언 기도와 골방 기도

골방 기도와 중언부언 기도에 대한 올바른 이해가
우리의 기도에 자유를 부여한다

⁵ 또 너희는 기도할 때에 외식하는 자와 같이 하지 말라. 그들은 사람에게 보이려고 회당과 큰 거리 어귀에 서서 기도하기를 좋아하느니라. 내가 진실로 너희에게 이르노니 그들은 자기 상을 이미 받았느니라. ⁶ 너는 기도할 때에 네 골방에 들어가 문을 닫고 은밀한 중에 계신 네 아버지께 기도하라. 은밀한 중에 보시는 네 아버지께서 갚으시리라. ⁷ 또 기도할 때에 이방인과 같이 중언부언하지 말라. 그들은 말을 많이 하여야 들으실 줄 생각하느니라. ⁸ 그러므로 그들을 본받지 말라. 구하기 전에 너희에게 있어야 할 것을 하나님 너희 아버지께서 아시느니라.

마태복음 6:5-8

기도란 하나님과 가장 진실되고 친밀한 대화를 나누는 것이다.

존 녹스

내가 기도 생활을 시작하면서부터 수도 없이 들어온 말이 "중언부언하지 말라"는 것이다. 뇌리에 새겨진 이 경구는 너무나 강력해서 중요하고 긴급한 기도 제목을 두고 반복적으로 그리고 간절히 기도하다가도 문득 "내가 지금 중언부언하고 있는 것은 아닌가?" 하는 생각이 드는 순간 기도를 멈추게 된다. 또한 기도회를 인도하거나 통성으로 한참 기도하다가도 "하나님은 은밀한 중에 보시는 분이 아닌가" 하는 생각이 들 때 역시 멈칫거리게 된다. 이처럼 중언부언 기도와 골방 기도에 대한 통상적 이해는 때때로 우리의 기도 생활을 촉진시키기보다 기도를 방해하는 요인으로 작용한다. 하지만 이러한 현상은 본문에 대한 오해에서 출발한다.

우리는 중언부언 기도를 하지 말라는 이야기를 많이 들어 왔으면서도 정작 무엇이 중언부언 기도인지 스스로 질문하지 않는다. 그저 생각 없이 말을 많이 하는 것 정도로 여긴다. 골방 기도도 마찬가지다. 골방 기도가 옳다면, 모여서 함께 하는 기도는 잘못된 것일까? 금요기도회나 새벽기도회 또는 부흥회 때 합심하여 통성으로 기도하는 것이나 기도원에서 함께 기도하는 것은 골방 기도와 어떻게 양립 가능할까? 이런 질문에 대한 답을 찾기 위해서는 무엇보다 본문을 바르게 읽어야 한다. 기도에 대한 이해가 잘못되면 기도하면서도 혼란을 겪게 된다.

산상수훈의 문맥 속에서 이해하기

이미 1장에서 산상수훈의 구조를 살펴보았다. 설명한 대로 마태복음 6:5-8은 산상수훈의 가장 중심을 차지하고 있는 기도에 관한 가르침의 한 부분으로 "잘못된 기도(마 6:5-8)-주기도문 (마 6:9-13)-용서의 기도(마 6:14-15)"의 문맥 안에 놓여 있다(이 책 30쪽을 참조하라). 예수님이 제자들에게 가르쳐 주신 공동 기도문인 주기도문을 앞에서는 "잘못된 기도"가, 뒤에서는 "용서의 기도"가 감싸고 있는 샌드위치 구조다. 마태복음 6:5-8의 잘못된 기도는 다시 골방 기도(5-6절)와 중언부언 기도(7-8절)의 두 부분으로 나뉜다. 그렇다면 이 본문에서 말하는 '골방 기도'나 '중언부언 기도'의 참된 의미는 무엇일까?

먼저 골방 기도를 특정한 상황을 가정해서 설명해 보자. 신앙에 열심인 아내가 교회의 금요 철야 기도회에 참석하고자 할 때, 이를 못마땅해하는 남편이 이렇게 비틀어서 말한다. "꼭 그렇게 교회에 모여서 시끄럽게 기도해야만 하나님이 응답하시나? 성경에도 골방에 들어가 은밀한 중에 계시는 하나님께 기도하라고 하던데, 방에 들어가 조용하게 기도하는 것이 하나님의 뜻 아닌가?" 이런 문제 제기에 어떻게 대응하겠는가.

중언부언 기도는 어떤가. 경험상 기도는 단번으로 끝나지 않는다. 간절하고 긴급한 기도 제목일수록 기도할 때마다 그리고 기도하는 중에도 수십 번이라도 반복한다. 문제는 이런 반복적 기도가 중언부언하지 말라는 구절과 충돌하는 것처럼 느껴진다는 점이다. 좀 더 본질적인 질문을 해 보자. 중언부언 기도란 무한 반복되는 기도를 의미하는가. 같은 기도 제목을 몇 번 이상 반복할 때 중언부언 기도가 될까. 질문이 많아지는 것은 중언부언에 대한 우리의 이해가 모호하기 때문이다. 등잔 밑이 어둡다는 속담은 중언부언 기도에도 적용된다.

사실 예수님의 골방 기도와 중언부언 기도에 대한 가르침은 기도에 관한 가장 유명한 구절들 중 하나지만 역설적으로 가장 많이 오해하고 있는 구절들이기도 하다. 이 가르침을 바르게 이해하기 위해서는 본문에 대한 면밀한 검토가 필요하다. 잘못된 기도에 대한 두 개의 가르침은 각각 특정한 대상과 특정한 조건을 전제로 한다. 결론적으로 골방 기도는 '유대인들'의 잘못된 기도에 대한 처방이며, 중언부언 기도는 '이방인들'의 잘못된 기도에 대한 교정이다.

유대인과 같이 외식하지 말라

마태복음 6:5

또 너희는 기도할 때에 외식하는 자와 같이 하지 말라. 그들은 사람에게 보이려고 회당과 큰 거리 어귀에 서서 기도하기를 좋아하느니라. 내가 진실로 너희에게 이르노니 그들은 자기 상을 이미 받았느니라.

유대인들은 하루에 세 번, 시간을 정해 놓고 기도를 드렸다. 특별히 바리새인들은 이러한 기도 시간을 지키는 데 철저해서 길거리에 있더라도 가던 길을 멈추고 기도했다. 5절에서 우리는 유대인들이 기도하던 모습 몇 가지를 관찰할 수 있는데, 그들은 주로 회당과 큰 길거리에서 서서 기도했다. 하지만 이는 유대인들의 일반적인 기도 형태이기 때문에 아무런 문제가 없다. 예수님이 지적하신 것은 잘못된 장소나 자세와 같은 기도의 형식이 아니라 유대인들의 잘못된 의도다.

유대인들의 기도는 사람에게 보이기 위한 기도, 곧 외식하는 기도였다. 기도는 다른 사람에게 자신의 경건 생활을 과시하거나 다른 사람의 인정과 존경을 받기 위한 것이 아니다. 기도는 창조주이신 하나님이 피조물인 인간과 교통하기 위한 통로로 주신 은혜의 수단이다. 그런데 유대인들은 이 기도를 사람들 앞에 자신들의 신앙적 열심을 과시하는 목적으로 사용했고 바로 이런 외식하는 기도에 대한 예수님의 평가는 단호했다. "그들은 자기 상을 이미 받았다."

마태복음 6:6
너는 기도할 때에 네 골방에 들어가 문을 닫고 은밀한 중에 계신 네 아버지께 기도하라. 은밀한 중에 보시는 네 아버지께서 갚으시리라.

5절에 나오는 유대인들의 외식하는 기도, 잘못된 기도에 대한 예수님의 맞춤 처방이 6절이다. 그리고 6절에 나타나는 "골방, 은밀한 중에 계신 아버지"와 같은 표현들은 골방이라는 특정한 곳을 최적의 기도 장소로 제시하는 것이 아니다. 유대인들의 기도가 문제인 까닭은 골방이 아니라서가 아니라 외식함에 있다.

사람들에게 보이고 자신을 과시하려는 목적으로 큰길가에서 떠들썩하게 외식하는 기도를 하느니 차라리 혼자 골방에 들어가 은밀한 중에 계신 하나님께 기도하는 것이 낫다. 반대로 우리의 자세가 외식하는 마음이 아니라면 기도 역시 골방이라는 특정한 장소에 제한되지 않는다.

골방이라는 네거리

우리의 올바른 기도는 은밀한 곳에서 은밀한 것을 보시는 하나님 앞에서 기도하는 것이다. 그런데 이때 은밀한 곳의 상대어는 외식이다. 미국에서 목회하던 시절, 집에 별도의 기도실을 만들어 놓고 기도하는 것을 늘 자랑하던 분이 계셨다. 만나는 모든 사람에게 자신의 기도실 이야기를 하셨다. 골방이지만 전혀 은밀하지 않은 '골방이라는 네거리'에서 기도하는 그분을 보면서 씁쓸했던 경험이 있다. 은밀함이란 장소가 아니라 기도자의 마음의 중심에 관한 문제다. 누가복음 18장의 바리새인의 기도는 외식하는 기도의 절정을 보여 준다.

> 누가복음 18:10-14
>
> 10 두 사람이 기도하러 성전에 올라가니 하나는 바리새인이요 하나는 세리라. 11 바리새인은 서서 따로 기도하여 이르되 하나님이여 나는 다른 사람들 곧 토색, 불의, 간음을 하는 자들과 같지 아니하고 이 세리와도

같지 아니함을 감사하나이다. ¹²나는 이레에 두 번씩 금식하고 또 소득의 십일조를 드리나이다 하고 ¹³세리는 멀리 서서 감히 눈을 들어 하늘을 쳐다보지도 못하고 다만 가슴을 치며 이르되 하나님이여 불쌍히 여기소서 나는 죄인이로소이다 하였느니라. ¹⁴내가 너희에게 이르노니 이에 저 바리새인이 아니고 이 사람이 의롭다 하심을 받고 그의 집으로 내려갔느니라 무릇 자기를 높이는 자는 낮아지고 자기를 낮추는 자는 높아지리라 하시니라.

바리새인과 세리는 공히 '서서' 기도한다. 율법의 수호자로 자처하는 바리새인의 기도는 보통의 유대인들이 보기에도 대단한 기도다. 그들은 일주일에 두 번 목요일과 월요일마다 금식하며 기도했다.* 제2성전기 바리새인들의 외식은 여기서 그치지 않는다. 그들은 '테필린'(Tefillin, 경문)이라는 작은 가죽 상자를 이마와 팔에 붙인다. 이 테필린 안에는 쉐마(신 6:4-9)를 비롯한 성경 구절들을 새긴 양피지를 넣어 둠으로써 자신들이 율법, 특별히 쉐마를 얼마나 철저히 지키는지 드러낸다. 그런데 그들은 테필린을 이마에 묶을 때 필요한 띠의 폭을 넓게 해서(마 23:5) 멀리서도 눈에 잘 띄도록 했다. 그리고 성전이나 회당이나 큰길 사거

---

* 바리새인들의 금식이 월요일과 목요일이 아니라 목요일과 월요일인 것은 모세가 율법을 받는 것과 연관되어 있다. 최초의 랍비인 에스라의 가르침에 따라 유대인들은 모세가 율법을 받으러 시내산에 올라간 날이 목요일이고, 40일이 지난 월요일에 산에서 내려왔다고 믿고 있다. 따라서 바리새인들은 모세가 율법을 받은 사건을 기념하기 위해 일주일에 두 번 목요일과 월요일에 금식을 했다.

리에서 두 손을 하늘을 향하여 펼치고 이렇게 기도한다. "하나님, 저를 이방인이 아닌 유대인으로 태어나게 해 주셔서 감사합니다. 하나님, 저를 죄인이 아닌 의인으로 태어나게 해 주셔서 감사합니다. 하나님, 저를 여자가 아닌 남자로 태어나게 해 주셔서 감사합니다." 이것이 소위 바리새인들의 세 가지 감사 기도 내용이다.

반면에 사람들에게 조롱당하고 배척당하는 세리의 기도 속에는 상한 심령과 통회하는 마음이 있다. 감히 눈을 들어 하늘을 쳐다보지도 못하고 가슴을 치는 기도, "하나님이여 불쌍히 여기소서 나는 죄인이로소이다"라고 고백하는 세리의 기도가 참된 기도다. 바리새인들은 기도를 통해 자신들의 의인됨을 자랑하지만 세리는 영적 파산의 고백이 있는 기도를 드린다.

바리새인의 기도가 유대인의 외식하는 기도의 전형이라면 세리의 기도는 골방 기도의 전형이다. 1세기 종교지도자들은 이렇게 외식하는 기도를 하며 자신들의 의인됨을 과시하였지만 예수님은 바리새인의 기도가 아닌 세리의 기도를 의롭다 하셨다. 그뿐 아니라 마태복음 23장 전체를 할애해서 그들의 외식을 저주한다. "화 있을진저 외식하는 서기관들과 바리새인들이여."

마가복음 12:38-40

38예수께서 가르치실 때에 이르시되 긴 옷을 입고 다니는 것과 시장에서 문안받는 것과 39회당의 높은 자리와 잔치의 윗자리를 원하는 서기관들을 삼가라. 40그들은 과부의 가산을 삼키며 외식으로 길게 기도하는 자니 그 받는 판결이 더욱 중하리라 하시니라.

인사 받기를 좋아하고 회당에서나 잔치에서 높은 자리를 차지하지만, 정작 실생활에서는 과부의 가산을 꿀꺽 삼키는 자들, 그러면서도 수려한 문구로 외식하며 길게 기도하는 서기관들과 바리새인들은 예수님 당시로 국한되지 않는다. 오늘날 교회 안에도 맘몬(물질주의)에 굴복하고 혐오와 배제의 삶을 살면서도 길고도 현란한 문구로 외식하며 기도하는 현대판 바리새인들이 넘친다. 이들에게 필요한 곳이 바로 골방이다. 당연히 그 골방은 물리적 장소로서의 골방이 아니라 마음의 골방이다.

이방인과 같이 중언부언하지 말라

마태복음 6:7-8

7 또 기도할 때에 이방인과 같이 중언부언하지 말라. 그들은 말을 많이 하여야 들으실 줄 생각하느니라. 8 그러므로 그들을 본받지 말라. 구하기 전에 너희에게 있어야 할 것을 하나님 너희 아버지께서 아시느니라.

유대인들의 외식하는 기도(마 6:5-6)가 잘못된 것처럼, 이방인의 중언부언 기도(마 6:7-8)도 똑같이 잘못된 기도다. 중언부언은 "그 초점이 반복에 있는 것이 아니라 무의미함과 시끄러움 그리고 하나님의 눈에 띄려면 큰 소리로 하나님을 협박할 필요가 있다고 생각하는 기도의 태도"[1]를 말한다. 이 중언부언 기도는 우리 귀에 너무 익숙해서 당연히 알고 있는 것 같지만 사실 대부분이 그 의미를 오해하고 있다. 우선 7절을 주의 깊게 읽어 보라. 기도할 때에 "중언부언하지 말라"가 아니라 "이방인과 같이 중언부언하지 말라"는 말씀이다. 이 구절을 수없이 읽으면서도 "이방인과 같이"를 선택적으로 흘려버림으로 본문이 가리키는 지점을 놓쳐 버렸다.

7절을 바로 읽을 때, 예수님의 가르침이 이방인의 기도와 중언부언 기도를 연결시키고 있음을 보게 된다. 미국의 저명한 신약학자 로버트 건드리(Robert H. Gundry)도 7절을 설명하면서 "유대인들의 외식에서 이방인들의 중언부언으로 초점이 바뀐 것을 주목하라"[2]고 올바르게 지적했다. 5절이 유대인들의 외식에 대한 구절이라면, 7절은 이방인의 기도인 중언부언과 관계있다. 그렇다면 우리의 기도가 중언부언인지 아닌지 그 여부를 가르는 기준은 무엇인가? 단순히 여러 번 반복적으로 기도하는 것이 중언부언이 아니라 이방인들의 기도 자체가 중언부언이다.

종교학 또는 종교사회학적 의미에서 볼 때, 이방 종교의 기도관의 뿌리는 샤머니즘이다. 그리고 샤머니즘의 기도는 인간의 안전 욕구를 채우는 수단으로 철저히 기복적이다. 이런 샤머니즘적 기도가 바로 7절의 이방인의 중언부언 기도다. 열왕기상 18장에는 이러한 이방인의 중언부언 기도의 전형이 나타난다. (우리는 이미 3장에서 엘리야의 기도 이야기를 일차로 살펴보았다.)

> 열왕기상 18:28
>
> 이에 그들이 큰 소리로 부르고 그들의 규례를 따라 피가 흐르기까지 칼과 창으로 그들의 몸을 상하게 하더라.

엘리야와, 바알과 아세라를 섬기는 850명의 이방 선지자들(샤먼들) 사이의 세기의 기도 대결은 20절부터 시작되지만 여기서는 28절부터 읽어 보자. 사실 우리는 긴장감 넘치는 이 기도 대결에 주목하지만 정작 우리가 관심을 기울여야 할 단어가 바로 28절의 "규례" 곧 '매뉴얼'이다. 이는 당시 기도에 일정한 방식이 있었다는 것을 보여 준다. 앞으로 보겠지만 이 기도는 2단계 매뉴얼로 구성된다. 첫 번째 단계는 '탄원'이며 두 번째 단계는 '협박'이다.

이방인들의 기도 매뉴얼 첫 번째 단계

> 열왕기상 18:25-29
>
> 25 엘리야가 바알의 선지자들에게 이르되 너희는 많으니 먼저 송아지 한 마리를 택하여 잡고 너희 신의 이름을 부르라 그러나 불을 붙이지 말라. 26 그들이 받은 송아지를 가져다가 잡고 아침부터 낮까지 바알의 이름을 불러 이르되 바알이여 우리에게 응답하소서 하나 아무 소리도 없고 아무 응답하는 자도 없으므로 그들이 그 쌓은 제단 주위에서 뛰놀더라. 27 정오에 이르러는 엘리야가 그들을 조롱하여 이르되 큰 소리로 부르라

6장 증언부언 기도와 골방 기도

그는 신인즉 묵상하고 있는지 혹은 그가 잠깐 나갔는지 혹은 그가 길을 행하는지 혹은 그가 잠이 들어서 깨워야 할 것인지 하매 28 이에 그들이 큰 소리로 부르고 그들의 규례를 따라 피가 흐르기까지 칼과 창으로 그들의 몸을 상하게 하더라. 29 이같이 하여 정오가 지났고 그들이 미친 듯이 떠들어 저녁 소제 드릴 때까지 이르렀으나 아무 소리도 없고 응답하는 자나 돌아보는 자가 아무도 없더라.

제단이 준비되고 제물로 드려진 송아지가 제단에 놓인다. 이제 기도에 응답해서 불을 내리는 신이 진짜 신이다. 엘리야의 제안에 따라 이방 선지자들이 먼저 기도를 시작한다. 이 구절은 기도 매뉴얼의 첫 단계를 따른 것으로 '탄원'이다.

바알과 아세라를 섬기는 이방 선지자들(샤먼들) 850명이 제단 주변을 껑충껑충 뛰고 돌면서 외친다(26절). "바알이여 우리에게 불을 내리소서, 바알이여 불을 내리소서!" 이들은 자신들의 신에게 지속적으로 재촉하며 반복적으로 기도할 때 응답이 이루어진다고 생각한다. 그래서 아침부터 정오에 이르기까지 계속 제단 주변을 빙빙 돌며 불을 요청하는 기도를 수없이 반복한다. 이러한 이방 선지자들이 기도하는 현장을 엘리야와 북이스라엘 백성들이 에워싼 채로 흥미롭게 지켜보고 있다. 우리의 토속 종교로 설명하면 전국에서 모인 신통하다는 850명의 무당이 참여하는 엄청나게 큰 굿판이 벌어진 것이고 수많은 인파가 이 굿판을 둘러싸고 구경하고 있는 상황이다.

하지만 불은 내리지 않았다. 이방 선지자들의 몸은 흐르는 땀으로 범벅일 터이고, 목은 쉬었을 것이고, 몸은 지칠 대로 지쳤겠지만 바알과 아세라의 긴 침묵이 이어진다. 몇 시간이 흘러 정오가 되자 엘리야의 조롱이 시작된다. "소리가 작아진다. 더 큰 소리로 불러야 바알이 듣지 않겠느냐. 아마도 바알이 묵상하느라 너희 기도를 듣지 못하는가 보다. 어쩌면 잠시 동네 구경 갔다가 지금쯤 오고 있는 중일까. 이도 저도 아니면 잠이 깊이 들어 깨워야 할 모양이다." 엘리야의 조롱에 바알과 아세라를 섬기는 850명의 이방 선지자들이 태세를 전환한다. 기도 매뉴얼의 두 번째 단계로 진입한 것이다.

이방인들의 기도 매뉴얼 두 번째 단계

열왕기상 18:28-29

[28] 이에 그들이 큰 소리로 부르고 그들의 규례[매뉴얼]를 따라 피가 흐르기까지 칼과 창으로 그들의 몸을 상하게 하더라. [29] 이같이 하여 정오가 지났고 그들이 미친 듯이 떠들어 저녁 소제 드릴 때까지 이르렀으나 아무 소리도 없고 응답하는 자나 돌아보는 자가 아무도 없더라.

엘리야의 조롱을 들은 이방 선지자들이 이번에는 일제히 칼과 창으로 자신들의 몸에 상처를 낸다. 왜 이런 행동을 할까? 우리 눈에 괴이하게 비치는 이방 선지자들의 기도는 사실 비규칙적이거나 우발적인 기도가 아니라 규례 곧 기도 매뉴얼을 따른 것이다. 이방 선지자들이 아침부터 정오까지 제물을 드리고 제단 주위를 돌며 "바알이여 우리에게 응답하소서"(26절)라는 외침을 무한 반복하는 행위가 기도 매뉴얼 첫 번째 단계라면 "피가 흐르기까지 칼과 창으로 그들의 몸을 상하게 하는 것"은 이방인들의 기도 매뉴얼 두 번째 단계다. 이렇게 하는 목적은 신을 위협함으로 응답을 받아 내고자 함이다. 단순하게 설명하면 샤먼들이 자기들의 몸에 상처를 내는 것은 바알을 향해 이렇게 겁박하는 것이다. "나 죽으면 너도 굶어."

　　TV 다큐멘터리 중에 아프리카의 토속 종교나 아이티의 부두교 그리고 아마존을 비롯한 세계 각국의 원시 부족들의 실제 삶을 보여 주는 경우가 있다. 때때로 샤먼이 기도하는 모습이 나오기도 하는데, 이때 자세히 보면 열왕기상 18장에 나타나는 이방인들의 기도 형태가 여전히 행해지고 있음을 발견할 수 있다. 먼저 신에게 제물을 바친 뒤, 신을 달래는 1단계와 신을 위협하는 2단계가 바로 그것이다. 예를 들어 보자. 마을의 아픈 사람을 가운데 눕혀 놓고 샤먼이 주문을 외치며 환자 주변을 빙글빙글 돌고 가족이 샤먼을 따라 돈다. 1단계 기도다. 그러다 어느 순간 샤먼이 화살촉으로 자신의 입술을 뚫거나 칼로 자신의 가슴이나 팔, 이마 등을 그어 피를 내는 것을 보게 된다. 역시 샤머니즘의 기도 매뉴얼에 따른 2단계 기도다.

우리의 기도와 이방인의 중언부언 기도의 차이점

하나님을 믿는 우리도 간절하고 긴급한 기도 제목이 있을 때, 지속적이며 반복적인 간구를 한다. 그렇다면 우리의 반복적 기도와 이방인의 중언부언은 어떤 점에서 같고, 어떤 점에서 다를까? 결론적으로 이 두 기도를 구별하는 가장 중요한 차이점은 "신과 인간 사이의 인격적 관계 여부"다. 이방인의 중언부언 기도에서 기도를 듣는 신과 기도를 하는 인간은 인격적으로 교류하지 않는다. 비인격적인 관계이기에 신은 인간의 고통에 아파하거나 필요에 공감하지 않는다. 단지 길고 반복적인 기도라는 수단이나 협박을 통해 인간과 신이 서로에게 필요한 것을 기계적으로 주고받을 뿐이다. 이것이 "이방인의 중언부언"이다. 사실 인간이 만든 신들은 그 자체가 인격적 존재들이 아니기에 생각할 수도, 들을 수도, 말할 수도, 느낄 수도 없는 우상일 뿐이다.

하박국 2:18
새긴 우상은 그 새겨 만든 자에게 무엇이 유익하겠느냐. 부어 만든 우상은 거짓 스승이라 만든 자가 이 말하지 못하는 우상을 의지하니 무엇이 유익하겠느냐.

정리하면 비인격적인 신에게 구하는 이방인들의 중언부언 기도의 매뉴얼은 첫 번째 단계가 길고 끈질긴 '요청'이고, 두 번째 단계는 '위협'이다. 열왕기상 18장이 바로 이 매뉴얼대로 하는 기도를 생생하게 보여 준다. 바알과 아세라의 거짓 선지자들은 첫 번째 단계로 신을 설득하기 위해 제물을 준비하고 아침부터 정오까지 제단 주변을 돌며 정성을 다해 신을 감동시키고자 했다. 그래도 응답이 없자 샤먼들은 자신의 몸에 위해를 가한다. 신을 협박해서 응답을 강탈하려는 것이다.

핼러윈과 이방인의 중언부언 기도

최근에 한국에서도 핼러윈(Halloween) 파티를 하는 곳이 늘어나는 추세다. 핼러윈은 어떤 날인가? 주전 수 세기 전 지금의 아일랜드 지방에 거주하던 켈트족은 길고 어둡고 추운 겨울이 시작되는 11월 1일을 새해의 시작으로 보았다. 자연스럽게 10월 마지막 날은 여름의 마지막 날로서 태양의 힘이 약해져서 산 자와 죽은 자의 경계가 불분명해진다고 믿은 켈트족 사람들은 이날 귀신들이나 마녀 혹은 죽은 자의 혼이 다시 땅으로 올라와 온갖 문제를 일으킨다고 생각했다. 그래서 이날 밤에 사람들은 귀신처럼 분장을 하고 시끄럽게 마을을 돌아다님으로써 귀신들이 식겁해 달아나도록 했다. 이러한 기원을 가진 핼러윈은 로마 가톨릭에 의해 '모든 성인의 날'(All Saints' Day)로 변형되어 오늘에 이르렀으며, 미국에서는 그 자체가 큰 축제가 되었고 상업적으로도 어마어마한 시장 규모를 자랑하는 행사가 되었다.

지금은 귀신이 실제로 이날 인간의 몸에 들어온다고 믿는 사람들이 없겠지만 핼러윈 행사에는 여전히 고대 이방 종교에서 행한 기도의 형태가 지문처럼 남아 있다. 이날 해가 지면 귀신 복장을 한 아이들이 "잭-오-랜턴"(Jack-o-Lantern)이라는 호박의 속을 파내고 만든 등을 들고 집집마다 대문을 두드리며 말한다. "trick or treat!" 우리말로 표현하자면 "(귀신을) 잘 대접해서 한 해 동안 평안할래 아니면 (귀신을) 배척해서 한 해 동안 된통 당해 볼래?"이다. 바로 샤머니즘의 2단계 기도 매뉴얼에 따른 "요청과 위협"의 언어가 유희 형태로 흔적을 남기고 있다. 개인적으로는 한국 교회와 교회가 운영하는 어린이집과 유치원에서 모든 귀신들의 날인 '핼러윈 데이'를 지키는 곳이 늘어나는 것이 유감이다.

기도의 기초: 하나님과의 인격적 관계

열왕기상 8:23

이르되 이스라엘의 하나님 여호와여 위로 하늘과 아래로 땅에 주와 같은 신이 없나이다. 주께서는 온 마음으로 주의 앞에서 행하는 종들에게 언약을 지키시고 은혜를 베푸시나이다.

성경은 하나님과 다른 신의 차이를 이렇게 설명하고 있다. 창조주 하나님은 기꺼이 피조물인 우리와 인격적 관계를 맺는 것을 선택하셨다. 인격적이라 함은 기계적이거나 일방적이지 않다는 의미를 포함한다. 초월적 존재인 하나님은 기꺼이 우리와 교제하시기 위해 자기 백성들의 삶에 들어오시고 내주하신다. 하나님의 언약은 하나님이 우리의 하나님 되시고 우리는 하나님의 백성이 되리라는 약속이다. 이렇게 우리의 아빠가 되시는 하나님은 우리가 기뻐할 때 함께 기뻐하시고 우리가 슬픔에 처할 때 함께 아파하시며 우리가 위험에 빠질 때 우리를 보호하신다. 이런 관계가 인격적 관계다.

또한 하나님과 우리의 관계가 인격적이라는 것은 하나님이 우리를 죄와 벌이라는 인과율로 통치하시는 대신, 사랑으로 이끄신다는 것이다. 우리가 죄로 말미암아 죽게 되었을 때, 하나님은 우리를 죽음의 저주에서 건지시기 위해 우리 대신 독생자 예수 그리스도를 십자가에 내어 주심으로 우리를 자녀 삼으셨다. 이 십자가를 통해 우리는 비로소 우리의 아빠 되신 하나님의 우리를 향한 사랑의 깊이를 알게 된다(요 3:16). 그리고 이 모든 것은 하나님과 우리의 관계가 인격적인 관계이기에 가능하다.

> **로마서 8:32**
> 자기 아들을 아끼지 아니하시고 우리 모든 사람을 위하여 내주신 이가 어찌 그 아들과 함께 모든 것을 우리에게 주시지 아니하겠느냐.

우리 기도의 근거는 자기 아들을 아끼지 않으신 하나님의 사랑이다. 다른 말로 표현하자면 하나님과의 인격적 관계다. 좋으신 하나님은 기꺼이 자녀 된 우리 기도를 들으신다. 하나님과의 인격적 관계 안에서 드려지는 우리의 기도는 아무리 자주, 아무리 오랫동안 한다 해도 중언부언이 아니다. 만일 어떤 사람이 작정을 하고 반복적으로 기도를 드리다가 문득 "내가 지금 중언부언 기도를 드리고 있을까" 질문이 생긴다면, 점검해 보라. "하나님과 나는 인격적 관계인가? 나는 지금 여전히 나의 아빠이신 하나님을 신뢰함으로 기도하는가? 귀를 만드신 하나님이 친히 귀를 기울여 내 신음을 들으신다는 믿음이 있는가? 그리고 하나님 이외 나의 도움은 없다는 고백이 있는가?" 이 질문들에 "예"라고 대답할 수 있다면 당신의 길고 반복적인 기도는 중언부언이 아니다.

기도하지 않는 것은 아직 덜 급한 것

지금까지 골방 기도와 중언부언 기도에 대해 살펴보았다. 골방이라는 장소가 예수님이 가르치신 내용의 핵심이 아니다. 유대인들의 외식하는 기도가 잘못된 기도다. 바리새인의 기도가 외식의 기도라면 세리의 기도는 골방의 마음으로 드려지는 참된 기도다. 또 중언부언 기도를 하지 말라는 것은 하나의 기도 제목으로 한 번씩만 기도하는 것을 의미하지 않는다. 이방인의 중언부언 기도는 반복성이 아닌 비인격적이고 기계적인 주고받기식 기도를 의미한다.

골방 기도와 이방인의 중언부언 기도에 대한 올바른 이해는 기도를 방해하는 것이 아니라 우리의 기도를 촉진시킨다. 특별히 영혼의 어두운 밤이 찾아왔을 때, 시련이 닥쳤을 때, 방향을 잃었을 때 우리가 여전히 기도할 수 있다는 사실만큼 중요한 것은 없다. 그런 의미에서 시편에 나오는 기도자들의 탄식과 절절함은 여전히 우리의 마음을 울린다.

시편 88:1-5

¹여호와 내 구원의 하나님이여 내가 주야로 주 앞에서 부르짖었사오니 ²나의 기도가 주 앞에 이르게 하시며 나의 부르짖음에 주의 귀를 기울여 주소서. ³무릇 나의 영혼에는 재난이 가득하며 나의 생명은 스올에 가까웠사오니 ⁴나는 무덤에 내려가는 자 같이 인정되고 힘없는 용사와 같으며 ⁵죽은 자 중에 던져진 바 되었으며 죽임을 당하여 무덤에 누운 자 같으니이다.

시인은 주야로 주 앞에서 부르짖었다. 밤낮없이 계속해서 기도한 것이다. 우리도 간절하거나 긴급한 기도 제목이 있으면 문제를 가지고 하나님께 나아가 부르짖으며 밤낮을 가리지 않고, 장소를 가리지 않고, 형식도 가리지 않고 반복적으로 기도해야 한다. 길을 잃었다고 하면서도 여전히 기도하지 않는다면 아직 벼랑에 내몰린 것이 아니다. 벼랑 끝에 서 있다고 하면서 지속적으로 하나님께 기도하지 않는다면 그건 아직 덜 급한 것이다.

결론적으로 이방인들의 중언부언은 비인격적인 신에게 주문을 외우듯 중얼거리는 것이다. 우리가 우리의 아빠 되신 하나님께, 내 아픔을 이해하시고 우리의 눈물을 기억하시는 그분께 천 번, 만 번 기도한다 해도 그것은 중언부언이 아니다. 마태복음 6:5-7의 의미를 깨달으면 기도의 자유로움을 누릴 수 있다.

더 깊은 나눔을 위하여

1 이 장을 읽고 기도에 대해 새롭게 배운 것이나 깨달은 점이 있다면 나누어 보자.

2 이 장에서 설명하는 유대인의 잘못된 기도(마 6:5-6)에 대해 예수님이 책망하신 내용의 핵심을 요약해 보라.

3 소위 "중언부언"이라는 말이 우리 기도에 어떤 영향을 끼치고 있는지 경험을 나누어 보자.

4 열왕기상 18장에 나오는 바알과 아세라를 섬기는 이방 선지자 850명의 기도 매뉴얼을 설명해 보라.

5 "이방인의 중언부언"과 우리의 반복적 기도를 구분하는 핵심적 차이는 무엇인가?

6 이 장을 공부한 후, 우리가 개인적으로 적용해야 할 점을 구체적으로 나누어 보자.

7장   마음을 토하는 기도

기도에는 어떤 제한도 없으나 다만 좋은 기도는
마음을 드러내는 기도다

⁴나는 사랑하나 그들은 도리어 나를 대적하니 나는 기도할 뿐이라. ⁵그들이 악으로 나의 선을 갚으며 미워함으로 나의 사랑을 갚았사오니 ⁶악인이 그를 다스리게 하시며 사탄이 그의 오른쪽에 서게 하소서. ⁷그가 심판을 받을 때에 죄인이 되어 나오게 하시며 그의 기도가 죄로 변하게 하시며 ⁸그의 연수를 짧게 하시며 그의 직분을 타인이 빼앗게 하시며 ⁹그의 자녀는 고아가 되고 그의 아내는 과부가 되며 ¹⁰그의 자녀들은 유리하며 구걸하고 그들의 황폐한 집을 떠나 빌어먹게 하소서.

시편 109:4-10

모든 것을 하나님께 기도로 가져갈 수 있다는 것은 우리에게 놀라운 특권이다. 그렇지 않은가.

허드슨 테일러

성경 중에 기도의 교과서가 있다면 당연히 시편을 첫 번째로 꼽는다. 시편의 기도문들은 우리 삶의 모든 국면, 즉 희노애락의 상황들에서 어떻게 기도할 수 있을지를 알려 주는 최고의 안내서다. 삶이란 우리가 원하는 방향으로만 흐르지 않고 우리에게 이상적인 방향으로만 흐르지도 않는다. 찬양과 기쁨과 감사의 때가 있지만 고난과 아픔과 슬픔의 때도 있고 때로는 불안에 시달리거나 격동과 분노가 지배할 때도 있다. 분명한 것은 이 모든 감정적 상태에서 우리가 여전히 기도할 수 있다는 점이다. 시편을 보라. 그 어떤 상황에도 시편의 기도는 가식하지 않고 또 숨기지 않고 마음의 상태를 그대로 드러낸다. 따라서 칼뱅은 시편을 가리켜 "영혼 전체의 해부도"[1]라고 말했다.

월터 브루그만(Walter Brueggemann)은 시편 기도의 특징에 대해 이렇게 말한다. "시편이 확증하는 바는, 우리가 기도하고 예배할 때, 우리의 인생행로의 불가사의함을 비난하거나 부인할 필요가 없다는 것이다. 오히려 숨김없이 그리고 신뢰함으로, 그 거룩한 분에게 생생하고 정열적인 언어로 그것을 아뢰는 것이 필요하다."[2] 시편의 기도문들이야말로 우리의 모든 허위의식을 벗겨 내고 우리로 하여금 있는 모습 그대로 하나님 앞에 나아가도록 돕는다. 그리고 시편의 기도문들 앞에서 우리는 벌거벗겨진다.

하나님의 부재에 대한 항의로 시작하는 기도

시편 13:1-6

[1] 여호와여 어느 때까지니이까 나를 영원히 잊으시나이까 주의 얼굴을 나에게서 어느 때까지 숨기시겠나이까. [2] 나의 영혼이 번민하고 종일토록

마음에 근심하기를 어느 때까지 하오며 내 원수가 나를 치며 자랑하기를 어느 때까지 하리이까. ³여호와 내 하나님이여 나를 생각하사 응답하시고 나의 눈을 밝히소서. 두렵건대 내가 사망의 잠을 잘까 하오며 ⁴두렵건대 나의 원수가 이르기를 내가 그를 이겼다 할까 하오며 내가 흔들릴 때에 나의 대적들이 기뻐할까 하나이다. ⁵나는 오직 주의 사랑을 의지하였사오니 나의 마음은 주의 구원을 기뻐하리이다. ⁶내가 여호와를 찬송하리니 이는 주께서 내게 은덕을 베푸심이로다.

지금 시편 13편의 기도자는 자신의 기도를 하나님의 부재에 대한 항의로 시작한다. 1-2절에서 네 번에 걸쳐 반복적으로 언급되는 용어가 "어느 때까지"이다. "나를 영원히 잊으시렵니까? 나를 언제까지 외면하시렵니까? 이 쓰라린 마음, 이 아픔을, 도대체 언제까지 견뎌야 합니까? 언제까지 원수들이 우쭐대는 꼴을 봐야 합니까?" 시편의 이런 기도문은 당황스럽고 심지어 우리 마음을 불편하게 만든다. 우리의 질문은 이것을 기도라고 할 수 있는가이다. 과연 기도를 이렇게 해도 괜찮은가?

시편에 실재하는 기도문과 우리 마음속에 자리 잡은 표준적 기도 간에는 상당한 간극이 있다. 한국 교회가 가르쳐 온 표순석 기도는 "하나님을 부름, 찬양과 감사, 회개, 간구, 도고, 예수의 이름으로 기도, 아멘"의 순서로 구성되어 있다. 우리의 기도 경험도 대개 이 순서에 익숙해져 있을 것이다. 내가 아는 한 이런 기도 순서를 처음 제안한 사람은 놀랍게도 3세기의 교부 오리게네스다. 그는 공중 기도에 있어서 "송영, 감사, 고백(회개), 간구" 등 네 가지 주제를 언급했다.[3] 이후 17세기에 발생한 경건주의 시대에 규범화된 이 기도 순서는 매우 유용하지만 유일한 것은 아니다. 많은 경우 이 순서에 따라 기도를 배우지만 이 순서에서 자유로울 때 비로소 참된 기도가 된다.

탄식과 저주의 기도들

시편 22:1-2

[1] 내 하나님이여 내 하나님이여 어찌 나를 버리셨나이까 어찌 나를 멀리하여 돕지 아니하시오며 내 신음 소리를 듣지 아니하시나이까. [2] 내 하나님이여 내가 낮에도 부르짖고 밤에도 잠잠하지 아니하오나 응답하지 아니하시나이다.

양식 연구를 통해 시편 해석의 새로운 지평을 열었다는 평가를 받는 궁켈(H. Gunkel)[4]은 시편 22편이나 시편 13편 등을 '탄식시'로 분류한다. 만일 어떤 성도가 회중 앞에서 하는 공기도에서 이렇게 기도했다고 가정해 보자. "우리 하나님이여 우리 하나님이여 어찌 우리를 버리셨나이까? 어찌 우리를 멀리하십니까? 어찌 우리를 돕지 아니하시오며 우리의 신음 소리를 듣지 아니하시나이까?" 아마도 그는 다시는 대표 기도를 할 기회를 얻지 못할 수도 있다.

하지만 이 기도는 예수님의 가상칠언 중 하나다. 십자가 위에서 예수님은 바로 이 기도문을 인용해서 기도한다. "제구시쯤에 예수께서 크게 소리 질러 이르시되 엘리 엘리 라마 사박다니 하시니 이는 곧 나의 하나님, 나의 하나님, 어찌하여 나를 버리셨나이까 하는 뜻이라"(마 27:46). 시편을 인용한 예수님의 기도와 우리가 생각하는 기도의 모범 사이의 간극은 어떻게 설명될 수 있을까? 우리를 더 놀라게 만드는 것은 저주시에 나타난 저주의 기도들이다.

원수를 사랑할 수 없을 때

예수님은 원수를 사랑하고 심지어 원수를 위해 기도하라고 가르치신다. "나는 너희에게 이르노니 너희 원수를 사랑하며 너희를 박해하는 자를 위하여 기도하라"(마 5:44). 바울도 로마서 12장에서 예수님의 가르침에 충실히 따른다. "너희를 박해하는 자를 축복하라. 축복하고 저주하지 말라.…아무에게도 악을 악으로 갚지 말고 모든 사람 앞에서 선한 일을 도모하라.…내 사랑하는 자들아 너희가 친히 원수를 갚지 말고 하나님의 진노하심에 맡기라 기록되었으되 원수 갚는 것이 내게 있으니 내가 갚으리라고 주께서 말씀하시니라"(롬 12:14, 17, 19). 하지만 시편의 기도문들을 보면 형식 면에서 기독교의 핵심 가치인 사랑의 원리에 명백하게 어긋나는 듯한 기도들을 발견하는 일은 그리 어렵지 않다.

시편 94:1-2

¹여호와여 복수하시는 하나님이여 복수하시는 하나님이여 빛을 비추어 주소서. ²세계를 심판하시는 주여 일어나사 교만한 자들에게 마땅한 벌을 주소서.

시편 143:12

주의 인자하심으로 나의 원수들을 끊으시고 내 영혼을 괴롭게 하는 자를 다 멸하소서 나는 주의 종이니이다.

원수를 사랑하라고 배워 온 우리 앞에서 시편의 저자는 대놓고 원수를 갚아 달라고 기도한다. 우리가 저주시라 부르는 시편의 기도들은 원수를 용서하게 해 달라고 하지 않고 오히려 원수를 심판해 달라고 탄원한다. 하나님을 복수하시는 하나님으로 칭하며, 원수들이나 자신의 영혼을 괴롭히는 자들을 멸망시키라고 요청하는 시인들의 기도는 충격적이다. 대표적 저주시 중 하나인 시편 109편을 보자.

시편 109:4-10

⁴나는 사랑하나 그들은 도리어 나를 대적하니 나는 기도할 뿐이라. ⁵그들이 악으로 나의 선을 갚으며 미워함으로 나의 사랑을 갚았사오니 ⁶악인이 그를 다스리게 하시며 사탄이 그의 오른쪽에 서게 하소서. ⁷그가 심판을 받을 때에 죄인이 되어 나오게 하시며 그의 기도가 죄로 변하게 하

시며 8 그의 연수를 짧게 하시며 그의 직분을 타인이 빼앗게 하시며 9 그의 자녀는 고아가 되고 그의 아내는 과부가 되며 10 그의 자녀들은 유리하며 구걸하고 그들의 황폐한 집을 떠나 빌어먹게 하소서.

시인의 저주 기도는 원수 본인에게만 국한되지 않고 대적의 아내와 자녀로 대상을 확대한다. 성경은 연좌제를 반대하지만(신 24:16), 저주 기도문들은 이 원칙조차 무색하게 만든다. "원수의 자녀가 고아가 되고, 그의 아내가 과부가 되며, 그 자녀들이 떠돌아다니며 빌어먹게 해 달라"고 기도한다. 우리는 이런 저주의 기도들을 어떻게 이해해야 할까? 더 나아가 우리에게도 시편처럼 저주와 복수의 기도를 하는 것이 허용될까? 이 질문에 대한 대답은 당연히 "그렇다"이다.

아버지께 쏟아 내는 감정

단순한 가정법으로 예를 들어 보자. 중학교 2학년 아들이 어느 날 학교에서 돌아와 펑펑 눈물을 쏟아 낸다. 아버지 품에서 한참 울고 난 아들이 손등으로 흐르는 눈물을 훔치며 말한다. "아빠, ○○이가 나를 지속적으로 왕따 시키고 빵셔틀 시켰어. 더 이상 학교 가기 싫어." 그리곤 비장한 눈빛으로 이렇게 말한다. "아빠, 내가 그놈에게 복수할 거야. 반드시 그놈을 없애 버리겠어." 이때 아버지의 가장 나쁜 대응은 아들을 엄하게 꾸짖거나 평가하는 것이다. "아들아, 그럼 너도 똑같이 나쁜 사람이지, 하나님을 믿으면서 그렇게 생각하는 건 죄야, 성경에 원수를 사랑하라고 나오잖아." 이런 태도는 아들을 더 깊은 수렁으로 빠뜨릴 뿐이다.

다행히 사려 깊은 아버지가 아들을 꾸중하는 대신 아들의 마음을 받아 주고 함께 분노한다. "우리 아들이 그런 일을 겪었구나. 정말 억울하겠다. 아들아, 그 나쁜 녀석 이름이 뭐라고? 아빠가 당장 가서 너 대신에 혼내 줄게. 아빠도 화가 나서 도저히 용서할 수 없어. 너 집에 좀 있어. 아빠가 그놈을 아주…" 아버지가 이렇게 하면, 아들이 오히려 당황하게 된다. "아빠, 안 돼요. 그러지 마세요. 제가 좀 더 참아 볼게요." 정말 문제를 일으킬 아이는 아빠를 포함한 그 누구에게도 자신의 계획을 발설하지 않고 절대 비밀로 한다. 그러고 나서 아무 말 없이 있다가 어느 날 돌이킬 수 없는 사고를 친다.

아들이 아빠에게 말한다는 것은 자신의 억울한 마음을 받아 달라는 것이다. 아들이 아빠에게 문제를 털어놓는 한 해결책은 있다. 그때 아들이 아버지께 토로하는 것은 그 내용이 무엇이든 무죄다. 마찬가지로 기도자가 아빠 되신 하나님 앞에 자신의 마음 상태를 있는 그대로 토로하는 것은 그것이 무엇일지라도 무죄다. 분노하며 화를 내는 것도, 울며 항의하는 것도, 저주하며 협박하는 것도 가능하다. 아버지가 아들의 고통에 반응하듯이 하나님은 기도하는 사람의 슬픔과 고통과 분노의 모든 감정을 들으시고 품으시며 기도자의 상한 감정을 녹여 주신다.

염려와 분노가 변하여 신뢰와 찬송으로

시편 13:5-6

5 나는 오직 주의 사랑을 의지하였사오니 나의 마음은 주의 구원을 기뻐하리이다. 6 내가 여호와를 찬송하리니 이는 주께서 내게 은덕을 베푸심이로다.

"하나님 도대체 언제까지입니까"라며 거칠고 격정적으로 불만을 토로하며 시작한 시편 13편은 이렇게 순한 양처럼 하나님에 대한 찬양으로 마무리된다. 다른 탄식시나 저주시들과 마찬가지로 기도자들의 분노와 불신과 불평은 기도를 들으시고 품으시는 하나님 아버지의 품 안에서 녹아내린 것이다. 시편 22편을 보라. "내 하나님이여 어찌 나를 버리셨나이까"로 시작한 기도자는 마치 속풀이를 하듯 하나님께 자신의 마음 상태를 있는 그대로 털어놓더니 결국 다음과 같이 마무리한다.

시편 22:22-25

22 내가 주의 이름을 형제에게 선포하고 회중 가운데에서 주를 찬송하리이다. 23 여호와를 두려워하는 너희여 그를 찬송할지어다. 야곱의 모든 자손이여 그에게 영광을 돌릴지어다. 너희 이스라엘 모든 자손이여 그를 경외할지어다. 24 그는 곤고한 자의 곤고를 멸시하거나 싫어하지 아니하시며 그의 얼굴을 그에게서 숨기지 아니하시고 그가 울부짖을 때에

들으셨도다. ²⁵ 큰 회중 가운데에서 나의 찬송은 주께로부터 온 것이니 주를 경외하는 자 앞에서 나의 서원을 갚으리이다.

하나님 앞에 마음을 토하라

지금까지 살펴본 것처럼, 기도의 가장 중요한 자세는 거짓으로 포장된 자아가 아니라 날것 그대로의 내 모습으로 하나님께 나아가는 것이다. 1992년 가을, 미국 땅에 처음 발을 들였을 때 느꼈던 서늘한 감정이 지금도 생생하다. 기대도 있었지만 불안도 컸다. 영어도 안되고 돈도 없고 대책도 없이 가족을 이끌어야 할 가장의 무게가 무겁게 짓누르던 때, 주일 예배를 드리기 위해 찾았던 미국 교회 백인 목사님의 설교 한 문장이 귀에 박혔다. "Come as you are"(있는 그대로 나오라, 당신의 모습 그대로 오라). 이 한 문장 앞에서 은혜와 항복의 눈물을 흘렸고 위로를 받았다. 그렇다. 일정한 순서에 따라 수려하고 매끈하게 드린다고 좋은 기도는 아니다. 기도의 가장 중요한 요소는 하나님 앞에 자신의 정직한 모습을 드러내는 것이다. 기쁘면 기쁜 대로, 슬프면 슬픈 대로, 화나면 화나는 대로, 걱정되면 걱정되는 대로 의식의 흐름을 따라 무엇이든 감추지 않는 것. 이것이 기도의 출발이다. 이것이 시편 스스로 제시하는 기도의 대원칙이다. 마음을 토로하는 기도를 하라. 좋을 땐 찬미로, 슬플 땐 탄식으로, 화날 땐 분노와 복수의 심정 그대로 기도를 시작하면 된다.

시편 62:8

백성들아 시시로 그를 의지하고 그의 앞에 마음을 토하라. 하나님은 우리의 피난처시로다.

마음을 토로하는 것은 가식을 벗어던지는 것이요 척하지 않는 것이다. 마음에 분노가 일어나는데 아무렇지도 않은 척하지 않고, 억울한 일을 당해 미운 마음이나 심지어 살인 욕구까지 불타오르는 증오의 감정을 숨기고 평정심을 유지하는 척하지 않는다. 삶을 둘러싸고 있는 환경은 점점 힘들어지는데 괜찮은 척, 강한 척, 평안한 척하는 것이 오히려 교만이며 위선이다.

예레미야애가 2:11-12

11 내 눈이 눈물에 상하며 내 창자가 끊어지며 내 간이 땅에 쏟아졌으니 이는 딸 내 백성이 패망하여 어린 자녀와 젖 먹는 아이들이 성읍 길거리에 기절함이로다. 12 그들이 성읍 길거리에서 상한 자처럼 기절하여 그의 어머니들의 품에서 혼이 떠날 때에 어머니들에게 이르기를 곡식과 포도주가 어디 있느냐 하도다.

마치 폭풍우가 지나간 듯 모든 것이 무너져 버린 폐허 더미 앞에서, 선지자 예레미야는 망연자실한다. 사실 남유다의 멸망은 예레미야 선지자 자신의 외침대로 성취된 것이다. 예레미야는 이 모든 것이 하나님이 행하신 일이라는 사실을 잘 알고 있음에도 불구하고 애가서 전체를 통해 자기 민족을 향한 사랑의 마음을 드러내 표현하기를 주저하지 않는다. 마음이 불붙는 듯하고, 창자가 끊어지고, 간이 땅에 쏟아지는 듯한 고통 속에서 예레미야는 자신의 정직한 마음을 그대로 드러낸다. 예레미야는 눈물을 너무나 흘려 눈 주위가 짓무를 때까지 통곡했지만 그 누구도, 심지어는 하나님도 예레미야의 탄식을 불신앙 내지는 불순종의 기도라고 비난하지 않는다. 다시 한번 강조하지만 기도자의 올바른 자세는 오직 하나님만을 의지하고, 우리의 모습 그대로 하나님께 나아가 속마음을 털어놓는 것이다.

한나의 기도

사무엘상 1:9-13

⁹그들이 실로에서 먹고 마신 후에 한나가 일어나니 그때에 제사장 엘리는 여호와의 전 문설주 곁 의자에 앉아 있었더라. ¹⁰한나가 마음이 괴로워서 여호와께 기도하고 통곡하며 ¹¹서원하여 이르되 만군의 여호와여 만일 주의 여종의 고통을 돌보시고 나를 기억하사 주의 여종을 잊지 아니하시고 주의 여종에게 아들을 주시면 내가 그의 평생에 그를 여호와께 드리고 삭도를 그의 머리에 대지 아니하겠나이다. ¹²그가 여호와 앞에 오래 기도하는 동안에 엘리가 그의 입을 주목한즉 ¹³한나가 속으로 말하매 입술만 움직이고 음성은 들리지 아니하므로 엘리는 그가 취한 줄로 생각한지라.

널리 알려진 한나의 기도문이다. 한나는 우리가 잘 아는 이유로 마음이 괴로운 여인이었다. 한나는 자기의 기도를 하나님을 찬양하거나 하나님에 대한 믿음의 고백으로 시작하지 않았다. 또한 그녀는 자신의 이런 고통과 슬픔을 하나님 앞에 감추지 않는다. 오히려 한나는 하나님 앞에 자신의 마음을 있는 그대로 드러내며 오랫동안 통곡의 기도를 드린다. 의도된 통곡이 아니라 한나 스스로도 절제할 수 없는 슬픔의 심연에서 저절로 터져 나온 애통이다. 당연히 애통으로 시작하는 그녀의 기도는 틀린 것도 아니고 잘못된 것도 아니다.

사실 한나의 기도가 더 아프게 다가오는 것은 그 기도가 입술 언저리에서 맴돌았기 때문이다(13절). 엘리 제사장이 보기에는 그저 취객이 횡설수설하는 것처럼 느껴질 정도다. 한나가 이렇게 기도할 수밖에 없었던 것은 아마도 사회 통념상 여성으로서의 제약 때문일 것이다. 한나는 마음속에 있는 서러움과 분노와 슬픔의 감정을 주변 사람들 모두가 들을 정도의 울부짖음이나 통곡 기도로 풀어내지 못했다. 하지만 한나의 기도는 마음을 감찰하시는 하나님 앞에서는 충분히 통곡 기도이며 자기의 마음을 토로하는 그런 기도였다. 결과적으로 그녀의 눈물은 주의 병에 담긴다(시 56:8).

그렇다면 한나의 기도와 우리의 기도를 비교해 보자. 우리는 많은 경우 체면에 매여 가식적인 기도를 드리며 주위의 시선을 의식한 형식적인 기도에 머문다. 그런 기도는 문제를 푸는 데 아무런 도움이 되지도 않고 결국 기도에서 멀어지게 한다. 우리가 배워야 할 것은 하나님 앞에서의 솔직한 애통이다. 이 애통은 우리 안의 상처와 아픔을 정직하게 대면하고 그것을 하나님 앞에 드러내는 것이다. 우리의 상한 감정은 하나님 앞에서 숨겨지지도 않을 뿐 아니라 숨길 필요도 없다. 하나님은 마음이 상한 자의 친구가 되신다.

성령의 탄식

로마서 8:26-27

²⁶이와 같이 성령도 우리의 연약함을 도우시나니 우리는 마땅히 기도할 바를 알지 못하나 오직 성령이 말할 수 없는 탄식으로 우리를 위하여 친히 간구하시느니라. ²⁷마음을 살피시는 이가 성령의 생각을 아시나니 이는 성령이 하나님의 뜻대로 성도를 위하여 간구하심이니라.

살다 보면 문자 그대로 눈앞이 캄캄하고 마음이 무너질 때가 있다. 한계 상황이 되면 하나님 앞에 나오지만 무엇을 기도해야 할지 어떻게 기도를 시작해야 할지조차 막막하다. 다만 안개 속에서 길을 잃어버린 것만 인지할 뿐이다. 하지만 마음을 토하는 기도는 이럴 때조차 가능하다. 성령께서 내 안에서, 나를 위해, 나와 함께 탄식하시기 때문이다. 이러한 성령의 탄식은 그 자체로 신비롭다. 기도라는 신비에 성령께서 어떻게 관여하시는지는 설명의 영역이 아니라 경험의 영역이다. 바울의 고백처럼 우리가 마땅히 기도할 바를 알지 못할 때라도 성령께서 성도를 위하여 간구하신다는 이 말씀을 맛보라.

잘하는 기도는 형식의 완성미에서 나오지 않는다. 또한 아름다운 기도는 미사여구와 풍부한 성경 지식이 들어간 매끈한 기도도 아니다. 나의 기도가 참된 기도인지의 여부는 나에게 달려 있지 않고 주위의 시선에 의해 결정되는 것도 아니다. 오직 하나님과 기도자의 관계에 달렸다. 그러므로 가장 잘하는 기도는 하나님께 정직하게 토로하는 기도다. 하나님 앞에 우리의 중심을 드러낼 때 하나님은 기꺼이 들으신다. 마음을 속이거나 감추지 않고 계산하지 않고 어린아이처럼 순수하게 드리는 기도가 우리 모두의 기도가 되면 좋겠다.

시편 34:18
여호와는 마음이 상한 자를 가까이하시고 충심으로 통회하는 자를 구원하시는도다.

더 깊은 나눔을 위하여

1 이 장을 읽고 기도에 대해 새롭게 배운 것이나 깨달은 점이 있다면 나누어 보자.

2 17세기 경건주의 시대부터 정형화된 '기도의 순서'가 우리 기도에 어떤 영향을 미치고 있는지 살펴보고 그 순기능과 역기능에 대해 나누어 보자.

3 시편의 탄식시나 저주시를 찾아보고 자신의 기도를 비교해 보자.

4 마음을 토하는 기도에 대한 각자의 생각을 나누어 보자.

5 로마서 8:26-27에 나오는 성령의 탄식과 우리를 위해 간구하심에 대한 구체적 경험이 있다면 나누어 보자.

6 이 장을 공부한 후, 우리가 개인적으로 실천해야 할 점을 한 가지씩 구체적으로 나누어 보자.

8장   통성 기도는 필요한가

통성 기도는 깊은 기도로 들어가는 관문이다

⁷그는 육체에 계실 때에 자기를 죽음에서 능히 구원하실 이에게 심한 통곡과 눈물로 간구와 소원을 올렸고 그의 경건하심으로 말미암아 들으심을 얻었느니라. ⁸그가 아들이시면서도 받으신 고난으로 순종함을 배워서 ⁹온전하게 되셨은즉 자기에게 순종하는 모든 자에게 영원한 구원의 근원이 되시고.

히브리서 5:7-9

우리의 기도는 지칠 줄 모르는 힘과 거부할 수 없는 인내와 꺾이지 않는 용기로 강하게 구해야 한다.

E. M. 바운즈

통성 기도는 한국 교회의 중요한 특징 중 하나다. 언더우드와 아펜젤러 선교사가 조선에 도착한 1885년 4월 5일(부활주일)을 기준으로, 선교 140주년을 맞이한 한국 교회의 놀라운 부흥의 이면에는 통성 기도로 대표되는 열정적인 기도가 있었다. 한국 교회는 모이면 함께 부르짖으며 기도했고, 산마다 골짜기마다 밤을 지새우며 기도하는 성도들로 넘쳐났다. 이러한 한국 교회의 통성 기도는 한국을 넘어서 중국과 미국 내 히스패닉 교회에서도 행해지고 있다. 미국의 많은 신학교들에서도 신학생들의 소규모 자발적인 기도 모임에서 '한국식 기도'(Korean style prayer)로 기도하자고 하면 다 알아듣고 두 손을 높이 치켜들고 '주여 삼창'을 외친 후, 부르짖으며 통성 기도를 한다.

하지만 오늘 우리의 기도는 어떤가? 기도의 열정은 옛 영화를 잃은 지 오래고, 밤새 부르짖던 한국 교회의 모습은 온데간데없다. 이대로라면 앞으로도 기도 부흥을 기대하기 어렵다. 더구나 일각에서는 통성 기도 무용론이나 비판론이 강하게 일어난 것도 사실이다. 그런 비판적 입장도 이해하지 못할 바는 아니시만 그 비판이 정당한지의 여부는 단순하지 않다. 통성 기도는 버려야 할 폐단일까 아니면 여전히 장려되어야 할 신앙의 유산일까.

2012년 미국의 개혁주의 교단인 CRCNA[1]에 소속된 한인 교회들이 힘을 합쳐 "프레어 써밋"(Prayer Summit)이라는 기도 콘퍼런스를 개최했다. 교단 주류인 미국 백인 교회들에게 한국 교회의 기도를 알리고자 준비된 이 콘퍼런스는 전 교단적인 관심을 끌었고, 수백 명의 백인 목회자들이 참여했다. 당시 준비위원으로 참석한 나도 한 강좌를 맡았는데, 강의 주제가 바로 "한국 교회의 통성 기도"였다. 백인 목회자들을 청중으로 한 이 강의에서 나는 한국 교회의 통성 기도를 세 가지 관점으로 설명했고 그때의 강의가 이번 장의 골격을 이룬다. 한국 교회의 통성 기도를 올바로 이해하려면 '역사적 관점'(historical view), '성경적 관점'(biblical view) 그리고 '실제적 관점'(practical view) 등 세 개의 창이 필요하다.

역사적 관점에서

먼저 역사적 관점이다. 사실 통성 기도는 우리나라 고유의 자생적인 기도 형태가 아니라 서양 교회, 정확히는 선교사로부터 배운 것이다. 역사 신학자 박용규 교수의 문헌사적 연구에 의하면 통성 기도가 한국 교회에 처음으로 소개된 것은 1906년이다. 1906년 9월 하워드 애그뉴 존스톤(Howard Agnew Johnston)이 한국을 방문해서 서울 선교사 사경회를 인도했다. 이때 존스톤은 사경회에 참석한 성도들에게 웨일즈와 인도 교회의 부흥 소식을 전해 주면서 이 놀라운 부흥의 주된 요인과 특징이 통성 기도였음을 소개한 후 통성 기도를 인도했다.

이때를 기점으로 한국 교회는 웨일즈와 인도에서 일어난 놀라운 부흥이 한국에서도 일어나게 해 달라고 한마음으로 통성 기도를 드렸다. 이러한 통성 기도는 평양대부흥회에서 다시 한번 타올랐고 이후 한국 교회의 기도로 정착했을 뿐 아니라 한국 교회 기도의 특징으로 자리매김하게 된다. 이처럼 통성 기도는 한국 교회의 자생적 기도가 아니라 서양 교회로부터 배운 기도의 양식으로, 서양 교회가 잃어버린 기도의 유산을 한국 교회가 잘 보존하고 꽃피운 것이라 할 수 있다.

성경적 관점에서

두 번째로 성경적 관점이다. 구약과 신약의 기도에도 통성으로 기도하는 모습들이 많이 나타난다. 먼저 구약의 '부르짖다'에 사용된 히브리어는 '짜아크'(צעק)로서 사람이나 하나님에게 도움이나 필요를 구하며 소리치거나 외치는 것을 의미한다.

> **출애굽기 17:3-4**
> 3 거기서 백성이 목이 말라 물을 찾으매 그들이 모세에게 대하여 원망하여 이르되 당신이 어찌하여 우리를 애굽에서 인도해 내어서 우리와 우리 자녀와 우리 가축이 목말라 죽게 하느냐. 4 모세가 여호와께 부르짖어 이르되 내가 이 백성에게 어떻게 하리이까. 그들이 조금 있으면 내게 돌을 던지겠나이다.

여기서 '짜아크'(호소하다, 부르짖다)는 위기에 처한 사람이 날카로운 소리를 지르는 것으로, 마치 "사람 살려!"라는 외마디 비명과 같다. 우리의 통성 기도 또한 자연 발생적으로 터져 나오는 외침으로 하나님께 도움을 요청하는 것이다. 모세는 자기 민족을 출애굽시키는 데 성공했지만, 이후 40년 광야 생활 동안 지도자로서 느끼는 중압감은 엄청났을 것이다. 때로는 그 위기가 자기 백성들 속에서 시작되기도 했고, 때로는 아말렉과의 전쟁 같은 외부적 요인으로 발생하기도 했다. 이런 위기 때마다 모세는 하나님의 도우심을 요청하며 필사적으로 부르짖었다.

　이러한 부르짖음의 기도는 모세만 했던 것이 아니라 이스라엘의 왕이나 선지자 그리고 백성들도 하나님께 간절한 마음으로 탄원한다(애 2:18). 그뿐 아니라 하나님은 사회적 약자, 구약의 표현으로는 이방인과 고아와 과부들처럼 고통받는 자들이 부르짖을 때 그 기도들을 들으신다(출 2:22-24; 시 9:12).

> 출애굽기 2:23
>
> 여러 해 후에 애굽 왕은 죽었고 이스라엘 자손은 고된 노동으로 말미암아 탄식하며 부르짖으니 그 고된 노동으로 말미암아 부르짖는 소리가 하나님께 상달된지라.

　우리식 표현으로 통성 기도를 의미하는 또 다른 용어가 '자아크'(זעק, 절규하다)다. 위기를 맞이해 하나님께 도움을 요청하며 부르짖는 의미로 사용되는 이 용어는 더 이상 피할 수 없는 막다른 상황에서 외치는 절규를 의미한다. 긍휼이 풍성하신 하나님은 탄식 속에 도움을 호소하는 자기 백성들의 부르짖는 기도를 외면하지 않으신다(삿 3:8-9; 삼상 7:8-9).

> 시편 57:1-3
>
> 1 하나님이여 내게 은혜를 베푸소서 내게 은혜를 베푸소서. 내 영혼이 주께로 피하되 주의 날개 그늘 아래에서 이 재앙들이 지나기까지 피하리

이다. ²내가 지존하신 하나님께 부르짖음이여 곧 나를 위하여 모든 것을 이루시는 하나님께로다. ³그가 하늘에서 보내사 나를 삼키려는 자의 비방에서 나를 구원하실지라. (셀라) 하나님이 그의 인자와 진리를 보내시리로다.

그밖에 '카라'(קרא)도 통성 기도의 의미가 담겨 있다. '부르다', '선포하다', '소환하다'를 의미하는 이 용어는 이 기도를 듣는 특정한 존재에게 특별한 응답을 유도하는 의도가 담겨 있다. 다윗은 사울을 피하여 굴에 머물면서 하나님의 도우심을 구하며 부르짖기를 멈추지 않았다(2절). 그에게 필요한 것은 하나님의 은혜였다. 다윗은 그동안 자신이 경험한 바대로 하나님께 큰 목소리로 기도하기를 멈추지 않았다. 오직 하나님만이 자신을 보호하시고 피난처 되셔서 자신을 삼키려 하거나 비방하는 자들로부터 구원받을 수 있다는 믿음을 가진 다윗의 통성 기도는 여전히 우리에게도 유용하다.

실제적 관점에서

마지막 세 번째로 실제적 관점이다. 앞에 소개한 기도 콘퍼런스에 참석한 백인 목회자들 앞에서 이렇게 말문을 열었다. "우리의 마음은 TV 채널과 다르다." 어느 정도는 도발적 질문에 귀를 세우고 궁금해하는 그들에게 이렇게 설명했다. 그리스도인들도 다른 사람들과 마찬가지로 삶의 현장에서 치열하게 살아가는 존재들이다. 정글 같은 이 세상은 우리에게도 예외 없이 경쟁적이고 때로는 무자비하다. 사업을 하는 사람들이라면 상대방의 마음을 읽어 내기 위해 수싸움을 해야 하고, 한 푼이라도 이익이 될 것인지 아닌지 재빨리 계산해야 한다. 또 승진하기 위해서는 동료들과의 경쟁에서 이겨야 한다. "전부가 아니면 전무"(all or nothing)의 승자독식 사회 속에서 긴장된 하루를 살아 낸 성도가 저녁에 교회에서 하는 기도회에 참석하기 위해, 아니면 개인적으로 기도하기 위해 예배당을 향한다.

약간의 시차를 두고 목회자들에게 이렇게 물었다. "낮 시간 동안 이토록 치열한 경쟁 속에서 살다가 예배당 문을 여는 순간, 마음 깊은 곳에서부터 차분해지며 경건한 마음이 저절로 솟아나 기도하기에 적합한 마음으로 바뀔까?" 이 질문에 모두 합창하듯 "아니요"라고 대답하는 순간, 다시 말을 이어 나갔다. "그렇다. 우리의 마음은 TV 채널이 아니다. TV는 채널 9번에서 11번으로 바꾸는 그 순간에 내용이 바뀌지만, 우리의 마음은 그렇게 한순간에 바뀌지 않는다." 마치 파도가 쳤다가 물러갔다가를 반복하듯 끊임없이 마음이 요동치는데, 기도 시간이 시작되면 갑자기 모든 분주한 마음이 사그라지며 바로 깊은 기도로 들어갈 수 있는 것이 아니다.

우리는 일상에서 일어나는 크고 작은 사건이나 중요하고 긴급한 일들의 한복판에서 부대끼다가 기도의 자리로 나간다. 그

때 마음을 다잡고 기도로 나아가는 데 통성 기도가 큰 도움이 된다. 한참을 부르짖고 나면, 비로소 마음이 잔잔해지며 깊은 기도로 들어갈 수 있다. 개인적으로는 통성의 산을 넘어야 묵상의 골짜기로 들어가게 된 경험이 많았다.

예수님의 통성 기도

> 히브리서 2:14-16
>
> 14 자녀들은 혈과 육에 속하였으매 그도 또한 같은 모양으로 혈과 육을 함께 지니심은 죽음을 통하여 죽음의 세력을 잡은 자 곧 마귀를 멸하시며 15 또 죽기를 무서워하므로 한평생 매여 종노릇하는 모든 자들을 놓아주려 하심이니 16 이는 확실히 천사들을 붙들어 주려 하심이 아니요 오직 아브라함의 자손을 붙들어 주려 하심이라.

통성 기도에 대한 가장 강력한 영감은 히브리서에 나타난 예수님의 기도에서 얻는다. 히브리서는 예수님의 지상 사역의 목적, 성육신의 목적을 아주 구체적으로 진술한다. 아브라함 자손을 붙드시기 위해 예수님은 혈과 육을 입고 오셨다. 혈과 육을 입는 순간 예수님도 반드시 죽음을 통과해야 한다. 그런데 하나님이신 예수님이 죽음을 경험하신 데는 두 가지 목적이 있다. 하나는 스스로 죽음을 통과함으로써 죽음의 힘으로 세상을 통치하는 마귀를 멸하는 것이고(14절), 다른 하나는 죽음에 대한 두려움에 매인 채로 죽음의 종노릇하는 사람들을 해방시키시는 것이다(15절).

F. F. 브루스(Bruce)의 설명에 따르면 "죽음의 고난을 당하기 위해서 하나님의 아들은 자신을 인류와 완전히 동일시하셨고, 그들처럼 살과 피를 지닌 존재가 되셨다."² 이처럼 완전한 인간으로 오신 예수님은 당연히 인간의 연약성을 지니신 분으로 인간과 똑같은 시험을 당하신다. 즉 육신을 입은 예수님은 인간이 느끼고 당하는 감정이나 어려움을 똑같이 느끼시는 대제사장이시라는 말이다(히 4:15). 그렇다면 예수님에게 죽음은 어떤 것이었을까?

> 히브리서 5:7-9
>
> ⁷그는 육체에 계실 때에 자기를 죽음에서 능히 구원하실 이에게 심한 통곡과 눈물로 간구와 소원을 올렸고 그의 경건하심으로 말미암아 들으심을 얻었느니라. ⁸그가 아들이시면서도 받으신 고난으로 순종함을 배워서 ⁹온전하게 되셨은즉 자기에게 순종하는 모든 자에게 영원한 구원의 근원이 되시고.

예수님은 자기를 죽음에서 능히 구원하실 이에게 심한 통곡과 눈물로 간구와 소원을 올려 드렸다. 바로 통성 기도로 하나님 앞에서 부르짖은 것이다. 이 구절에 대한 해석은 두 가지 견해로 나뉜다. 잡히시던 밤에 겟세마네 동산에서 드린 고뇌에 찬 기도를 묘사하고 있다고 보는 견해와 예수님의 지상 사역 중 어느 특정한 순간에 적용시키기보다는 그의 대제사장적인 사역 전체에 적용시켜야 한다고 주장하는 견해다. 전자를 지지하는 학자로는 F. F. 브루스와 A. T. 로버트슨(Robertson)을 들 수 있고, 후자를 지지하는 학자로는 레온 모리스(Leon L. Morris)가 대표적이다.

이 말씀의 의미가 무엇이든 변하지 않는 사실은 예수님이 통성 기도를 드렸다는 점이다. 성육신하신 하나님이신 예수님이 통성 기도를 드렸다면, 연약한 육신을 가진 피조물인 우리에게 통성 기도는 선택이 아니라 필수가 된다. 모두의 동의를 기대하지 않지만 개인적으로는 강력한 통성 기도 옹호론자다.

침묵 그리고 고독

이 책의 목적이 기도에 관한 이론과 형식을 다루는 것이 아니지만, 잠시 덧붙일 주제가 있다. 통성 기도를 옹호한다고 해서 통성 기도만 참된 기도라고 주장하는 것은 전혀 아니다. 기독교 역사 속에는 오랜 전통을 지닌 다양한 기도가 있다. 예를 들면 사막 교부나 수도원의 수사, 동방정교회(가톨릭의 일부 전통도 포함)로 이어져 오는 기도의 전통들이 그것이다. 아마도 이런 이야기를 시작하면 여러 가지 이유를 대면서 반발할 사람들도 있겠지만 신앙을 내 생각에 우겨 넣는 편협함만은 피하자. 사실 일상을 살아가는 사람들에게 어려운 방법이긴 하지만 이러한 기도의 전통들이 가지고 있는 원리와 방법을 잘 학습하고 적용한다면 그 기도의 능력은 상상할 수 없을 만큼 크고, 그 유익은 깊이를 헤아릴 수 없을 만큼 깊다. 혹 익숙하게 적용하지 못하더라도 '침묵'과 '고독'을 통한 기도 시간은 꼭 필요하다.

침묵이란 무엇인가. 20세기 초반, 봉쇄 수도원인 카르투시오 수도회의 수사였던 오귀스탱 길르랑(Augustin Guillerand)은 카르투시안의 침묵을 이렇게 정의한다. "우리의 침묵은 그저 공허와 죽음이 아닙니다. 반대로 이 침묵은 우리를 충만한 생명에로 더 가까이 이끌고 더 가까이 데려갑니다. 우리는 침묵합니다. 우리 영혼이 살아 내고자 하는 말씀이, 이 세상의 언어로는 표현될 수 없기 때문입니다."³

12세기, 중세 한복판에 살았던 카르투시안 수사인 귀고 2세(Guigo II)는 "기도의 네 순간"을 강조한다. 거룩한 독서(lectio divina), 묵상(meditatio), 기도(oratio), 관상(contemplatio)으로 이어지는 과정을 귀고의 설명으로 들어 보자. "묵상이 없는 거룩한 독서는 무미건조하다. 거룩한 독서가 없는 묵상은 잘못된 것이다. 묵상이 없는 기도는 열의가 없다. 기도가 없는 묵상은 결실이 없다. 헌신적인 기도는 관상에 이르지만, 기도 없이 관상에 이르는 것은 기적이며 지극히 드문 일이다."⁴ 그런데 그의 책의 원세가 "침묵의 맛"(a Taste of Silence)이다. 침묵은 때때로 큰 소리보다 더 크다. 기도는 언어로 출발하지만 결국 언어를 초월해 침묵으로 나아간다. 그리고 침묵은 종종 고독과 동행하며 기도를 이끈다.

신앙은 고독의 잔을 감미롭게 마신다

고독의 사전적 의미는 "홀로 외로이 남겨져 쓸쓸함"이다. 현대인은 고독을 싫어한다. 사실은 고독을 두려워한다. 이 고독은 군중 속에 있으면서도 군중에 의해 밀려나 소외당하는 것이다. 현대인에게 고독은 부정적인 단어다. 데이비드 리스먼(David Riesman)이라는 사회학자는 1950년에 발간된 자신의 책 『고독한 군중』(The Lonely Crowd, 동서문화사)에서 현대인의 삶과 생활 방식을 실패로 규정한다. "현대인은 온갖 허장성세, 밝고 화려한 축제, 떠들썩한 쇼핑몰과 사교 모임, 각종 클럽과 운동, 휴양지의 콘도미니엄과 교외의 유흥 시설을 즐기지만 이 모든 것들이 우리를 더욱 고립시키고 소외시키는 올가미 효과를 나타내고 있다." 사실 군중과 고독은 어울리는 단어가 아니지만 그는 상반된 두 단어를 한데 붙여 놓음으로써 현대인이 가지고 있는 소외와 고립, 고독감을 잘 표현하는 데 성공한다. 이런 입장에서 현대인들에게 고독은 위험의 징표다.

그러나 성도라면 때때로 가지는 고독의 시간이 유익하다. 영원의 음성을 듣기 위해 일부러 마련한 외로운 기도 시간에 '영적 고독'이란 이름을 붙여 보자. 사막 교부인 안토니우스는 이렇게 말했다. "고요함 가운데 혼자 앉아 있는 사람은 세 가지 전쟁, 곧 듣는 것, 말하는 것, 보는 것이라는 전쟁을 피하는 것이다." 이러한 영적 고독은 밀려나는 것이 아니라 하나님 앞에 가까이 가기 위해 세상과 군중으로부터 스스로를 소외시키는 적극적 행위다.

예수님을 보라. 오병이어의 기적 이후 무리가 떠나가고 제자들도 없는 곳에 혼자 남는 시간 곧 고독의 시간을 가지셨다. 물론 기도를 위해서다. 삶이 바쁘고 분주할수록 하나님 앞에 홀로 서는 영적 고독의 체험은 더욱 필요하다. 신앙은 고독의 잔을 감미롭게 마시는 것이다.

통성 기도는 계속되어야 한다

침묵과 고독에 대해서는 이 정도로 살펴보고 이제 통성 기도에 대한 결론을 내려 보자. 지난 140년간 한국 교회 역사 속에서 통성 기도가 드리운 명암은 분명하다. 통성 기도를 부정하거나 거부감을 느끼는 사람들은 대개 비슷한 이유로 부정적이다. 기도에 비해 삶이 턱없이 미치지 못하는 사람들을 보며 통성 기도 무용론에 빠진다. 금요 철야 기도회에 빠지지 않고 참석해서 밤새 통성 기도를 드리고 따로 산과 골짜기에 가서 목이 쉬도록 부르짖지만 삶 속에서 하나님의 성품을 드러내지 못하는 사람들을 보면서 생각한다. "저렇게 기도만 많이 하면 뭐해. 삶이 전혀 아닌데…" 물론 그렇게 주장하는 이유를 충분히 이해하고 동의하지만 그렇다고 통성 기도 자체를 부정하는 것 역시 올바른 자세는 아니다. 경험상 이런 사람들 중 많은 이들이 단지 통성 기도를 하지 않는 것이 아니라 기도 자체를 하지 않을 가능성이 있다.

통성 기도와 삶이 일치되면 얼마나 좋겠는가. 태양이 먹구름에 가려졌다고 태양의 존재 자체를 의심하거나 부정할 수 없다. 먹구름이 걷히면 태양은 여전히 그곳에서 찬란하다. 기도가 식탁 주변의 언어로만 머물며 끊임없이 무엇인가를 요구하는 것은 바람직하지 않다. 그러나 영적으로 미성숙한 사람들의 통성 기도 때문에 통성 기도 자체를 부정하는 것은 과도하거나 부당하다.

한편, 주변에 "삶이 곧 예배"라는 주장을 하는 신앙인들 중에 실제 예배를 등한시하는 경우를 종종 본다. 마찬가지로 "노동이 곧 기도"임을 주장하면서 직접 자신의 목소리로 하나님께 기도하는 것을 게을리히는 사람들을 만나는 깃도 어렵지 않다. 하지만 이런 사람들은 "삶이 곧 예배다", "노동이 곧 기도다"라는 명제를 오해하고 있다. '삶이 곧 예배'라는 말은 삶 속에서 예배를 완성하자는 것이지 정해진 시간에 따라 구별해서 하나님께 드리는 예배의 대체재는 아니다. 마찬가지로 '노동이 곧 기도'라는 말도 기도의 확장된 의미일 뿐 기도 그 자체를 대신할 수 있는 것은 아니다. 자크 엘륄은 "노동이 기도다"라는 슬로건이 "부르주아 계급과 자본가들이 150년 동안 천명해 온 역겨운 거짓말"임을 지적하고 있다. 산업혁명 이래 자본가들이 노동자들을 긴 시간 노동 현장에 잡아 두기 위해 "노동이 곧 기도다"라는 슬로건을 악용했다는 것이다. 수도원에서도 기도 시간을 갖기 위해 노동을 멈춘다. "노동하면서 기도할 수는 없다는 사실을 분별하는 지혜가 있었기에 (기도로) 하나님에게 나아갈 수 있도록 노동을 멈추는 시간을 정했다"[5]는 엘륄의 지적에 공감한다.

　물론 바꿔야 할 부분은 바꾸고, 보완해야 할 부분은 보완해야겠지만, 그럼에도 불구하고 통성 기도는 계속되어야 한다. 통성 기도를 배척하는 것은 서양 속담처럼 "목욕물을 버리려다 아이까지 버리는 것"과 같다. 조용히 기도하는 것도 물론 의미가 있지만 기도 훈련이 잘되어 있지 않으면 조용히 잠들어 버리기 일쑤다.

더 깊은 나눔을 위하여 _____

1 이 장을 읽고 기도에 대해 새롭게 배운 것이나 깨달은 점이 있다면 나누어 보자.

2 통성 기도에 대한 각자의 견해와 이를 직간접적으로 경험한 바가 있다면 나누어 보자.

3 이 장에서 제시한 통성 기도의 역사적·성경적·실제적 측면을 설명해 보자.

4 히브리서 5:7-9에 나오는 예수님의 통성 기도에 대한 각자의 생각을 나누어 보라.

5 '침묵과 고독'의 영성에 대해 말해 보고 실천 방안을 구체적으로 나누어 보자.

6 이 장을 공부한 후, 우리가 개인적으로 적용해야 할 점을 구체적으로 나누어 보자.

9장   오염된 말씀에 왜곡된 기도

말씀에 대한 바른 해석과 적용만이 바른 기도를 가능하게 한다

사람이 귀를 돌려 율법을 듣지 아니하면 그의 기도도 가증하니라.
잠언 28:9

기도는 하나님을 가까이 불러오는 도구가 아니라 거룩한 임재에 반응하는 방식이다.
필립 얀시

기도나 QT를 적용하기 위해 가르치는 중요한 원리가 "약속의 말씀을 주장하라"이다. 그런데 이 가르침의 치명적인 약점은 성경 본문의 해석과 적용이 잘못된 경우다. 기도에 관해 널리 알려진 구절이라도 본문 자체의 의미를 잘못 해석하거나 오해하는 경우가 종종 있다. 성경 해석이 오염되면 기도의 왜곡을 낳는다. 잘못 해석한 성경을 기도 응답의 약속으로 붙잡으면 그 기도는 필연적으로 잘못된 방향을 향한다. 거듭 강조하지만 성경은 공시적 읽기가 필요한데 많은 경우 사적 읽기를 하면서 풍유적 해석

을 하고 이를 기도에 적용한다. 이럴 경우, 성경 읽기와 기도하기는 잘못된 의도에 악용되거나 개인적 바람이나 야망을 성취하기 위한 도구로 전락하기 십상이다. 기도하는 데 성경을 올바르게 사용하는가는 이 책의 일관된 관심사지만 특별히 이 장에서는 성경 오용의 사례를 집중적으로 살펴보고 경계를 삼고자 한다.

예수님의 새벽 기도와 일반화의 오류

나는 새벽 기도회를 옹호하는 입장으로 때로는 우리의 영적 생활을 훈련하기 위해 일정한 기간을 정해 놓고 하는 특별 새벽 기도회도 필요하다고 생각한다. 하지만 요즈음 한국 교회의 특별 새벽 기도회에는 기도는 없고 퍼포먼스만 난무한다. 삼대가 복을 받는다느니, 신앙의 명가를 이루자느니 하는 기복신앙에 입각한 천박한 구호가 판치는 특별 새벽 기도회는 심리학에 물든 교회의 전형적 프로그램의 예시일 뿐이다. 더구나 다음번 예배 참석자를 위해 급히 자리를 비켜 주느라 정작 개인적으로 기도할 시간도 없는, 그래서 "하나님이 기도에 응답하시기 위해 하늘에서 내려오셨는데 정작 기도자는 벌써 떠나 버렸다"라는 비아냥거림을 듣는 특별 새벽 기도회와 무당의 굿판은 무엇이 다를까. 개근을 하고 상패나 기념품을 받을 때면 마치 자신이 뭔가 해냈다는 승리감에 취하기도 하지만, 마치고 나면 왠지 모르게 허무감이 뒤따라오는 이벤트성 새벽 기도회는 멈춰야 마땅할 것이다.

새벽 기도회 하면 떠오르는 구절이 마가복음 1:35이다. 예수님이 새벽에 한적한 곳에 나아가 기도하셨다는 이 말씀은 새벽 기도회 이야기가 나올 때마다 약방의 감초처럼 빠지지 않고 등장한다. 하지만 새벽 기도를 하는 것과 마가복음 1:35을 차용하는 것은 전혀 다른 이야기다. 예수님이 2,000년 후 한국 교회에 새벽 기도회가 있을 줄 알고, 그때 성도들을 독려할 근거가 되도록 일부러 새벽에 일어나 한적한 곳에서 기도하신 것이 아니다. 더구나 예수님이 매일 새벽 일찍 일어나 기도하신 것도 아니다. 단회적 새벽 기도인 마가복음 1:35을 근거로 새벽 기도회의 중요성을 주장하는 것은 한마디로 일반화의 오류다. 그렇다면 이 본문은 과연 어떤 의미일까.

마가복음 1:29-34

29 회당에서 나와 곧 야고보와 요한과 함께 시몬과 안드레의 집에 들어가시니 30 시몬의 장모가 열병으로 누워 있는지라 사람들이 곧 그 여자에 대하여 예수께 여짜온대 31 나아가사 그 손을 잡아 일으키시니 열병이 떠나고 여자가 그들에게 수종드니라. 32 저물어 해 질 때에 모든 병자와 귀신 들린 자를 예수께 데려오니 33 온 동네가 그 문 앞에 모였더라. 34 예수께서 각종 병이 든 많은 사람을 고치시며 많은 귀신을 내쫓으시되 귀신이 자기를 알므로 그 말하는 것을 허락하지 아니하시니라.

예수님이 시몬 베드로의 장모의 열병을 고쳐 주신 날은 안식

일이다. 예수님이 가버나움 회당에서 안식일 예배를 드리며 말씀을 설명(설교)하자 많은 사람들이 그의 가르침과 권위에 놀랐다 (막 1:21-22). 회당 예배가 끝난 후에는 회당에 있었던 귀신 들린 자를 고치신다. 그리고 베드로와 안드레의 집에 들어가 이번에는 베드로 장모의 열병을 치유하신다. 32절의 "저물어 해 질 때에"란 안식일이 끝났음을 알린다. 안식일이 끝나고 보행의 자유를 얻은 많은 병자들과 귀신 들린 자들이 예수님께 몰려들었는데, 마가는 이 모습을 "온 동네가 그 문 앞에 모였다"고 묘사한다. 예수님은 고통 속에 있는 그들을 외면하지 않으셨다. 병을 고치시고, 귀신들을 쫓아내셨다. 아마도 예수님의 치유 사역은 밤늦은 시각까지, 어쩌면 자정 너머까지 지속되었을 것이다.

> 마가복음 1:35
> 새벽 아직도 밝기 전에 예수께서 일어나 나가 한적한 곳으로 가사 거기서 기도하시더니.

아직 아침이 밝아 오기 전 새벽 시간, 고요하지만 시몬의 장모의 집과 그 골목에는 어젯밤의 열기와 여운이 그대로 남아 있었을 것이다. 모두가 잠든 시간 조용히 문이 열리는가 싶더니 예수님이 모습을 드러내신다. 밤새 이슬이 두텁게 내린 상태라 촉촉해진 골목에 발자국을 남기며 예수님은 홀로 한적한 곳으로 가신다. 그리고 그곳에서 하나님께 기도하신다. 이 구절에서 우리가 주목해야 할 것은 '새벽'이라는 시간이 아니라 예수님이 여명의 시간에 일찍 일어나 기도하시는 '동기'와 '목적'이다. 새벽은 당시의 특정한 상황에서 사람들의 방해를 받지 않고 기도하기에 적합한 시간이었을 뿐이다.

> 마가복음 1:36-38
>
> 36 시몬과 및 그와 함께 있는 자들이 예수의 뒤를 따라가 37 만나서 이르되 모든 사람이 주를 찾나이다. 38 이르시되 우리가 다른 가까운 마을들로 가자 거기서도 전도하리니 내가 이를 위하여 왔노라 하시고.

우선 시기적으로 예수님이 하신 그날의 새벽 기도는 "가장 영광스러운 순간, 모든 사람들의 시선과 존경이 쏠리는 순간"에 드려졌고, 내용상 아들로서 아버지께 영광을 돌리는 기도였을 것이다. 모든 사람이 예수님을 찾고 주를 바라보지만 정작 예수님은 사람들의 박수와 환호에 취하지 않으셨다. 시몬을 비롯한 제자들이 모든 사람이 주를 찾는다고 보고하지만 예수님은 오히려 사람들을 피해 다른 가까운 마을로 향하신다. 예수님의 이러한 행동은 다분히 의도된 것이고 제자들을 향한 교훈의 의미를 포함한다. 사람들의 칭송으로 어깨에 잔뜩 힘이 들어갔을 제자들은 그런 예수님의 모습에 당황했을 것이고 다른 한편 못내 아쉬웠을 것이다. 예수님의 새벽 기도에 이어 이번에는 예수님의 철야 기도를 살펴보자.

예수님의 철야 기도

요한복음 6:14-15

¹⁰예수께서 이르시되 이 사람들로 앉게 하라 하시니 그곳에 잔디가 많은지라 사람들이 앉으니 수가 오천 명쯤 되더라. ¹¹예수께서 떡을 가져 축사하신 후에 앉아 있는 자들에게 나눠 주시고 물고기도 그렇게 그들의 원대로 주시니라. ¹²그들이 배부른 후에 예수께서 제자들에게 이르시되 남은 조각을 거두고 버리는 것이 없게 하라 하시므로 ¹³이에 거두니 보리떡 다섯 개로 먹고 남은 조각이 열두 바구니에 찼더라. ¹⁴그 사람들이 예수께서 행하신 이 표적을 보고 말하되 이는 참으로 세상에 오실 그 선지자라 하더라. ¹⁵그러므로 예수께서 그들이 와서 자기를 억지로 붙들어 임금으로 삼으려는 줄 아시고 다시 혼자 산으로 떠나가시니라.

오병이어 기적의 의미를 이해하기 위해서는 요한복음 6장을 공부해야 하지만 지면 관계상 여기서는 오병이어 기적은 사복음서가 모두 다루고 있을 만큼 중요하다는 점만 상기하기로 하자. 예수님은 떡 다섯 개와 물고기 두 마리로 오천 명을 먹이셨다. 오병이어 기적은 남은 조각이 열두 바구니에 가득 찰 정도로 풍성했다. 당연히 예수님의 행위에 대한 무리의 반응은 즉각적이었고 열광적이어서 예수님을 왕으로 삼고자 했다. 하지만 예수님은 무리의 환호에 반응하지 않으셨고 오히려 그 자리를 피해 혼자 산으로 가신다.

마태복음 14:22-23

22예수께서 즉시 제자들을 재촉하사 자기가 무리를 보내는 동안에 배를 타고 앞서 건너편으로 가게 하시고 23무리를 보내신 후에 기도하러 따로 산에 올라가시니라. 저물매 거기 혼자 계시더니.

무리에게 베풀어진 식사 시간은 저녁이었고 이 모든 식사를 마쳤을 때는 당연히 밤늦은 시간이었을 것이다. 주목할 것은 22절이다. 예수님은 제자들을 재촉해서 배를 타고 건너편 벳세다로 가도록 하셨다. 정상적 상황이라면 뒷마무리는 제자들의 몫이어야 했겠지만, 이 순간만큼은 예수님이 직접 무리를 돌려보내신다. 이렇게 서둘러 제자들을 배에 태워서 보내고, 광야의 무리를 다 돌려보낸 예수님은 기도하기 위해 홀로 산에 올라가셨다(23절). 그리고 25절을 보면, 이 기도는 밤 사경까지, 곧 새벽 3-6시까지 이어지는 철야 기도였다. 그렇지만 이 기도 역시 한국 교회의 철야 기도회와 연결시키기는 무리다.

예수님의 새벽 기도(막 1:35)와 철야 기도(마 14:23) 사이에는 적어도 세 가지 공통점이 있다. 먼저, 시기상 큰 기적을 행하신 직후 사람들의 관심이 예수님께로 집중된 시점이다. 사람들은 예수님의 기적을 보고 열광하지만 예수님은 인기를 위해 치유와 기적을 베푸신 것이 아니다. 예수님은 인기에 연연해하지 않았을 뿐 아니라 한사코 그것을 멀리하셨다. 두 번째로, 제자들을 무리로부터 분리시키신다. 쏟아질 찬사들과 칭찬 속에 머물지 않도록,

그리고 제자들 스스로 이 장면에 도취되지 않도록 하기 위해 제자들을 기적의 현장과 뜨겁게 반응하는 수많은 사람들에게서 분리시키는 것은 예수님이 의도하신 바다. 세 번째로, 하나님의 아들이신 예수님도 기도를 통해 오직 하나님께만 영광을 돌리신다. 하나님의 본체시나 하나님과 동등됨을 취할 것으로 여기지 아니하시고, 오히려 자기를 비워 종의 형체를 가지사 사람들과 같이 되신(빌 2:6-7) 예수님은 이번에도 모범을 보이신다.

그런데 우리는 예수님이 뜻하셨던 바를 전혀 살피지 않고 문자적으로만 적용한다. "예수님도 새벽 기도회를 하셨는데 우리가 아침 늦은 시간까지 잠자리에 누워 있을 수 없다. 예수님도 철야 기도를 하셨으니 우리도 금요일에 모여서 기도해야 하지 않는가." 본문의 묵직한 의미들을 살피지 않은 채, 말씀을 이렇게 표면적이고 가볍게 다루며 단순하게 새벽 기도와 철야 기도에 적용하는 것이 놀랍기만 하다.

구하라, 찾으라, 두드리라

마태복음 7:7-11

7 구하라 그리하면 너희에게 주실 것이요 찾으라 그리하면 찾아낼 것이요 문을 두드리라 그리하면 너희에게 열릴 것이니 8 구하는 이마다 받을 것이요 찾는 이는 찾아낼 것이요 두드리는 이에게는 열릴 것이니라. 9 너희 중에 누가 아들이 떡을 달라 하는데 돌을 주며 10 생선을 달라 하는데

뱀을 줄 사람이 있겠느냐. ¹¹너희가 악한 자라도 좋은 것으로 자식에게 줄 줄 알거든 하물며 하늘에 계신 너희 아버지께서 구하는 자에게 좋은 것으로 주시지 않겠느냐.

마태복음 7장의 기도에 관한 가르침은 본문의 단순한 적용이라는 관점에서 볼 때, 또 다른 난감한 구절이다. "기도 응답의 관건은 믿음이다. 의심하지 않는 것이다. 정말로 원하는 바가 있다면 참된 믿음으로 부르짖어 구하고, 열심히 찾고, 좌절하지 말고 열릴 때까지 계속 두드리라. 그러면 원하는 그것을 얻게 될 것이다." 이는 한국 교회에서 기도와 관련해 자주 가르쳐지는 내용이다. 그러면서 9-11절을 당당하게 근거로 내세운다. "떡을 달라는 아들에게 돌을 줄 아버지는 없다. 생선을 달라는데 뱀을 줄 사람이 없다. 우리 하나님 아버지는 구하는 자들에게 좋은 것으로 주시는 분이시다."

하지만 이 구절을 이렇게 사용하는 것이 과연 적절한가. 이 구절이 아무런 전제나 조건도 없는 확실성으로서의 기도의 능력을 보장하는 구절인가. 과연 무엇이든 구하기만 하면 우리에게 주신다는 의미인가. 목적과 상관없이 열심히 찾기만 하면 찾아질까. 얻고자 하는 것을 간절한 마음으로 두드리면 열린다는 말씀인가. 당연히 그렇지 않다. 이 구절은 기도를 위한 만능열쇠가 아니다. 이 가르침은 우리가 드리는 모든 기도에 대한 성공적 응답을 보장하지 않는다. 무엇보다 이 구절은 산상수훈의 가르침 중 하나로 산상수훈이라는 큰 맥락의 틀 가운데 해석되고 적용되어야 마땅하다.

우리가 잘 아는 것처럼 산상수훈의 가르침은 동에서 서가 먼 것만큼이나 형통 신학이나 번영 신학과는 거리가 멀다. 산상수훈은 예수님이 불러 모으신 하나님 나라의 백성들이 이 땅에서 어떻게 살아야 할지 삶의 원리를 총괄하여 제시한다. 산상수훈은 성도들이 이 세상에서 고지를 점령하고 성공하도록 고양시키지 않는다. 당연히 이 기도 본문도 세상에서의 성공을 위해 쉬지 말고 떼쓰는 기도를 하라고 말하지 않는다. 오히려 산상수훈은 성도들에게 하늘에 시민권을 둔 사람들로서 맘몬에 대항하는 삶을 살도록 촉구한다. 십자가에 죽으시고 부활하신 예수님이 불러 모으신 새 언약 백성들인 교회는 더 이상 세상의 가치를 추구하는 자들이 아니다. 특별히 팔복에서부터 복됨의 의미가 새롭게 제시되고 우리의 가치 체계가 전도되기를 요구한다. 그런데 한국 교회는 여전히 산상수훈의 팔복을 오복으로 대체시키고 그것을 얻기 위해 기도하되 주실 때까지 끊임없이 구하고 찾고 두드리도록 몰아간다. 기도한다고 하면서 여전히 맘몬을 섬기고, 기도를 온갖 편법과 부정한 방법들로 오염시키는 반(反) 산상수훈적 행동을 멈출 때다. 잠언을 보라.

잠언 28:9

사람이 귀를 돌려 율법을 듣지 아니하면 그의 기도도 가증하니라.

"구하라, 찾으라, 두드리라" 무엇을, 어떻게, 왜…

그렇다면 마태복음 7:7의 '구하라', '찾으라', '두드리라'는 어떤 의미인가? 당연히 이 기도는 산상수훈 전체의 맥락 안에서 설명되어야 한다. 산상수훈을 제대로 읽은 성도라면 마음속으로 거룩한 두려움이 생긴다. 내가 과연 이런 삶을 사는 것이 가능할까 스스로 질문하게 된다. 산상수훈을 읽으며 진지한 고민이 생긴 성도들에게 예수님이 등을 토닥여 주며 격려하시는 것이 이 약속이다. 우리가 할 일은 그리스도인으로서 우리의 주 되신 예수 그리스도의 가르침을 따르는 이런 삶을 살아 낼 수 있도록 구하고 찾고 두드리는 기도를 하는 것이다. 그렇게 할 때 우리는 응답하시는 하나님의 은혜 안에서 우리에게 필요한 '좋은 것'을 얻고 힘을 얻게 되고 기꺼이 산상수훈적 삶을 실천하며 살 수 있다.

누가복음의 병행구절을 보면(눅 11:9-13) 구체적으로 '성령'이 선물이라고 말한다. "이 표현은 오순절을 예고하는 동시에 주술에서 벗어나 우리가 바라면 전부 받는다고 약속하거나 혹은 제자들이 기도하면 고난과 박해에서 면제될 거라고 약속하지 않는다"[1]는 점에서 마태복음과 동일한 관점을 보인다.

또한 "구하라, 찾으라, 두드리라"는 문법적으로 현재형인데, 이는 단회적이 아닌 지속적인 기도를 요청하고 있음을 의미한다. 사실 산상수훈은 우리의 의지와 힘으로 실현할 수 있는 가치가 아니다. 하나님의 도우심이 절대적으로 필요하다. 끊임없는 은혜가 필요하고, 그 은혜는 기도를 통해서 우리에게 공급된다. 따라서 그리스도인이라면 누구나 하나님 나라 백성 된 삶의 원리인 산상수훈의 말씀을 따라 살기를 갈망하며 이를 위해 끊임없이 기도해야 한다. 그렇게 할 때, 우리와 함께하시는 보혜사 성령께서 도우시고, 우리는 넉넉히 실천하는 삶을 살게 될 것이다. 하나님의 도우심이야말로 우리의 능력이자 보장이 되기 때문이다.

한 가지 더 부연하자면, 하나님 나라의 백성으로 살고자 하는 우리의 갈망에 대한 응답은 자기 백성을 사랑하시는 하나님의 마음에서 나온다는 점이다. "하물며 하늘에 계신 너희 아버지께서 구하는 자에게 좋은 것으로 주시지 않겠느냐"(마 7:11).

적극적 사고방식에 오염된 기도

우리의 기도는 심지어 적극적 사고방식과 같은 세속적 심리학에 오염된 기도인 경우가 많다. 우선, 물불을 가리지 않는다. 필요하다면 기도와 관계없는 구절까지도 끌어내 "붙잡아야 할 약속"으로 삼는다. 다음으로 무엇이든 긍정적으로 생각하면 이루어진다는 적극적 사고방식에 이것을 결합시킨다. 그 구체적인 예로 기도와 아무런 관련이 없는 히브리서 11:1과, 역시 기도와 상관없는 노먼 빈센트 필(Norman Vincent Peale)의 "적극적 사고방식"이 만나서 기도를 어떻게 왜곡시키는지를 보자.

히브리서 11:1

믿음은 바라는 것들의 실상이요 보이지 않는 것들의 증거니.

히브리서 11장의 첫 구절은 흔히 이런 식으로 해석되고 적용된다. 먼저 "믿음은 바라는 것들의 실상"이다. 성도의 믿음은 놀라운 능력이 있어서 우리의 능력을 뛰어넘는 역사를 일으킨다. 모든 것은 믿는 대로 이루어진다. 이것이 하나님의 약속이다. 믿어야 기적이 일어난다. 성경도 오직 믿음으로 구하고 조금도 의심하지 말라고 하지 않는가(약 1:6). 의심하면 아무런 역사도 일어나지 않는다. 의심은 밥그릇을 엎어 놓는 것과 같다. 밥그릇이 엎어져 있는데 어떻게 밥을 담을 수 있나. 믿음은 밥그릇을 똑바로 놓고 하나님께 구하는 것이다.

두 번째로 "믿음은 보이지 않는 것들의 증거"다. 지금 우리 눈에는 보이지 않지만 마치 보고 그리는 그림처럼 선명하게 요구하라. 그리고 구할 때는 구체적으로 하고 이왕이면 통 크게 구하라. "네 입을 크게 열라. 내가 채우리라"(시 81:10)는 약속처럼 우리의 상상력을 총동원해서 분명하고 크게 그리면 하나님이 그 믿음을 보시고 응답해 주신다. 할 수 없다 생각하지 말고 할 수 있다고 믿으라.

그러나 이렇게 해석하면 당장 히브리서 11:2이 문제다. "선진들이 이로써 증거를 얻었느니라." 과연 이 말씀이 우리 믿음의 선배들이 모두 적극적 사고방식으로 무장된 믿음으로 성공의 길을 걸었다는 의미인가, 정말로 구약의 선진들이 모두 이 땅에서 떵떵거리고 성공하고 승리자가 되었는가. 믿음에도 기도에도 생각이 필요하다.

그렇다면 이 구절의 진짜 의미는 무엇인가. 결론적으로 이 말씀은 기도에 관한 구절이 아니다. "믿음은 바라는 것들의 실상이요 보이지 않는 것들의 증거니"(히 11:1)에서 믿음은 '우리가 소원하는 바, 간절히 원하는 것'에 대한 확신이 아니라 '예수 그리스도의 오심'에 대한 신뢰다. 더 정확한 이해를 위해 문맥을 살펴보자.

증인의 명단들

히브리서 10:39-11:2

³⁹우리는 뒤로 물러가 멸망할 자가 아니요 오직 영혼을 구원함에 이르는 믿음을 가진 자니라. ¹믿음은 바라는 것들의 실상이요 보이지 않는 것들의 증거니 ²선진들이 이로써 증거를 얻었느니라.

히브리서 10:39과 히브리서 11:1은 두 장을 자연스럽게 연결시킨다. 지금 히브리서 독자들이 처한 상황은 핍박이요 고난이다. 히브리서 10:39은 우리가 이미 예수 그리스도의 은혜를 맛본 사람들이기에 핍박에 멈칫하거나 뒤로 물러나 멸망에 빠지는 길이 아닌 핍박에 담대하게 맞섬으로써 구원에 이를 사람들이라는 점을 강조한다.

그렇다면 히브리서 11:1은 어떤가. 우리에게 '믿음장'이라는 특별한 제목으로 잘 알려진 히브리서 11장은 아직 예수 그리스도께서 이 땅에 오시기 전, 구약 시대에 핍박 가운데서 믿음을 지켜 낸 장엄한 증인들의 이야기로 가득 채운다. 구약의 성도들이 이러한 믿음의 삶, 거룩한 대서사를 그려 낼 수 있었던 동력은 바로 1절이다. 우선 "바라는 것들의 실상"과 "보이지 않는 것들의 증거"는 같은 의미로 강조를 위한 반복이다. 구약 성도들의 입장에서 보면, 예수님은 아직 오시지 않았기 때문에 "바라는 것, 보이지 않는 것"이었다. 그럼에도 그들은 예수님이 오실 것이라는 사실을 조금도 의심하지 않았고, 핍박을 받으면서도 흔들리지 않았다. 구약의 선진들이 이러한 믿음의 증인들이다(2절). 그리고 히브리서 11:4 이하는 이 '증인들의 명단'이다.

정리해 보자. 히브리서 11:1-2은 구약의 성도들이 핍박의 어려움 속에서도 예수 그리스도께서 오실 줄을 믿는 믿음 위에 굳건히 서 있음으로 자신들의 믿음을 증명했다는 것이다. 구체적으로 구약의 성도들은 예수 그리스도의 오심에 대한 약속을 멀리서 그리고 희미하게 받았음에도 불구하고(히 11:13) 믿음을 굳게 지켰다. 이처럼 구약 성도들의 모범을 따라 히브리서의 독자들뿐 아니라 핍박에 처한 신약 교회의 성도들과 고난 가운데 있는 우리에게 예수님의 다시 오심을 믿고 견고하게 믿음에 서 있도록 촉구하는 것이 바로 히브리서 11:1이 뜻하는 바다.

맘모니즘과 번영 신학이라는 유사복음에 오염되면 아무리 그럴듯하게 포장해도 결국에는 기도를 하나님의 능력을 이용해서 내 욕망을 채우는 수단으로 삼는다. 성공주의에 물든 한국 교회는 사람들에게 고지를 점령하라고 가르친다. 고지점령의 목표는 성공이고 성공을 위해서는 기도해야 한다. 그렇게 고지에 오른 사람들이 간증(?) 형식으로 자신의 성공을 나눈다. 하지만 고지에 선 사람이 결국 그 열매를 독점하며 사적으로 누리는 일에만 급급하다면 그것은 축복일까, 성공의 저주일까?

실제 요셉 vs 허구적 요셉

이처럼 히브리서 11장은 기도와 직접 연결되지 않는데 기도와 관련한 중요 구절로 사용되어 왔다. 비슷한 예가 요셉의 꿈 이야기다. 책 이름이 생각나서 무심코 "꿈꾸는 자가 오는도다"를 검색했더니 수많은 설교자들의 설교가 나온다. 요셉의 꿈에 대한 그들의 가르침은 대동소이하다. 하지만 교회가 가르치는 요셉은 실제의 요셉과 거리가 있다.

> 창세기 37:5-9
>
> 5 요셉이 꿈을 꾸고 자기 형들에게 말하매 그들이 그를 더욱 미워하였더라. 6 요셉이 그들에게 이르되 청하건대 내가 꾼 꿈을 들으시오. 7 우리가 밭에서 곡식 단을 묶더니 내 단은 일어서고 당신들의 단은 내 단을 둘러

서서 절하더이다. ⁸그의 형들이 그에게 이르되 네가 참으로 우리의 왕이 되겠느냐 참으로 우리를 다스리게 되겠느냐 하고 그의 꿈과 그의 말로 말미암아 그를 더욱 미워하더니 ⁹요셉이 다시 꿈을 꾸고 그의 형들에게 말하여 이르되 내가 또 꿈을 꾼즉 해와 달과 열한 별이 내게 절하더이다 하니라.

일반적으로 요셉은 꿈의 사람으로 널리 알려져 있다. 인간의 본성적 욕구를 자극해서 끊임없이 재생산해 소비되고 있는 "꿈꾸는 자가 오는도다"라는 식의 해석은 본문 공부를 제대로 안 했거나 아니면 의도적으로 본문을 왜곡시킨 결과다. 잘못 해석된 요셉의 꿈 이야기는 위험한 유사복음이다. 어떻게 설명해도 결국 성공을 향한 인간의 갈망을 요셉에 투사한 거짓 가르침에 불과하다.

창세기 42:5-9

⁵이스라엘의 아들들이 양식 사러 간 자 중에 있으니 가나안 땅에 기근이 있음이라. ⁶때에 요셉이 나라의 총리로서 그 땅 모든 백성에게 곡식을 팔더니 요셉의 형들이 와서 그 앞에서 땅에 엎드려 절하매 ⁷요셉이 보고 형들인 줄을 아나 모르는 체하고 엄한 소리로 그들에게 말하여 이르되 너희가 어디서 왔느냐 그들이 이르되 곡물을 사려고 가나안에서 왔나이다. ⁸요셉은 그의 형들을 알아보았으나 그들은 요셉을 알아보지 못하더라. ⁹요셉이 그들에게 대하여 꾼 꿈을 생각하고 그들에게 이르되 너희는 정탐꾼들이라 이 나라의 틈을 엿보려고 왔느니라.

요셉이 이집트의 총리가 된 것이 30세이고(창 41:46), 그 후 7년의 풍년과 2년의 흉년(참조. 창 45:11)이 있었으니 아마도 요셉이 형들을 만난 이 시점에 그의 나이는 38-39세 정도였을 것이다. 당연히 형들은 이집트의 총리가 된 요셉을 알아보지 못했고, 오직 요셉만이 형들을 한눈에 알아보았다. 가장 중요한 구절은 9절로 "요셉이 그들에게 대하여 꾼 꿈을 생각하고"다.

9절은 교회가 쌓아 올린 요셉의 성공 스토리의 허구성을 명백히 보여 주는 결정적 증거로 게임 체인저 역할을 한다. "요셉은 꿈의 사람이다. 요셉은 그 꿈을 한시도 잊지 않았다. 꿈의 사람 요셉은 자신에게 닥쳐 온 환난과 위기의 때에도 굳건히 서시 기도하며 그 꿈을 성취하기 위해 나아간다. 그리고 마침내 그는 우뚝 서서 꿈을 성취한다. 이집트의 총리가 된 것이다. 우리도 이렇게 꿈을 품고 인내하고 기도함으로 꿈을 성취하는 사람이 되자." 대충 이런 서사로 요셉을 해석하고 설교하고 적용하는 것은 성경적 사실에 부합하지 않는다. 부실한 기초 위에 세워진 가공된 신화가 무너지는 것은 한순간이다. 교회는 모래성 쌓기를 멈추어야 한다.

물론 요셉이 꿈을 꾼 것은 사실이다. 아마도 그때 요셉의 나이는 열일곱 정도였다(참조. 창 37:2). 하지만 그날 이후 요셉은 30세에 총리가 되고, 형들을 만난 39세가 되기까지 이십여 년의 세월 동안 험한 세상을 헤쳐 나가며 자신이 꿈을 꿨다는 사실조차 잊어버리고 살았다. 그런데 어느 날 형들이 갑자기 자기 앞에 나타나 절을 한다. 그 순간 요셉은 이십여 년 전에 자신이 꿨던 꿈이 비로소 생각난 것이다.

창세기 42:9상
요셉이 그들에게 대하여 꾼 꿈을 생각하고 그들에게 이르되.

요셉이 온갖 풍파에도 믿음의 사람으로 살았던 것은 사실이지만, 그가 자신이 꾼 꿈을 항상 기억하고 그 꿈을 성취하기까지 꿈을 붙들고 인내하며 살아 냈다는 것은 사실에 부합하지 않는다. 요셉의 서사는 "꿈을 품고 고난을 헤치고 마침내 성공의 길을 걸었던 영웅담"이 아니라, 요셉에게 처음 꿈을 주시고 그 꿈을 스스로 이루어 가시는 하나님의 언약적 신실하심의 관점에서 읽어야 한다.

지금까지 살펴본 것처럼, 말씀이 왜곡되면 기도도 오염된다. 잘못된 목적을 위해 말씀의 의미를 변형시키고 변형된 말씀을 붙잡고 기도하는 무지하고 용감한 행위는 우리의 기도에서 마땅히 퇴출되어야 한다. 약속의 말씀을 주장하는 기도의 대전제는 말씀의 의미를 올바르게 파악하는 것이다.

더 깊은 나눔을 위하여

1 이 장을 읽고 기도에 대해 새롭게 배운 것이나 깨달은 점이 있다면 나누어 보자.

2 예수님이 드리신 새벽 기도와 철야 기도의 올바른 의미는 무엇인가?

3 "구하라, 찾으라, 두드리라"는 구절은 오늘날 어떻게 오용되고 있는가?

4 히브리서 11:1을 붙들고 기도한 경험이 있는지 나누어 보고, 올바른 의미를 설명해 보자.

5 요셉의 꿈과 그밖에도 말씀을 왜곡해서 기도의 요절로 삼는 경우를 들어 보자.

6 이 장을 공부한 후, 우리가 개인적으로 적용해야 할 점을 구체적으로 나누어 보자.

10장   기도의 티핑 포인트

식탁 주변의 기도에서 하나님의 나라와
그의 의를 구하는 기도로 나아가라

¹ 그때에 히스기야가 병들어 죽게 되매 아모스의 아들 선지자 이사야가 그에게 나아와서 그에게 이르되 여호와의 말씀이 너는 집을 정리하라. 네가 죽고 살지 못하리라 하셨나이다. ² 히스기야가 낯을 벽으로 향하고 여호와께 기도하여 이르되 ³ 여호와여 구하오니 내가 진실과 전심으로 주 앞에 행하며 주께서 보시기에 선하게 행한 것을 기억하옵소서 하고 히스기야가 심히 통곡하더라. ⁴ 이사야가 성읍 가운데까지도 이르기 전에 여호와의 말씀이 그에게 임하여 이르시되 ⁵ 너는 돌아가서 내 백성의 주권자 히스기야에게 이르기를 왕의 조상 다윗의 하나님 여호와의 말씀이 내가 네 기도를 들었고 네 눈물을 보았노라. 내가 너를 낫게 하리니 네가 삼 일 만에 여호와의 성전에 올라가겠고 ⁶ 내가 네 날에 십오 년을 더할 것이며 내가 너와 이 성을 앗수르왕의 손에서 구원하고 내가 나를 위하고 또 내 종 다윗을 위하므로 이 성을 보호하리라 하셨다 하라 하셨더라.

열왕기하 20:1-6

우리가 어떻게 기도하는가는 우리가 어떤 사람인지를 말해 준다.

카를로 카레토

기독교 신앙은 입체적이고 복합적이다. 1776년, 이제 51세가 된 존 뉴턴(John Newton)이 쓴 편지[1]의 일부를 보자. "믿음의 삶은 얼핏 쉬워 보여 몇 마디 말로 설명할 수 있을 것 같은데, 막상 살아 보면 너무나 어려워서 내가 과연 영적인 성장을 하는 것인지 도무지 말할 수 없을 정도로 더디다." 노예 무역상을 하다가 극적 회심을 경험하고 39세의 나이로 성공회에서 안수를 받은 존 뉴턴. 불멸의 찬송가인 "나 같은 죄인 살리신"(Amazing grace)의 작사자이자 그토록 열정적으로 사역했던 그의 내면의 고백이기에 더 큰 울림이 있다. 뉴턴의 고백처럼 신앙은 얼핏 쉽고 가벼워 보이지만 그 내용은 깊고 어렵고 무겁다.

한국 교회는 이런 묵직한 신앙을 지나치게 단순화시켰다. 반지성주의적 경향이 강한 한국 교회는 예수를 믿는 것을 간단한 영접 기도로 축소시키며, 주일 성수, 십일조, 술·담배 금지와 같은 몇 가지 규칙을 잘 지키면 이후에는 약속된 복 안으로 들어가는 행복에의 길로 가르친다. 그런데 "살아서 형통, 죽어서 천국"이라는 번영 신학적 슬로건은 1942년에 발표된 『베버리지 보고서』(Beveridge Report, 사회평론아카데미)의 "요람에서 무덤까지"라는 슬로건만큼이나 허허롭다. 이 땅에서 성공하고 건강하고 자식 잘되고 부자로 살다가 죽어서는 천국 가기…이건 너무 탐욕스럽지 않은가.

한국 교회가 축복이라는 일차원적 목표를 향해 달려가는 폭주 기관차라면 그 연료는 바로 미성숙한 기도일 것이다. 어떤 사람들에게 기도는 여전히 욕망을 채우는 수단으로 여겨진다. 하지만 기도는 '꿩 잡는 매'가 아니다. 물론 알라딘의 요술 램프의 요정인 지니도 아니고 전래 동화에 나오는 도깨비방망이도 아니다. 그리고 당연히 떼쓰기도 아니다. 기도에도 질문과 깊은 사고가 필요하다. 대표적인 예로 히스기야왕의 기도를 살펴보자.

히스기야왕의 기도

히스기야왕의 치유 이야기는 열왕기하 20장, 역대하 32장, 이사야 38장에 세 번이나 반복적으로 소개된다. 히스기야왕의 기도에는 성도가 열광할 만한 몇 가지 극적 요소가 있다. 병에 걸린 히스기야왕은 선지자 이사야를 통해 죽음을 통보받는다. 하지만 그는 포기하지 않고 전심으로 기도한다. 낯을 벽으로 향하고 심히 통곡하며 간절함으로 기도한 결과, 즉시 응답을 받고 죽음의 병상에서 일어나 완쾌되었다. 하이라이트는 하나님이 히스기야왕의 생명을 15년이나 연장해 주신 장면이다.

> 이사야 38:2-5
> 2 히스기야가 얼굴을 벽으로 향하고 여호와께 기도하여 3 이르되 여호와여 구하오니 내가 주 앞에서 진실과 전심으로 행하며 주의 목전에서 선하게 행한 것을 기억하옵소서 하고 히스기야가 심히 통곡하니 4 이에 여호와의 말씀이 이사야에게 임하여 이르시되 5 너는 가서 히스기야에게

이르기를 네 조상 다윗의 하나님 여호와께서 이같이 말씀하시기를 내가 네 기도를 들었고 네 눈물을 보았노라. 내가 네 수한에 십오 년을 더하고.

히스기야왕의 기도가 절박한 상황에 있는 성도들, 특히 병중에 있는 사람들에게 기도의 전범이 되는 것은 이해할 만하다. 오늘날에도 의학적 한계에 봉착한 많은 사람들이 히스기야의 기도를 떠올리며 간절한 기도를 드린다. 하지만 히스기야왕의 기도를 병상 기도의 보편 법칙으로 제시하는 것은 무리다. 무엇보다 법칙으로 기능하려면 예외가 없어야 하는데 그와 똑같은 마음과 똑같은 방법으로 기도하는 모든 사람의 병이 다 낫는 것은 아니다. 더구나 히스기야왕의 기도가 과연 의심할 여지 없는 모범적 기도인지도 점검이 필요하다. 이번 장에서는 히스기야왕의 기도 응답 이야기에서 빠뜨리고 있는, 아니면 생각해 보지 못한 불편한 진실은 무엇인지부터 시작해 보겠다.

히스기야왕의 기도, 낯설게 읽기

역대하 32:24-25

24 그때에 히스기야가 병들어 죽게 되었으므로 여호와께 기도하매 여호와께서 그에게 대답하시고 또 이적을 보이셨으나 25 히스기야가 마음이 교만하여 그 받은 은혜를 보답하지 아니하므로 진노가 그와 유다와 예루살렘에 내리게 되었더니.

히스기야왕의 삶과 통치는 죽음의 침상에서 받은 기도 응답 이전과 이후로 나뉜다. 죽을병에 걸리기 전 히스기야왕은 문자적으로 신앙의 교본이라 평가할 만하다. 그러나 안타깝게도 그토록 모범적이던 히스기야왕의 태도는 기도 응답을 받은 후까지로 이어지지 않았다. 역대하 32:24-25은 히스기야왕의 후반부 삶의 성적표라고 할 수 있는데, 요즘으로 치면 낙제에 해당한다. 냉정하고 정확히 평가하자면 병 고침을 받은 후 히스기야왕의 마음은 교만해졌고, 결국 남유다는 하나님의 진노로 멸망당한다. 유다와 예루살렘의 멸망이라는 비극의 단초를 제공한 사람이 다름 아닌 히스기야왕이었다는 사실은 아이러니다. 구체적으로 히스기야왕의 교만과 그 결과를 보여 주는 두 가지 에피소드를 생각해 보자.

먼저 열왕기하 20:12-17이다. 바빌론 왕 브로닥발라단이 사절단을 보내 왔다. 이때는 앗시리아가 강력한 힘을 발휘하던 때로 아직 바빌론은 패권국으로 발전하기 이전이다. 물론 바빌론에서 온 사신의 표면적 이유는 히스기야왕의 건강 회복을 축하하는 것이었지만 실제 목적은 남유다와 군사 동맹을 맺어 대국 앗시리아에 대항하고자 함이었다.

열왕기하 20:13
히스기야가 사자들의 말을 듣고 자기 보물고의 금은과 향품과 보배로운 기름과 그의 군기고와 창고의 모든 것을 다 사자들에게 보였는데 왕궁과 그의 나라 안에 있는 모든 것 중에서 히스기야가 그에게 보이지 아니한 것이 없더라.

히스기야왕의 이런 행동은 의심할 여지없이 하나님 앞에서 교만함의 발로였다. 역대하 32:25이 그렇게 고발하고 있다. 마치 다윗이 사탄의 유혹을 받아 자기 힘의 크기를 과시하는 방법으로 인구 조사를 했다가 하나님의 책망을 받았던 사건처럼(대상 21:1-2), 히스기야왕도 결코 해서는 안 될 행동을 한 것이다. 이 사건은 남유다 멸망의 빌미가 된다(왕하 20:16-21).

두 번째는 역대하 33:1-3이다. 히스기야왕이 죽고 그의 아들 므낫세가 왕이 되었는데, 이때 그의 나이가 열두 살이었다. 그러니까 므낫세왕은 히스기야왕이 15년 더 사는 기간에 태어난 것이다. 므낫세왕은 55년이라는 긴 시간 남유다를 다스렸지만 그에 대한 평가는 충격적이다.

역대하 33:1-3

1 므낫세가 왕위에 오를 때에 나이가 십이 세라 예루살렘에서 오십오 년 동안 다스리며 2 여호와 보시기에 악을 행하여 여호와께서 이스라엘 자손 앞에서 쫓아내신 이방 사람들의 가증한 일을 본받아 3 그의 아버지 히스기야가 헐어 버린 산당을 다시 세우며 바알들을 위하여 제단을 쌓으며 아세라 목상을 만들며 하늘의 모든 일월성신을 경배하여 섬기며.

므낫세왕의 이러한 악한 모습은 모범적 신앙의 표본이었던 히스기야왕의 아들의 행위라고는 믿어지지 않는 모습이다. 아버지 히스기야왕은 선대왕 아하스 때의 모든 우상을 제거하는 종교개혁으로 치세를 시작했지만 므낫세왕은 다시 할아버지의 악한 길로 돌아갔다. 그뿐 아니라 그는 남유다 왕들 중에서도 유래를 찾아보기 힘든, 오히려 북이스라엘의 아합에 비견되는 폭군이었다. 어떻게 히스기야왕의 아들 므낫세가 이런 왕이 되었을까? 가능성 높은 합리적 추론은 므낫세왕이 태어나서 자라는 동안 아버지로부터 신앙을 배우지 못했고, 아버지의 행동에서 참 신앙인의 모습을 발견하지도 못했기 때문이다.

왜 더 살아야 하는가

이미 언급한 것처럼 히스기야왕의 이 모든 비극은 병 고침을 받은 이후 교만해진 결과로부터 시작된다. 역사에서 가정은 무의미하지만, 히스기야왕의 삶에서 15년을 빼 보자. 그는 신앙이나 통치 면에서 완벽한 왕이었다. 차라리 그 운명의 날 이사야의 방문도 받지 않고, 그때 죽음의 침상에서 일어나지 못했더라면 히스기야는 역사 속에서 신앙과 지혜와 용기를 더 갖춘 그야말로 다윗에 버금가는 왕으로 평가되었을 것이다. 하지만 역사는 그렇게 흘러가지 않았고 히스기야왕이 더 살았던 15년은 과오로 점철된 기간이었다.

히스기야왕이 완쾌한 것은 주전 700년 전후의 일이다. 쉽게 설명하기 위해 히스기야의 병상 기도 이야기가 3,000년 전에 발생한 것으로 단순화시켜 보자. 히스기야왕은 지금으로부터 3,000년 전에 죽었어야 했는데, 기도의 응답으로 15년을 더 산 결과 2,985년 전에 죽었다. 뭐가 다른가. 오늘 이 시점에서 그가 3,000년 전에 죽은 것과 2,985년 전에 죽은 것 사이에는 어떤 유의미한 차이도 없다. 이제 이렇게 질문해 보자. 그렇다면 "히스기야왕이 15년 더 산 것은 그에게 복이었을까, 화였을까?" 이 전환 질문이 히스기야왕의 병상 기도 장면을 낯설게 읽게 만들어 준다. 특별히 오랫동안 받아들여진 관행적 해석일수록 낯설게 읽기가 필요한 이유다.

히스기야왕의 기도와 그 후 15년을 더 살면서 전개된 일련의 모습은 우리에게 기도에 대해 다시 생각하게 해 준다. 그의 기도는 모범적 표본이 아니라 오히려 반면교사다. 따라서 "죽을병에 걸렸지만 포기하지 않고 벽을 향하여 통곡하며 기도한 결과 15년을 더 살았던 히스기야왕을 본받아 기도하자"에서 멈추면 안 된다. 우리는 여기서 한 걸음 더 나아가 이렇게 물어야 한다. "15년을 더 살아도 결국 죽을 텐데 왜 15년을 더 살게 해 달라고 기도해야 하는가?" 히스기야왕의 기도 이야기를 읽으며 우리의 기도에 필수적으로 '왜'라는 질문이 들어가야 함을 깨닫게 된다. "왜 내 기도가 응답되어야 하는가"를 먼저 묻고 그에 대한 분명한 답변을 가지고 기도하는 사람이 늘어날 때, 한국 교회는 건강해지고 성도의 기도는 성숙해질 것이다.

우리가 기도하는 그것이 바로 우리다

히스기야왕의 기도를 보면서 우리의 기도를 되짚어 보자. 그렇게 오랫동안 신앙을 유지해 왔지만 기도의 내용과 우선순위가 늘 식탁 주변을 맴돈다. 당장 눈앞에 닥친 문제를 해결하기 위해 급급하여 자신과 가족 등 일상의 범주를 벗어나지 않는 기도에 머무는 경우가 많다. 결국 기도의 대부분은 "무엇을 채워 달라, 무엇을 이루어 달라 등등" 마치 하늘에 보내는 청구서처럼 끊임없는 요청으로 가득하다. 물론 이 책의 1부에서 설명한 것처럼 이러한 기도가 무조건 잘못된 것이거나 기도가 아닌 것은 아니다. 하지만 신앙생활을 오래 하면서도 여전히 기도가 늘 여기에만 머무는 사람은 그 신앙도 미성숙한 어린아이임이 분명하다(히 5:12). 기도를 들어 보면 대부분 그 사람의 영적 수준과 상태가 드러나기 마련이다.

이탈리아의 영성가 카를로 카레토(Carlo Carretto)는 말한다. "우리가 어떻게 기도하는가는 우리가 어떤 사람인지를 말해 준다."[2] 우리가 기도하는 그것이 바로 우리다. 그렇다. 우리가 기도하는 수준이 바로 우리의 신앙 수준이다. 우리가 말하는 곳이 아니라 우리의 시선이 머무는 곳에 우리가 있다. 현재 관심을 보이고 시간을 사용하는 그곳에 우리가 있다. 그렇다면 나는 어디에 있는가? 멀리 갈 필요 없이 오늘 아침 또는 어제 저녁에 기도한 내용이 무엇인가 생각해 보라. 그것이 우리 자신이고 우리 신앙의 현주소다.

트리나 폴러스(Trina Paulus)의 『꽃들에게 희망을』(*Hope For The Flowers*, 시공주니어)에 나오는 줄무늬 애벌레는 나무 위에 머물며 열심히 나뭇잎을 먹고 몸을 키웠다. 하지만 줄무늬 애벌레는 여기에 머물지 않고 삶의 가치에 대해 질문한다. "삶에는 그냥 먹고 자라는 것 말고도 더 보람 있는 일이 있지 않을까?" 그러던 어느 날 줄무늬 애벌레는 마침내 결단을 내리고 자기에게 서늘한 그늘과 먹이를 제공해 주던 그 고마운 나무에서 내려온다. 이 책의 내용에 나오는 것은 아니지만 나의 20대를 추동시킨 문장이 있다. "신앙은 자기의 가장 안전한 자리에 돌을 던지는 것이다." 줄무늬 애벌레는 바로 그렇게 했고, 비록 모험의 길이었지만 결국 나비가 된다. 우리의 신앙도 결단이 필요하다. 신앙은 먹고사는 것 그 너머의 것을 믿고 추구하는 것이다. 기도가 식탁을 떠나는 것은 결단이지만 그 결단의 열매는 영광스럽다. 기도는 나의 문제로부터 출발하지만 어느 순간 하나님의 구속 역사를 향해 나아가기 때문이다.

기도의 티핑 포인트

앞에서 언급한 것처럼 기도는 우리의 성장 과정과 닮아 있다. 갓 태어난 아이는 전혀 이타적이지 않고 절대적으로 이기적이다. 먹고 싸고 잔다. 그렇지만 이런 행동은 지극히 정상적인 것으로 그 누구도 갓난아이를 탓하지 않는다. 오히려 갓난아이가 잘 자랄 수 있도록 돕는다. 이런 환경에서 아이는 자라는 것에만 집중하면 되고 점점 성장해서 마침내 어른이 된다. 하지만 어른이 되면 그때부터는 다르게 행동해야 한다. 여전히 어린아이처럼 자기만 돌보는 이기적 행동은 더 이상 용납되지 않는다. 어른이 되면 마땅히 어른의 일을 해야 하고 그에 대한 책임이 뒤따른다.

기도도 이런 성장과 변화의 과정을 겪는다. 처음 교회를 다니면서 초신자라 불리는 기간에는 아직 어린아이와 마찬가지다. 초신자의 기도는 주로 먹고 마시고 입는 것에 대한 요청으로 이루어진다. 그래도 괜찮다. 그게 무슨 기도냐고 비난할 일이 아니다. 교회는 그저 안전하고 따뜻한 환경 속에서 하나님의 사랑을 누리도록 도울 뿐이다. 이렇게 일정 기간이 지나면 초신자는 영적으로 성장한다. 그러던 어느 날 하나님의 사랑의 깊이를 깨닫고 점점 어린아이의 습관을 버린다. 이때부터 주변의 다른 사람들을 돌보고 받은 사랑을 나누는 일이 시작된다. 그리고 기도에 질적인 변화가 시작된다. 그 변화는 기도의 우선순위가 뒤바뀌는 것인데 비록 목록은 그대로일지라도 순서가 바뀐다. 자신으로부터 하나님으로. 그 순간을 기도의 티핑 포인트(tipping point)라 할 수 있다.

티핑 포인트와 터닝 포인트는 다르다. 그동안의 진행 방향과 다른 새로운 방향으로의 전환이 터닝 포인트라면, 표면 아래 잠재되어 있던 것이 표면 위로 튀어 올라 역동성을 띠는 현상이 티핑 포인트이다. 물은 99도까지 아무런 변화가 없지만 100도가 되는 순간 끓어오르며 급격한 변화가 일어난다. 그 100도가 바로 티핑 포인트인 것이다. 이를 기도에 적용해 보자. 신앙생활을 시작하면서 기도도 함께 시작된다. 기도의 속성이 변하는 것은 아니지만 꾸준한 기도를 하다 보면 어느 순간 기도에 질적 변화가 나타난다. 이런 변화가 시작되는 것이 기도의 티핑 포인트다. 기도하지 않던 사람이 기도를 하게 될 때 그것을 터닝 포인트라고 한다면, 어린아이 같은 자기중심적 기도에서 하나님의 구원의 경륜에 부합하는 내용으로 기도의 무게 중심이 바뀌는 것이 티핑 포인트다.

물론 우리는 여전히 필요를 놓고 기도해야 하고 나 스스로도 늘 일용할 양식과 크고 작은 일들을 위해 기도한다. 고아가 아니므로(요 14:18) 아빠 외의 다른 존재에게 무엇이든 요청하거나 의존할 마음이 없다. 그래서 하나님께 마음을 토하며 모든 것을 기도한다. 하지만 기도는 여기에 멈추지 않는다. 나 중심적이 아닌 하나님 중심적 기도를 통해 하나님의 나라에 참여하는 영광스러움을 깨달았기 때문이다. 물론 처음부터 그랬던 것은 아니다. 첫 번째 공적 기도의 어설픔과 민망한 실수를 생각하면 지금도 부끄럽다. 그 후 수많은 날들을 예배당 장의자에서 그리고 산에서 기도하며 보낸 후, 마침내 내게도 기도의 티핑 포인트가 찾아왔다. 기도의 티핑 포인트를 경험한 사람들의 기도를 다른 말로 표현하면 "하나님의 나라와 그의 의를 구하는 기도"다.

너희는 먼저 그의 나라와 그의 의를 구하라

마태복음 6:31-33

31 그러므로 염려하여 이르기를 무엇을 먹을까 무엇을 마실까 무엇을 입을까 하지 말라. 32 이는 다 이방인들이 구하는 것이라. 너희 하늘 아버지께서 이 모든 것이 너희에게 있어야 할 줄을 아시느니라. 33 그런즉 너희는 먼저 그의 나라와 그의 의를 구하라. 그리하면 이 모든 것을 너희에게 더하시리라.

무엇을 먹을까, 무엇을 마실까, 무엇을 입을까 구하는 기도는 이방인들도 다 하는 기도라는 예수님의 말씀은 중의적이다. 제자이면서 이방인들처럼 세상의 가치에 빠진 채 허우적거리는 것에 대한 경구로 읽을 수도 있고, 우리를 향한 주님의 기대로 읽을 수도 있다. 예수님이 자신의 핏값으로 불러내 제자 삼으신 우리는 이방인들과는 질적으로 다른 존재들이다. 예수님은 자기 제자들에게 적어도 이방인들도 다 구하는 것, 즉 먹고 마시고 입는 것 이상의 삶을 기대하신다. 우리의 신앙이 얼마나 성숙했는지를 보여 주는 리트머스 시험지가 우리의 기도다. 다시 말하지만 우리가 기도하는 그것이 바로 우리다.

"너희는 먼저 그의 나라와 그의 의를 구하라"는 것은 예수에 의해 이미 시작된 하나님 나라에 대한 소망을 붙들고 그 나라의 완성을 위해 기도하는 것이다. "그의 나라와 그의 의" 곧 하나님의 나라와 하나님의 의는 동일한 의미로 강조를 위한 반복이다. 하나님의 나라는 하나님의 통치와도 같은 의미다. 그런데 하나님의 의는 기본적으로는 관계적 개념이다. 유대인들에게 의는 근본적으로 "관계에서 나오는 의무를 다함"[3]이란 뜻이다. 예를 들어 '하나님은 의로우시다'는 말은 하나님은 인간과의 관계에서 언제나 자신의 역할과 책임을 다하신다는 말이다. 그렇다. 하나님은 의로우시다. 하나님의 언약과 모든 약속은 오직 하나님의 신실하심에 의해 유지되며 이 하나님의 의는 언제나 우리를 향한 사랑과 은혜의 방식으로 나타난다. 심지어 우리가 하나님께 등을 돌리는 순간에도 하나님은 여전히 우리의 아빠 되시며 그 의무를 다하신다. 이 모든 것을 '하나님의 의'라고 표현한다. 하나님의 나라가 완성될 때 하나님의 의가 온전하게 시행된다. 그날이 오기까지 우리는 "그의 나라와 그의 의"를 구하는 기도를 통해 하나님 편에 서고, 행동을 통해 사탄의 나라에 대항한다.

본문은 "그의 나라와 그의 의를 구하라"는 기도를 먼저 하라고 말한다. '먼저'라는 것은 기도의 순서를 제안하는 것이 아니라 기도 내용에서 우선순위를 강조하는 것이다. 그의 나라와 그의 의는 우리의 기도에서 이차적인 것이 아니라 일차적인 것이다. 이것은 우리 기도의 최우선순위가 되어야 하고 최종 목적지가 되어야 한다. 이방인들의 기도는 세속적 욕망으로 채워져 있지만 "먼저 그의 나라와 그 의를 구하는" 우리의 기도는 하나님의 나라를 향한다.

그렇다면 "먼저 그의 나라와 그의 의를 구하는" 기도는 구체적으로 어떤 기도일까. 우리의 기도가 창조 세계의 회복과 우리의 구원이라는 하나님의 목적에 부합하기 위해 놓쳐서는 안 될 기도의 필수적 요소들은 어떤 것들이 있을까. 우리는 어떻게 기도를 통해 하나님의 나라와 그의 의에 참여하는가. 이 책은 바로 이러한 질문에 대한 답을 찾는 여정이다. 다음 장에서 '피앗 기도'부터 시작해 보겠다.

더 깊은 나눔을 위하여

1 이 장을 읽고 기도에 대해 새롭게 배운 것이나 깨달은 점이 있다면 나누어 보자.

2 이 장을 읽기 전에 히스기야의 기도에 대해 어떻게 이해하고 있었는지 살펴보자.

3 이 장에서 설명하는 히스기야의 기도를 요약하고 기존의 관점이 바뀌었다면 구체적으로 나누어 보자.

4 자신의 신앙의 여정을 돌아볼 때, 기도의 티핑 포인트는 언제였는지 설명해 보자.

5 "너희는 먼저 그의 나라와 그의 의를 구하라"는 말씀의 의미를 구체적으로 나누어 보자.

6 이 장을 공부한 후, 우리가 개인적으로 적용해야 할 점을 구체적으로 나누어 보자.

3부
기도와 하나님의 나라

11장 피앗 기도를 회복하라

하나님의 구속사에 반응하는 기도가 성숙한 기도의 표지다

⁴⁶마리아가 이르되 내 영혼이 주를 찬양하며 ⁴⁷내 마음이 하나님 내 구주를 기뻐하였음은 ⁴⁸그의 여종의 비천함을 돌보셨음이라 보라 이제 후로는 만세에 나를 복이 있다 일컬으리로다 ⁴⁹능하신 이가 큰일을 내게 행하셨으니 그 이름이 거룩하시며 ⁵⁰긍휼하심이 두려워하는 자에게 대대로 이르는도다. ⁵¹그의 팔로 힘을 보이사 마음의 생각이 교만한 자들을 흩으셨고 ⁵²권세 있는 자를 그 위에서 내리치셨으며 비천한 자를 높이셨고 ⁵³주리는 자를 좋은 것으로 배불리셨으며 부자는 빈손으로 보내셨도다. ⁵⁴그 종 이스라엘을 도우사 긍휼히 여기시고 기억하시되 ⁵⁵우리 조상에게 말씀하신 것과 같이 아브라함과 그 자손에게 영원히 하시리로다 하니라.

누가복음 1:46-55

이 피앗이 우리의 의지를 거룩하신 분의 뜻과 일치시키며 이 둘은 하나가 됩니다.

오귀스탱 길르랑

신앙의 성숙은 기도의 변화를 가져온다. 기도의 초점이 나에게서 하나님께로 향한다. 3부에서는 "먼저 그의 나라와 그의 의

를 구하라"(마 6:33)는 예수님의 말씀을 우리의 기도 속에서 구체화하기 위해 꼭 필요한 주제들을 다루고자 한다. 앞으로 보겠지만 우리는 기도를 통해 하나님의 구원 사역에 참여하는 영광을 얻는다. 이것은 성도에게 놀라운 기회이자 특권이기도 하다. 그렇다면 기도를 통해 어떻게 "그의 나라와 그의 의"에 참여하는가. 바로 성경에 나타난 '피앗(fiat) 기도'가 전적으로 하나님 나라와 그의 의를 구하는 기도다.

라틴어 '피앗'(fiat)*은 "let it be done"(이루어지이다, 생겨나다) 등의 의미를 지닌다. 교부 시대 이후 교회 전통에서 '피앗'은 따로 설명이 필요 없는 단어인데, 아쉽게도 종교개혁 이후에 개신교 안에서 거의 사라진 듯하다. 이런 이유로 한국 교회에서는 이 용어가 거의 소개되지 않았고 따라서 잘 사용되지 않는다.

라틴어 성경에는 이 단어를 기도문으로 사용하기도 하는데, 그때 '피앗'은 "(주의 뜻이) 이루어지소서"라는 청유형 기도다. 하지만 이 피앗 기도는 일반적으로 사용하는 그런 기도문이 아니다. 피앗 기도가 되려면 반드시 삼위일체 하나님의 거룩하신 계획과 의도와 목적이 먼저 드러나고 이에 우리의 의지를 일치시키는 행위가 수반되어야 한다. 어떤 성도가 새롭게 비즈니스를 시

---

* 이탈리아의 자동차 제조사인 '피아트'(Fiat)는 Fabbrica Italiana Automobili Torino(이탈리아 토리노의 자동차 공장)의 약자로 이 책에서 사용하고자 하는 '피앗'과는 전혀 다른 의미다. 혼동을 피하기 위해 발음도 피아트가 아닌 전통적으로 교회가 사용해 온 피앗을 그대로 사용하고자 한다.

작하면서 "이 사업이 성공할 수 있도록 도와주세요. 이 사업을 통해 복음 사역을 하고 싶습니다. 하나님의 영광이 드러나며 하나님의 뜻이 이루어지길 원합니다"라고 기도해도 그것은 피앗 기도가 아니다. 피앗 기도를 좀 더 설명하기 위해서는 하나님의 피앗에 대한 이해가 앞서야 한다.

하나님의 피앗

'하나님의 피앗'은 삼위일체 하나님이 이미 합의하신 결정대로 시행하시는 경우에만 극히 제한적으로 쓰이는데, 구체적으로 창조 사역과 예수 그리스도를 통한 구속 사역의 두 경우가 이에 해당한다. 성자 예수와 성령 하나님도 하나님의 피앗을 알지만 그것은 전적으로 성부 하나님의 주권적 결정으로 시행된다. 최후 심판의 날에 대한 예수님의 말씀을 예로 들어 보자. "그러나 그날과 그때는 아무도 모르나니 하늘에 있는 천사들도, 아들도 모르고 아버지만 아시느니라"(막 13:32).

먼저 창조가 하나님의 피앗이다. 태초에 하나님이 "빛이 있으라"(*Fiat lux*, 창1:3)고 말씀하시자 빛이 생겼고, 마찬가지로 창세기 1장의 모든 만물도 하나님의 피앗에 의해 생겨났다. 이 세상을 창조하신 하나님의 뜻을 피조물인 인간이 완벽히 이해하는 것은 불가능하다. 다만 하나님의 영원하신 기쁨을 따라 시행되었기에 창조 사건은 하나님의 피앗이다. 두 번째로 하나님의 구속 사역도 하나님의 피앗이다. 다시 말하면, 예수 그리스도를 통한 하나님의 구원 계획은 인간과 피조물을 회복시키기 위한 하나님의 절대적 의도이기에 그 누구도 변경시킬 수 없으며, 반드시 그대로 이루어져야 할 일이기에 하나님의 피앗이다.

그렇다면 피앗 기도란 무엇인가? 하나님의 드러난 창조와 구속 역사에 대해 완전히 공감할 뿐 아니라 하나님의 목적에 부합하게 기도하고 행동하겠다는 분명한 의향을 가지고 '예'라고 대답하는 것을 의미한다. 따라서 피앗 기도는 하나님의 뜻을 받아들이고 순종한다는 의미를 포함한다. 신약성경에는 모두 세 번의 피앗 기도가 나타나는데, 예수님의 피앗과 마리아의 피앗 그리고 주기도문의 피앗이다. 어떤 경우든 모두 하나님의 창조 세계 회복과 인간의 구원이라는 이미 드러난 계획에 능동적으로 순응하고, 하나님의 뜻을 수용하여 자신을 드리며 하나님의 뜻이 이루어지도록 기도하고 봉사하겠다는 적극적 결단을 담고 있다. 세 번의 피앗 기도문 의미를 각각 살펴보자.

가브리엘의 수태고지

누가복음 1:26-33

26 여섯째 달에 천사 가브리엘이 하나님의 보내심을 받아 갈릴리 나사렛이란 동네에 가서 27 다윗의 자손 요셉이라 하는 사람과 약혼한 처녀에게 이르니 그 처녀의 이름은 마리아라. 28 그에게 들어가 이르되 은혜를 받

은 자여 평안할지어다. 주께서 너와 함께하시도다 하니 29 처녀가 그 말을 듣고 놀라 이런 인사가 어찌함인가 생각하매 30 천사가 이르되 마리아여 무서워하지 말라. 네가 하나님께 은혜를 입었느니라. 31 보라 네가 잉태하여 아들을 낳으리니 그 이름을 예수라 하라. 32 그가 큰 자가 되고 지극히 높으신 이의 아들이라 일컬어질 것이요 주 하나님께서 그 조상 다윗의 왕위를 그에게 주시리니 33 영원히 야곱의 집을 왕으로 다스리실 것이며 그 나라가 무궁하리라.

누가복음 1:26-38은 수태고지 본문이다. 사가랴에게 나타나 엘리사벳이 요한(세례 요한)을 낳을 것이라 고지했던 천사 가브리엘이 이번에는 갈릴리 나사렛의 마리아에게 나타나 예수님의 탄생을 알린다. "네가 잉태하여 아들을 낳을 것이다. 그 이름을 예수라 하라. 그는 지극히 높으신 이의 아들이라 일컬어질 것이다. 예수가 다윗의 언약의 성취자다. 그의 나라는 영원할 것이다."

이에 마리아는 자신이 남자를 알지 못하는 처녀이기에 일어날 수 없는 일이라고 부인했지만 천사는 물러서지 않고 이렇게 말한다. "성령이 네게 임하시고 지극히 높으신 이의 능력이 너를 덮으실 것이다"(눅 1:35). 그리고 친척인 엘리사벳도 임신하기엔 나이가 많았지만 지금 아이를 가진 지 6개월이 되었다며 "하나님의 모든 말씀은 능하지 못하심이 없다"고 통보한다. 이 말을 들은 마리아는 하나님의 의지에 순종하며 하나님의 뜻대로 이루어지도록 받아들인다. 이 고백이 38절이다.

마리아의 피앗 기도

누가복음 1:38

마리아가 이르되 주의 여종이오니 말씀대로 내게 이루어지이다 하매 천사가 떠나가니라.

가브리엘 천사의 수태고지에 대한 마리아의 반응 중에서 가장 중요한 단어가 기도로서의 '피앗'이다. 마리아의 고백인 "말씀대로 내게 이루어지이다"를 라틴어 역본인 불가타(Vulgata)[1]로 소개하면 "피앗 미히 세쿤둠 베르붐 투움"(*Fiat mihi secundum verbum Tuum*)이다. 이 구절을 단어 순서로 번역하면 "이루어지이다, 나에게, …에 따라서, 말씀, 당신의"로, 이를 문장으로 만들면 "당신의 말씀에 따라서 나에게 (당신의 뜻이) 이루어지이다"가 된다.

그렇다면 가브리엘 천사의 고지 내용에 대해 마리아가 보여준 피앗의 고백이 담고 있는 구체적인 의미는 무엇인가. 가브리엘의 수태고지에는 먼저 하나님의 피앗이 드러난다. 그것은 인간을 포함한 창조 세계에 대한 하나님의 구속 계획이다. 구체적으로 하나님이 인간이 되셔서 우리와 함께 계시고 우리를 위해 죽으시며 부활하심으로 인간의 구원과 창조 세계의 회복을 이루시겠다는 것이다. 이 하나님의 계획은 갑자기 실행된 것이 아니라 이미 영원 전에 삼위일체 하나님의 신적 논의의 결과로 결정되었고 구약에 예언되었다. 이렇게 하나님의 언약대로 오신 예수님은 다윗 언약의 성취자로서 하나님의 아들이며, 영원히 이 세상을 다스리실 분이다. 예수님 안에서 인간을 비롯한 만물이 회복되며, 누구든지 그 예수를 믿으면 산다. 마침내 하나님의 때가 찼고 예수님이 오실 때가 되었다.

갈라디아서 4:4-5

⁴때가 차매 하나님이 그 아들을 보내사 여자에게서 나게 하시고 율법 아래에 나게 하신 것은 ⁵율법 아래에 있는 자들을 속량하시고 우리로 아들의 명분을 얻게 하려 하심이라.

그런데 가브리엘의 통지에 나타난 하나님의 피앗은 그 구원자가 마리아를 통해서 이 땅에 태어나는 것을 포함한다. 천사를 통해 하나님의 피앗을 전해 들은 마리아는 놀랐고 자신이 감당할 수 없다고 고백했지만 결국 하나님의 계획을 수용한다. 마리아는 하나님의 계시를 받아들일 뿐 아니라 한 걸음 더 나아가 적극적 결단의 표현으로 하나님의 목적에 순응하는 삶을 실천하겠다는 서원이 뒤따른다. 이 모든 것을 담고 있는 용어가 누가복음 1:38의 '피앗'이다. 마리아가 피앗으로 반응한 것은 자신의 몸을 하나님의 뜻을 이루는 도구로 사용하시라는 수용과 봉사를 포함한 결단의 고백이다. 이처럼 하나님의 피앗이 먼저 있었기에, 마리아의 수락을 나타내는 피앗 기도가 결합될 수 있다. "(하나님의 뜻이) 내게 이루어지소서!"

사실 이 수태고지 본문은 이성의 영역이 아니라 믿음의 영역에 속한다. 하나님의 피앗은 증명이 불가능하다. 하지만 괴델의 불완전성 정리처럼 그 누구도 증명할 수 없지만 다른 한편으로 그 누구도 부인할 수도 없다. 다만 마리아가 수태고지에 나타난 하나님의 계획을 듣고 이것을 하나님의 피앗으로 받아들이고, 청유형 기도인 피앗으로 고백하는 것은 성령께서 반응하도록 감동하고 은혜 주심의 결과다. 이번에는 예수님의 피앗을 보자.

예수님의 피앗 기도

누가복음 22:42

이르시되 아버지여 만일 아버지의 뜻이거든 이 잔을 내게서 옮기시옵소서. 그러나 내 원대로 마시옵고 아버지의 원대로 되기를 원하나이다 하시니.

예수님의 겟세마네 기도를 한국어로 번역한 본문에서는 '피앗'이 잘 드러나지 않는다. 예수님의 이 기도문을 다시 라틴어 성경으로 소개하면 "베룸타멘 논 메아 볼룬타스 세드 투아 피앗"(*verumtamen non mea voluntas sed tua fiat*)이다. 이 구절 역시 단어 순서로 번역하면 "그럼에도 불구하고, 아니, 나의, 목적, 그러나(하지만), 당신(너)의, 이루어지이다"로 이를 문장으로 만들면 "그러나 나의 의지(목적)가 아니라 당신의 의지(목적)가 이루어지이다"가 된다.

그렇다. 아담의 타락 이후 이 망가진 세상을 고치고 회복시키기 위한 삼위일체 하나님의 계획이 있었다. 이 하나님의 피앗은 전 우주적이며 그 핵심 계획은 "하나님의 아들인 예수 그리스도를 이 땅에 보내서, 그로 하여금 고난을 당하고 죽임을 당하고 부활하고 승천함으로 죽음의 권세를 이기고 하나님 나라를 회복하여 영원히 다스리도록 한다"이다. 예수님은 이 하나님의 계획의 실행 당사자이자 핵심을 성취할 존재로 성육신하셨다.

그리고 이 땅에서 예수님은 이러한 하나님의 뜻에 끝까지 순종하신다. 끝까지란 십자가에 죽기까지를 의미하며, 예수님이 잡히시던 밤의 겟세마네 기도는 그분의 죽으심에 대한 고뇌를 여실히 보여 준다. 겟세마네 기도에서 예수님은 십자가라는 참담한 고통을 앞두고 고뇌하는 인간의 모습을 그대로 드러내신다. 하지만 그 치열한 실존적 투쟁을 예수님은 피앗 기도로 끝내신다. 자신의 바람대로가 아니라 아버지의 피앗에 순종하는 예수님의 피앗 기도는 "먼저 그의 나라와 그 의를 구하라"는 스스로의 가르침을 실천하는 가장 적극적 기도 행위다.

주기도문에 나타난 피앗 기도

마태복음 6:10하
뜻이 하늘에서 이루어진 것같이 땅에서도 이루어지이다.

예수님이 자신을 따르는 제자들에게 가르쳐 주신 기도문인 주기도문의 세 번째 청원은 피앗으로 시작된다. "피앗 볼룬타스 투아"(Fiat voluntas tua...), 즉 "이루어지이다, 목적, 당신의"로 시작된 주기도문의 세 번째 청원의 구체적 의미는 마지막 장에서 다루기로 하고, 여기서는 피앗의 의미에 초점을 맞추고자 한다. 이미 여러 차례 설명한 것처럼 하나님의 피앗을 이해하고 수용하는 사람들의 피앗 기도만이 의미 있다. "당신의 뜻이 이루어지이다, 하늘에서처럼 땅에서도"라는 세 번째 청원은 두 번째 청원인 "당신의 나라가 임하옵시며"와 밀접하게 연결된다. 세 번째 청원에 나타난 하나님의 피앗, 곧 당신(하나님)의 뜻은 하나님 나라의 완성이다. 제자들은 하나님 나라를 하늘과 땅에서 이루소서 하는 의미로 날마다 피앗 기도를 드리는 존재일 뿐 아니라, 하나님의 뜻 곧 하나님의 피앗을 이해하고 그것을 자기 삶의 목적으로 받아들인 사람들이다.

종합하면, 하나님의 피앗을 전제로 마리아의 피앗도 예수님의 피앗도 그리고 우리의 피앗도 가능해진다. 마리아의 피앗은 예수님의 성육신이 마리아를 통해 이루어질 것이라는 하나님의 피앗에 "내게 이루어지소서"의 고백을 한 것이다. 예수님의 피앗은 예수님의 죽음을 통해 모든 인류를 향한 구원을 이루실 것이라는 하나님의 피앗에 "당신의 뜻대로 이루소서"의 고백을 한 것이다. 그리고 주기도문에 따르면 우리의 피앗은 더 이상 우리에게 비밀이 아니라 밝히 드러난 하나님의 피앗인 하나님 나라를 수용하며

"그대로 이루어 주소서, 순종하겠나이다"라는 고백적 기도가 된다. 이렇듯 "(당신의 뜻이) 이루어지이다"라는 피앗 기도는 담백하면서도 강력한 기도가 된다. 하지만 이 기도는 여기에 머물지 않는다. 심겨진 한 알의 씨앗이 수많은 열매로 나타나듯 피앗 기도는 그 자체에 머물지 않고 우리를 더욱 풍성한 기도로 인도한다. 마리아 찬가와 예수님의 대제사장적 기도가 그 전형이다.

마리아 찬가, 마니피캇

가브리엘 천사를 통해 하나님의 계획을 전해 듣고 피앗으로 반응한 마리아는 천사가 떠난 후 사가랴와 엘리사벳의 집을 방문한다(눅 1:32-45). 그리고 마리아는 그곳에서 세 가지 놀라운 경험을 한다. 하나는 가브리엘이 말한 대로 엘리사벳이 실제로 임신하고 있었다(눅 1:36-37). 두 번째는 엘리사벳이 성령이 충만하여 마리아를 향해 예언적 축복을 하는데 그 내용이 가브리엘이 전해준 그대로를 반영하고 있다(눅 1:42-44). 마지막 세 번째는 가브리엘의 수태고지를 받아들이겠다는 마리아의 피앗 기도를 엘리사벳이 알고 그것을 축복한다(눅 1:45).

사가랴의 집에서 한 이 모든 경험은 당연히 마리아를 영적으로 고무시켰을 것이다. 이에 마리아는 놀라운 찬양의 기도를 드리는데, 교회는 누가복음 1:46-55에 나오는 마리아의 기도에 "마리아 찬가, 마니피캇"(Magnificat)이라는 이름을 붙였다. 본문에서 마리아의 마음이 어떤 상태였을지 상상하는 것은 어렵지 않다. 가브리엘의 방문부터 엘리사벳의 예언적 축복에 이르기까지 마리아는 두려움과 떨림의 연속이었을 것이다. 성령에 사로잡힌 마리아가 경이로움에 휩싸여 찬양 형식에 담아 드린 기도문인 "마리아 찬가, 마니피캇"은 구구한 설명보다 각자가 마리아가 되어 느껴 보는 것이 훨씬 감동적이다.

> 누가복음 1:46-55
>
> [46] 마리아가 이르되 내 영혼이 주를 찬양하며 [47] 내 마음이 하나님 내 구주를 기뻐하였음은 [48] 그의 여종의 비천함을 돌보셨음이라 보라. 이제 후로는 만세에 나를 복이 있다 일컬으리로다. [49] 능하신 이가 큰일을 내게 행하셨으니 그 이름이 거룩하시며 [50] 긍휼하심이 두려워하는 자에게 대대로 이르는도다. [51] 그의 팔로 힘을 보이사 마음의 생각이 교만한 자들을 흩으셨고 [52] 권세 있는 자를 그 위에서 내리치셨으며 비천한 자를 높이셨고 [53] 주리는 자를 좋은 것으로 배불리셨으며 부자는 빈손으로 보내셨도다. [54] 그 종 이스라엘을 도우사 긍휼히 여기시고 기억하시되 [55] 우리 조상에게 말씀하신 것과 같이 아브라함과 그 자손에게 영원히 하시리로다 하니라.

이 마리아 찬가(마니피캇), 마리아의 기도는 먼저 하나님에 대한 찬양의 외침(46-50절), 두 번째로 하나님이 찬양받으셔야 하는 이유(51-53절), 마지막으로 송영(54-55절)으로 나뉜다. 이처럼 마리아의 기도가 바로 하나님의 나라와 그의 의를 구하는 기도다.

다음에는 예수님의 기도를 살펴보자. 겟세마네 동산에서 "당신의 뜻대로 이루소서"라며 피앗의 고백이 있었고 이를 확장한 것이 요한복음 17장의 대제사장적 기도다.

대제사장적 기도

요한복음 17장에 나오는 예수님의 기도를 대제사장적 기도라고 부른다.[2] 만세 전에 삼위일체 하나님의 신적 의논이 있었고 이 구속 언약이 바로 하나님의 피앗이다. 이 대제사장적 기도에서 예수님은 자신이 하나님의 피앗에 참여하신 분이자 하나님의 피앗에 자신의 의지를 일치시키는 행위자로서 기도하신다. 17장은 총 세 개의 기도로 나누어 볼 수 있다.

먼저 예수님은 이 땅에 오셔서 자기를 보내신 아버지의 뜻을 충실히 이루셨고 이제 아버지께서 주신 마지막 일, 곧 십자가에 달려 하나님의 영광을 드러내고 스스로도 영광을 받을 때가 당도했음을 선언하시는 기도를 드린다.

요한복음 17:1-5

[1] 예수께서 이 말씀을 하시고 눈을 들어 하늘을 우러러 이르시되 아버지여 때가 이르렀사오니 아들을 영화롭게 하사 아들로 아버지를 영화롭게 하옵소서 [2] 아버지께서 아들에게 주신 모든 사람에게 영생을 주게 하시려고 만민을 다스리는 권세를 아들에게 주셨음이로소이다 [3] 영

생은 곧 유일하신 참 하나님과 그가 보내신 자 예수 그리스도를 아는 것이니이다. ⁴아버지께서 내게 하라고 주신 일을 내가 이루어 아버지를 이 세상에서 영화롭게 하였사오니 ⁵아버지여 창세 전에 내가 아버지와 함께 가졌던 영화로써 지금도 아버지와 함께 나를 영화롭게 하옵소서.

두 번째로 예수님이 하나님께로부터 받은 말씀을 가르쳐 새롭게 창조하신 하나님의 백성을 이 세상에 두고 아버지께로 돌아가니, 하나님께서 이 적대하는 세상에 남아 있는 그의 백성을 잘 보전해 달라고 기도하신다.

요한복음 17:6-19

⁶세상 중에서 내게 주신 사람들에게 내가 아버지의 이름을 나타내었나이다. 그들은 아버지의 것이었는데 내게 주셨으며 그들은 아버지의 말씀을 지키었나이다. ⁷지금 그들은 아버지께서 내게 주신 것이 다 아버지로부터 온 것인 줄 알았나이다. ⁸나는 아버지께서 내게 주신 말씀들을 그들에게 주었사오며 그들은 이것을 받고 내가 아버지께로부터 나온 줄을 참으로 아오며 아버지께서 나를 보내신 줄도 믿었사옵나이다. ⁹내가 그들을 위하여 비옵나니 내가 비옵는 것은 세상을 위함이 아니요 내게 주신 자들을 위함이니이다. 그들은 아버지의 것이로소이다. ¹⁰내 것은 다 아버지의 것이요 아버지의 것은 내 것이온데 내가 그들로 말미암아 영광을 받았나이다. ¹¹나는 세상에 더 있지 아니하오나 그들은 세상에 있사옵고 나는 아버지께로 가옵나니 거룩하신 아버지여 내게 주신 아버

지의 이름으로 그들을 보전하사 우리와 같이 그들도 하나가 되게 하옵소서. [12]내가 그들과 함께 있을 때에 내게 주신 아버지의 이름으로 그들을 보전하고 지키었나이다. 그중의 하나도 멸망하지 않고 다만 멸망의 자식뿐이오니 이는 성경을 응하게 함이니이다. [13]지금 내가 아버지께로 가오니 내가 세상에서 이 말을 하옵는 것은 그들로 내 기쁨을 그들 안에 충만히 가지게 하려 함이니이다. [14]내가 아버지의 말씀을 그들에게 주었사오매 세상이 그들을 미워하였사오니 이는 내가 세상에 속하지 아니함 같이 그들도 세상에 속하지 아니함으로 인함이니이다. [15]내가 비옵는 것은 그들을 세상에서 데려가시기를 위함이 아니요 다만 악에 빠지지 않게 보전하시기를 위함이니이다. [16]내가 세상에 속하지 아니함같이 그들도 세상에 속하지 아니하였사옵나이다 [17]그들을 진리로 거룩하게 하옵소서 아버지의 말씀은 진리니이다. [18]아버지께서 나를 세상에 보내신 것 같이 나도 그들을 세상에 보내었고 [19]또 그들을 위하여 내가 나를 거룩하게 하오니 이는 그들도 진리로 거룩함을 얻게 하려 함이니이다.

마지막 세 번째로 예수님을 믿고 하나님의 백성 됨에 참여하게 될 사람들이 아버지와 아들이 하나 됨같이 모두 하나가 되어 세상에 대해 하나님을 증거하고 그리스도와 함께 하나님의 영광에 참여하게 해 달라는 기도를 드리신다.

요한복음 17:20-26

[20]내가 비옵는 것은 이 사람들만 위함이 아니요 또 그들의 말로 말미암

아 나를 믿는 사람들도 위함이니 ²¹ 아버지여, 아버지께서 내 안에, 내가 아버지 안에 있는 것같이 그들도 다 하나가 되어 우리 안에 있게 하사 세상으로 아버지께서 나를 보내신 것을 믿게 하옵소서. ²² 내게 주신 영광을 내가 그들에게 주었사오니 이는 우리가 하나가 된 것같이 그들도 하나가 되게 하려 함이니이다. ²³ 곧 내가 그들 안에 있고 아버지께서 내 안에 계시어 그들로 온전함을 이루어 하나가 되게 하려 함은 아버지께서 나를 보내신 것과 또 나를 사랑하심같이 그들도 사랑하신 것을 세상으로 알게 하려 함이로소이다. ²⁴ 아버지여 내게 주신 자도 나 있는 곳에 나와 함께 있어 아버지께서 창세 전부터 나를 사랑하시므로 내게 주신 나의 영광을 그들로 보게 하시기를 원하옵니다. ²⁵ 의로우신 아버지여 세상이 아버지를 알지 못하여도 나는 아버지를 알았사옵고 그들도 아버지께서 나를 보내신 줄 알았사옵나이다. ²⁶ 내가 아버지의 이름을 그들에게 알게 하였고 또 알게 하리니 이는 나를 사랑하신 사랑이 그들 안에 있고 나도 그들 안에 있게 하려 함이니이다.

요한복음 17장에 나오는 예수님의 대제사장적 기도 역시 피앗의 내용을 구체적으로 드러내는 기도로 "하나님의 나라와 그의 뜻을 구하는" 기도의 모범이다. 이처럼 본을 보이신 예수님은 자기를 따르는 제자들에게 가르쳐 주신 기도문의 당신에 관한 세 번째 청원에서 우리도 피앗의 기도를 드리도록 요청한다. 하나님의 구원 계획을 듣고 부르심을 받아 이에 응답한 제자라면 어떤 기도를 드려야 할까. 시편의 기도를 보자.

내 길 vs 주의 길

시편 5:8-9

⁸여호와여 나의 원수들로 말미암아 주의 의로 나를 인도하시고 주의 길을 내 목전에 곧게 하소서. ⁹그들의 입에 신실함이 없고 그들의 심중이 심히 악하며 그들의 목구멍은 열린 무덤 같고 그들의 혀로는 아첨하나이다.

이 구절은 20년 전쯤 어느 날 내 마음에 새겨졌고 그날 이후 내 기도의 안내자가 되었다. 다윗의 기도가 "나의 길을 주의 목전에서 곧게 하소서"가 아니라 "주의 길을 내 목전에 곧게 하소서"였다는 것이 내게 충격이었다. 그때까지 내 기도는 내가 원하는 바를 하나님이 이루어 달라고 요청하는 형식이었다. 하지만 이후 나의 기도는 내 바람을 하나님이라는 수단을 통해서 쟁취하는 것이 아니라 나를 향한 하나님의 계획이 내게 드러날 때 순종하겠다는 결심으로 바뀌었다. "하나님, 제가 잘할 테니 제 결심을 믿어 주시고 앞날을 인도해 주세요." "하나님, 저한테 계획이 다 있으니 하나님은 조금만 밀어 주시면 돼요." 많은 사람들의 기도가 여전히 이 근처를 맴돌고 있다. 기도의 방향 선환이 필요하다.

시편 5편에는 비록 길잡이가 될 만한 역사적 표제가 직접 기록되지는 않았지만 아마도 다윗이 압살롬을 피해 급히 도망간 둘째 날 아침의 기도로 여겨진다. 전날 긴박한 하루를 보낸 후, 자고 일어나 맞이한 아침에도 다윗은 당당하기만 하다. 배짱이 아니라 경험에서 나온 믿음이다(이에 대해서는 이 책의 5장을 보라). 다윗의 마음을 헤아리며 이 기도를 다시 보자. "주의 길을 내 목전에서 곧게 하소서." 그 순간에도 다윗은 자기의 목숨도 구하지 않고, 자기의 의도와 조건을 제시하지 않았으며, 하나님과 거래하지도 않았다. 다윗은 여전히 '내 길'이 아니라 '주의 길'을 찾는다. 내 뜻이 아니라 하나님의 뜻이 드러나면 기꺼이 그 길로 가겠다는 고백이다. 악한 계교로 가득 찬 악인들에 둘러싸여 있지만, 다윗은 여전히 주의 뜻을 구한다.

오늘 우리에게도 이 기도가 필요하다. 우리를 하나님 나라의 군사로 부르신 이의 목적을 따라 기도하고 행동해야 하지 않겠는가. 무엇보다도 성경을 통해 밝히 드러난 하나님의 피앗을 알고 받아들인 제자라면 이미 "주의 뜻을 이루소서"라는 피앗 기도를 드린 존재다. 그렇다. 우리는 매일 피앗 기도를 해야 한다. 그리고 이 피앗 기도는 다양한 변주로 우리의 기도에 반영되어야 한다.

> 갈라디아서 2:20
>
> 내가 그리스도와 함께 십자가에 못 박혔나니 그런즉 이제는 내가 사는 것이 아니요. 오직 내 안에 그리스도께서 사시는 것이라. 이제 내가 육체 가운데 사는 것은 나를 사랑하사 나를 위하여 자기 자신을 버리신 하나님의 아들을 믿는 믿음 안에서 사는 것이라.

삶 전체를 통해서 하나님의 뜻을 이루는 삶을 사는 것이 예수님의 제자들의 출발점이다. 우리는 이미 그리스도와 함께 십자가에 못 박힌 사람들이다. 우리 중 누구도 자신을 위해 사는 것이 아니라 하나님의 기쁨이 되기를 바라며 산다. 그런 제자로서 함께 피앗의 기도를 드려 보자. "당신의 거룩한 뜻을 이루시기 위해 세상을 창조하신 하나님, 온 피조 세계와 인류의 회복을 향한 당신의 뜻을 이루소서. 그리고 제 삶이 그 하나님의 뜻을 수용하고 그 목적에 부합하는 삶이 되게 하소서." 이것이 하나님의 나라와 그의 의를 구하는 기도이자 그러한 삶이다. 그런 의미에서 피앗은 우리를 깊은 기도로 인도하는 안내자다.

감각을 믿지 말고 계기판을 믿으라

조종사가 비행학교에서 훈련을 받을 때 교관은 늘 이렇게 강조한다. "비행기 조종석에 앉아서는 절대로 자신의 감각을 믿지 말라. 특히 악천후 속에서 비행할 때나 고도가 높아질 때, 공중의 한복판에서 항로를 이탈했을 때 더욱더 자신을 믿지 말라. 그때는 계기판을 믿어라."

어떤 조종사가 우수한 성적으로 훈련을 마치고 단독 비행을 하게 되었다. 수많은 훈련을 통해서 이미 비행 감각을 키웠기 때문에 그에 대해서만큼은 자신만만했다. 그러던 어느 날 비행사는 단독 비행을 하던 중에 좋지 않은 일기를 만났고, 곧 앞뒤를 분간할 수 없는 짙은 안개 속에 갇히고 말았다. 이 조종사는 자신의 비행 지식을 총동원하였지만 점점 더 오리무중 상태가 되어 방향조차 찾을 수 없게 되었다. 이때 조종사에게 가장 위험한 것은 '버티고'(vertigo)라고 하는 비행 착시 현상이다. "비행기가 동일한 고도에서 회전을 하는데도 속도를 높이면 상승하는 것처럼, 속도를 낮추면 하강하는 것처럼 느껴지는 현상"이다. 이런 상태에 빠지면 하늘이 바다처럼 보이고, 바다가 하늘같이 보여서 구분을 하지 못하고 결국 바다를 하늘로 착각해서 추락하게 된다.

이런 위급한 상황에 당황해하던 조종사는 갑자기 비행학교 훈련 교관의 말이 떠올랐다. "자신의 감각을 믿지 말라. 계기판을 보아라. 계기판을 믿고 따라가라." 그리고 조종사가 계기판을 보았을 때, 자신의 느낌과 계기판의 기록은 판이했다. 이 조종사는 훈련받은 대로 자신의 감각을 믿지 않고 계기판을 보면서 방향과 고도를 잡고 침착하게 조종한 끝에 일촉즉발 위험천만한 상황을 벗어날 수 있었다.

우리 기도의 계기판은 바로 하나님의 피앗이다. 우리는 이 계기판을 믿고 안내를 받아야 한다. 나의 피앗 기도는 하나님의 경륜에 대해 제삼자 관점에 서는 것이 아니다. 관망자도 구경꾼도 아니다. 피앗 기도는 적극적 행동을 수반한다. 피조 세계를 향한 하나님의 목적을 나의 목적으로 수용하고 기꺼이 순종한다. 예수님의 기도, 마리아의 찬가가 우리 피앗 기도의 계기판이다.

더 깊은 나눔을 위하여

1 이 장을 읽고 기도에 대해 새롭게 배운 것이나 깨달은 점이 있다면 나누어 보자.

2 피앗이 무엇이고, 피앗이 아닌 것은 무엇인지 자신이 이해한 바를 설명해 보자.

3 수태고지를 받은 마리아의 피앗 기도와 마니피캇에 대해 설명하고 느낌을 나누어 보자.

4 겟세마네에서 하신 예수님의 피앗과 요한복음 17장의 대제사장적 기도에 대해 설명하고 느낌을 나누어 보자.

5 주기도문의 피앗과 시편 5:8-9이 우리에게 던져 주는 도전은 무엇인가?

6 이 장을 공부한 후, 우리가 개인적으로 적용해야 할 점을 구체적으로 나누어 보자.

12장   언약과 함께하는 기도

오직 기도를 통해서만 하나님의 언약에 참여하는
영광을 누린다

²일을 행하시는 여호와, 그것을 만들며 성취하시는 여호와, 그의 이름을 여호와라 하는 이가 이와 같이 이르시도다. ³너는 내게 부르짖으라. 내가 네게 응답하겠고 네가 알지 못하는 크고 은밀한 일을 네게 보이리라.

예레미야 33:2-3

기도를 통해서 하나님은 하나님의 계획에 인간이 관여할 수 있게 하신다. 기도를 통해서 우리는 하나님의 동역자가 된다.

자크 엘륄

아브라함 언약과 다윗 언약으로 대표되는 언약은 하나님이 자녀 된 우리와의 관계를 확증해 주시는 약속이다. 출애굽기 이후 신구약 성경에 나타난 모든 언약에는 두 가지 형태의 동일한 후렴구가 나타난다. "나는 너희의 하나님이 되고 너희는 내 백성이 되리라"와 "나는 너희의 '아빠'가 되고 너희는 내 자녀가 되리라"이다(출 29:45; 레 26:12; 삼하 7:14; 겔 37:23, 26-27; 렘 31:1-2; 고후 6:16, 18;

히 8:10; 계 21:3-4, 7). 하나님과 그분의 백성 사이에 맺어진 이 언약은 하나님의 일방적 약속이다. 하지만 이 언약 안에서 하나님과 우리의 관계는 강제적이거나 기계적이라기보다는 사랑과 신실함을 바탕으로 한 인격적 관계라는 점에서 독특하다. 하나님은 언약에 신실하시고 우리는 기도를 통해서 그분의 언약에 참여한다.

다윗 언약과 기도

> 사무엘하 7:12-14
>
> 12 네 수한이 차서 네 조상들과 함께 누울 때에 내가 네 몸에서 날 네 씨를 네 뒤에 세워 그의 나라를 견고하게 하리라. 13 그는 내 이름을 위하여 집을 건축할 것이요 나는 그의 나라 왕위를 영원히 견고하게 하리라. 14 나는 그에게 아버지가 되고 그는 내게 아들이 되리니 그가 만일 죄를 범하면 내가 사람의 매와 인생의 채찍으로 징계하려니와.

일반적으로 나단의 신탁이라고 불리기도 하는 다윗 언약 본문으로 언약의 핵심 내용은 네 가지다. 첫째, 네 몸에서 날 네 씨를 네 뒤에 세워 그의 나라를 견고하게 하겠다(12절). 둘째, 그가 내 이름을 위해 집을 건축할 것이다(13절 상). 셋째, 나는 그 나라 위를 영원히 견고하게 할 것이다(13절 하, 16절). 마지막 네 번째로, 나는 그에게 아버지가 되고 그는 내게 아들이 되리라(14절).

본문의 다윗 언약은 다윗이라는 한 개인과 그 후손의 안위에 관한 것이 아니라 하나님의 구원 계획을 관통하는 핵심 언약이다. 이 다윗 언약은 성경 전체에서 가장 중요한 언약 중 하나로, 아브라함 언약이 언약의 기초라면 다윗 언약은 언약의 중심이다. 예수님은 바로 아브라함 언약과 다윗 언약의 성취로 오신 분이다. 선지자 나단을 통해 주어진 이 언약에 대한 다윗의 반응을 보자.

> 사무엘하 7:18-19, 27
>
> 18 다윗왕이 여호와 앞에 들어가 앉아서 이르되 주 여호와여 나는 누구이오며 내 집은 무엇이기에 나를 여기까지 이르게 하셨나이까. 19 주 여호와여 주께서 이것을 오히려 적게 여기시고 또 종의 집에 있을 먼 장래의 일까지도 말씀하셨나이다. 주 여호와여 이것이 사람의 법이니이다.…27 만군의 여호와 이스라엘의 하나님이여 주의 종의 귀를 여시고 이르시기를 내가 너를 위하여 집을 세우리라 하셨으므로 주의 종이 이 기도로 주께 간구할 마음이 생겼나이다.

다윗은 자격 없는 자에게 조건 없이 주시는 하나님의 은혜에 최대한 자신을 낮추고, 하나님을 높이며 약속에 감격한다. 여기서 이 장의 주제인 '언약'과 '기도'와 관련해 눈에 띄는 구절이 27절이다. "주의 종이 이 기도로 주께 간구할 마음이 생겼나이다." 하나님의 언약에 대한 다윗의 반응은 이를 믿고 감사하는 것에서 멈추지 않고 이 언약이 성취되도록 기도하겠다는 고백이다. 이처럼 기도는 하나님의 언약에 대한 믿음의 반응이며, 기도를 통해 하나님 언약의 성취에 참여한다.

의미는 문맥 속에서 드러난다

예레미야 29:11-12

¹¹여호와의 말씀이니라 너희를 향한 나의 생각을 내가 아나니 평안이요 재앙이 아니니라 너희에게 미래와 희망을 주는 것이니라 ¹²너희가 내게 부르짖으며 내게 와서 기도하면 내가 너희들의 기도를 들을 것이요.

얼마 전 이 본문에 대해 한 홍콩인 목사가 쓴 개인석 간승문을 읽었다. "나는 오늘 이 말씀을 읽고 다시 감동이 솟구치는 느낌을 받았다. 몇 년 전에 두 친구와 함께 또 다른 친구의 생일을 축하해 주기로 했다. 친구의 생일날 아침 나는 갑자기 복통에 시달려 병원 신세를 졌고, 결국 생일잔치에 참석할 수 없었다. 그런데 함께 가기로 했던 두 친구가 생일잔치에 가다가 길에서 심각한 교통사고를 당했다. 결국 한 친구는 죽고 다른 친구는 크게 다쳤다. 이 소식을 듣고 한편으로는 슬펐지만 다른 한편으로는 감사했다. 위험한 일이 닥쳐도 나를 지켜 주시는 하나님을 경험한 것이다. 하나님이 우리에게 주시는 것은 재앙이 아니라 평안이다." 나는 그의 공감 능력 부재와 신앙의 천박함에 놀랐다. 그는 "한편으로는 슬펐고 다른 한편으로는 감사했다"고 하지만 나는 한편으로는 슬펐고 다른 한편으로는 분노했다. 과연 그런가. 그렇다면 죽은 친구와 다친 친구는 그 목사를 깨우치기 위한 수단에 불과한가.

이 홍콩인 목사와 비슷한 유의 간증을 교회에서 적잖이 듣게 된다. 하지만 예레미야의 위 말씀은 고통당하는 타인에 대한 배려심 없는 무례한 간증이나 철저히 자기중심적인 간증을 뒷받침하는 성경적 근거가 아니다. 또한 이 본문은 고난당하는 성도들 앞에 놓인 심리적 지푸라기도 아니다. 이 말씀은 그것보다 더 크고 더 감동적인 하나님의 구원 계획과 경륜을 드러내는 계시다. 통시적이며 공시적으로 읽어야 할 성경을 큐티식 사적 읽기*를 하고 개인적으로 적용하는 데만 치우치게 되면, 이 본문은 성경 전체를 관통하는 의미를 놓친 채 이처럼 축소되고 소소해진다.

예레미야 33:2-3

²일을 행하시는 여호와, 그것을 만들며 성취하시는 여호와, 그의 이름을 여호와라 하는 이가 이와 같이 이르시도다. ³너는 내게 부르짖으라. 내가 네게 응답하겠고 네가 알지 못하는 크고 은밀한 일을 네게 보이리라.

예레미야 33장을 통해서도 동일한 문제의식을 발견할 수 있

---

* 한국 교회에 널리 퍼진 큐티는 양날의 검과 같다. 날마다 하나님과 동행하는 삶을 살아가는 데 유익하지만, 자칫 미성숙한 큐티는 성경을 자의적·개인적으로 적용하게 함으로 오히려 성경 전체의 흐름에 역행하는 결과를 낳기도 한다. 나는 큐티가 성경 읽기를 대체하거나 기도의 대체재로 사용되어서는 안 된다고 생각한다.

다. 예레미야 33:3의 영어식 표기는 Jer 33:3인데, 미국식 전화번호 표기처럼 JER333이라고 부르는 이 구절에 서양 교회는 "천국 직통 전화"라는 별명을 붙였다. 예레미야 33:3의 약속을 붙들고 기도하는 것은 하늘을 향해 직통 전화를 거는 것과 같다는 의미다. 짐작컨대 이 구절을 암송하며 기도하는 사람들도 많다. 하지만 우리가 이 본문을 붙잡아야 할 하나님의 말씀으로 삼고 암송하며 기도하는 것과 본문의 올바른 의미를 깨닫는 것은 별개다.

예레미야 29장처럼 예레미야 33장도 문맥에서 분리시키면 의미가 굴절된다. 성경의 의미를 확정 짓는 것은 문맥이다. 예레미야서에 나타난 기도에 관한 이 두 본문의 의미를 문맥 속에서 올바로 살피려면 먼저 예레미야서 전체의 구조에 대한 이해가 필요하다. 이제 희망 회로를 잠시 멈추고 이 두 기도 본문의 정확한 의미를 찾아보자.

예레미야서의 구조

일반적으로 학자들은 예레미야서를 예레미야의 첫 번째 예언(1-25장)과 예레미야의 두 번째 예언(26-52장)으로 나눈다. 전반부는 주로 하나님께 사명을 받은 예언자의 내적 고통과 물음을 적나라하게 보여 주고, 후반부는 예레미야가 겪는 고난을 둘러싼 이야기가 주를 이루는데 "예레미야 수난기, 바룩의 비망록"이라 불리는 26-29, 37-44장 등이 여기에 속한다.[1] 하지만 독자 입장에서 예레미야의 메시지를 자신의 삶에 적절하게 적용한다면 예레미야서를 새 언약에 대한 예언(30-33장, 위로의 책)을 중심으로 이해하는 것도 가능하다.² 이 관점에서 예레미야서를 읽으면 아래 표와 같이 A(1-29장, 유다의 멸망에 대한 경고)-B(30-33장, 위로의 책)- A´(34-52장, 예루살렘의 멸망)으로 나뉜다. 그중에서 예레미야서의 중심 메시지는 아래 표에서 볼 수 있듯이 B 단락, 위로의 책이다.

예레미야서의 이야기 구조

A (1-29장)	자기 백성을 향한 여호와의 고소 유다의 음란과 행악 유다의 심판 배역한 이스라엘과 반역한 유다 기근과 칼과 염병 긍휼을 구하기는 너무 늦었다 거짓 선지자 심판 느부갓네살을 섬기라 바빌론에 집을 지으라
B (30-33장)	위로의 책
A´ (34-52장)	예레미야의 메시지가 거절당함 예루살렘의 멸망 남은 자들이 이집트로 도망함 열국의 심판 신탁

A(1-29장)는 '자기 백성을 향한 여호와의 고소'로 남유다의 멸망을 예고한다. 선지자 예레미야는 끊임없이 남유다의 회개를

촉구하지만 그들은 돌아올 기미를 보이지 않는다. 불순종하는 남유다의 멸망은 확정적이고 그 책임은 전적으로 그들에게 있다. 예레미야 29장은 남유다가 바빌론에 포로로 잡혀갈 경우, 돌아올 꿈도 꾸지 말고 아예 바빌론에 집을 짓고 텃밭을 만들고 그 열매를 먹고 그곳에서 살라고 단호하게 선언한다(5-6절).

B(30-33장)는 '위로의 책'으로 예레미야서를 기록한 목적을 담고 있기에 예레미야서의 심장에 해당한다. 비록 남유다가 멸망당하고 바빌론에 포로로 잡혀갈 것이지만 "하나님의 신실함 가운데서 자기 땅으로 돌아오는 회복을 내다본다. 하지만 이 예언들은 신실한 이스라엘의 삶을 친히 시시고, 자기 안에 있는 이들에게 성령을 주셔서 그들도 신실한 삶에 동참하게 하시는 그리스도를 대망한다."[3] 예레미야서의 중심이 위로의 책이라면, 위로의 책의 핵심은 예레미야 31장의 '새 언약 사상'이다. 다시 살펴보겠지만 이 위로의 책은 유대 민족의 미래를 넘어 전 인류를 향한 하나님의 구원 계획을 명확히 드러낸 "하나님의 큰일"(행 2:11)을 담고 있으며 그 예언의 중심이 바로 그리스도다.

A'(34-52장)는 '예레미야의 경고 메시지가 유대인들에 의해 거절당하는' 내용으로 남유다가 실제로 멸망당하는 이야기다. 예레미야 선지자의 눈물의 호소가 거절당한 결과 예루살렘 성전은 파괴되고, 시드기야왕과 대제사장을 비롯한 종교 지도자들 그리고 군대 지휘관들과 유대인들이 바빌론에 포로로 잡혀간다. 흥미로운 것은 바빌론과 열방들의 미래다. 여호와의 회초리로 사용된

바빌론 역시 하나님의 심판을 받고 몰락하게 되며 열방들도 동일한 운명에 처한다.

위로의 책과 '새 언약 사상'

이스라엘은 하나님이 택하신 언약 백성이다. 하지만 북이스라엘은 앗시리아에 의해 이미 멸망당했고, 남아 있던 남유다도 바빌론에 포로로 잡혀간다. 그러면 우리에게 질문이 생긴다. 하나님은 왜 자신의 언약 백성들이 멸망하도록 내버려두시는가? 하나님의 언약 백성들이 멸망당하는 것은 곧 하나님의 실패가 아닌가? 이 질문에 대한 답변이 바로 '위로의 책'(30-33장)이며, 핵심은 우리가 '새 언약 사상'이라고 말하는 예레미야 31:31-34이다.

예레미야 31:31-34

31 여호와의 말씀이니라. 보라 날이 이르리니 내가 이스라엘 집과 유다 집에 새 언약을 맺으리라. 32 이 언약은 내가 그들의 조상들의 손을 잡고 애굽 땅에서 인도하여 내던 날에 맺은 것과 같지 아니할 것은 내가 그들의 남편이 되었어도 그들이 내 언약을 깨뜨렸음이라. 여호와의 말씀이니라. 33 그러나 그날 후에 내가 이스라엘 집과 맺을 언약은 이러하니 곧 내가 나의 법을 그들의 속에 두며 그들의 마음에 기록하여 나는 그들의 하나님이 되고 그들은 내 백성이 될 것이라. 여호와의 말씀이니라. 34 그들이 다시는 각기 이웃과 형제를 가리켜 이르기를 너는 여호와를 알라

하지 아니하리니 이는 작은 자로부터 큰 자까지 다 나를 알기 때문이라. 내가 그들의 악행을 사하고 다시는 그 죄를 기억하지 아니하리라. 여호와의 말씀이니라.

옛 언약 곧 모세의 언약을 깨뜨린 것은 하나님이 아닌 이스라엘이다(32절). 그 결과, 북이스라엘과 남유다는 멸망당한다. 하지만 이스라엘의 실패가 곧 하나님의 실패를 의미하지는 않는다. 모세의 언약은 깨졌지만 하나님은 "이스라엘 집과 유다 집에 '새 언약'"을 맺으실 것이다(31절). 중요한 것은 새 언약의 대상이 "이스라엘 집과 유다 집"이라는 점이다. 예레미야의 시대는 이미 북이스라엘은 망하고 남유다만 남아 있던 때였다. 따라서 새 언약을 "유다 집"뿐 아니라 국가로서 존재하지 않았던 "이스라엘 집"과도 맺으시겠다고 한 점에 주목해야 한다. 그 의미는 새 언약이 단순히 혈통적 남유다의 귀환을 넘어 더 깊은 의미를 지니고 있음을 암시한다. 이 새 언약은 옛 언약인 모세의 율법을 대체할 것이다. 또한 옛 언약은 돌에 새겨졌지만, 새 언약은 우리의 마음에 새겨질 것이기에 변하지 않고 없어지지 않고 영원한 언약이 될 것이다(32:40).

예레미야 31:31-34의 새 언약은 이중 예언이다. 먼저 바벨론 포로의 귀환을 가리킨다. 이들이 돌아와 예루살렘을 재건할 것이다(렘 31:38-40). 예레미야 30-33장, 위로의 책에는 "돌아오다"라는 표현이 열다섯 번이나 나타난다.[4] 흥미로운 것은 예레미야 29장에도 "돌아오다"라는 표현이 두 번(10, 14절) 나타난다는 점이다. 예레미야가 기록된 목적이라 할 수 있는 '위로의 책'은 30장부터 시작되지만 예레미야 29:10부터 이미 새 언약이 예고된다. 이중 예언인 새 언약에 나타난 예언의 두 번째 의미는 시대를 초월한 예수 그리스도를 향한다. 예수님의 오심이 바로 예레미야 31:31-34의 새 언약의 성취라는 것을 무엇보다 신약 자체가 자명하게 드러낸다.

히브리서 8:8-10

8 그들의 잘못을 지적하여 말씀하시되 주께서 이르시되 볼지어다 날이 이르리니 내가 이스라엘 집과 유다 집과 더불어 새 언약을 맺으리라. 9 또 주께서 이르시기를 이 언약은 내가 그들의 열조의 손을 잡고 애굽 땅에서 인도하여 내던 날에 그들과 맺은 언약과 같지 아니하도다. 그들은 내 언약 안에 머물러 있지 아니하므로 내가 그들을 돌보지 아니하였노라. 10 또 주께서 이르시되 그날 후에 내가 이스라엘 집과 맺을 언약은 이것이니 내 법을 그들의 생각에 두고 그들의 마음에 이것을 기록하리라. 나는 그들에게 하나님이 되고 그들은 내게 백성이 되리라.

히브리서 저자는 예수님이 바로 예레미야 31장의 새 언약의 성취로 오신 분임을 증언한다. 그리고 바울의 설명에 따르면 예수님은 그분의 피로 새 언약을 이루신다. 이로써 우리는 성찬에 참여할 때마다 새 언약을 이루신 예수님을 기념한다.

고린도전서 11:25

식후에 또한 그와 같이 잔을 가지시고 이르시되 이 잔은 내 피로 세운 새 언약이니 이것을 행하여 마실 때마다 나를 기념하라 하셨으니.

이처럼 위로의 책의 중심인 새 언약은 구약의 언약과 신약의 언약 성취를 이어 주는 연결고리다. 구체적으로 "아브라함 언약-다윗 언약-새 언약-예수 그리스도"로 이어지는 스토리 라인이 하나님의 구원 역사의 핵심 축을 구성한다.

새 언약과 기도는 불가분의 관계

이제 '언약과 기도'라는 이 장의 주제로 돌아가 보자. 우선 이미 언급한 예레미야 29장과 33장에 나타난 두 기도 본문이 우리가 '위로의 책'이라 제목을 붙인 새 언약을 앞뒤로 감싼 모습을 주목한다. 구체적으로 '첫 번째 기도 권면'(렘 29:10-14)-'새 언약'(렘 31:31-34)-'두 번째 기도 권면'(렘 33:2-3)은 하나의 문맥을 이루며 위치뿐만 아니라 내용 면에서도 단단하게 연결되어 분리되지 않는다. 결론적으로 예레미야 29장과 33장의 기도 요청은 둘 다 '새 언약'으로 오실 예수 그리스도를 대망하라는 것이다. 하나님은 신실함으로 새 언약을 이루실 것이지만, 우리가 할 일은 막연하게 새 언약의 성취를 기다리는 것이 아니라 새 언약의 성취를 갈망하는 기도를 하는 것이다. 이제 구체적으로 두 개의 본문을 살펴보자.

예레미야 29:10-14

10 여호와께서 이와 같이 말씀하시니라. 바벨론에서 칠십 년이 차면 내가 너희를 돌보고 나의 선한 말을 너희에게 성취하여 너희를 이곳으로 돌아오게 하리라. 11 여호와의 말씀이니라. 너희를 향한 나의 생각을 내가 아나니 평안이요 재앙이 아니니라. 너희에게 미래와 희망을 주는 것이니라. 12 너희가 내게 부르짖으며 내게 와서 기도하면 내가 너희들의 기도를 들을 것이요. 13 너희가 온 마음으로 나를 구하면 나를 찾을 것이요 나를 만나리라. 14 이것은 여호와의 말씀이니라. 나는 너희들을 만날 것이며 너희를 포로 된 중에서 다시 돌아오게 하되 내가 쫓아 보내었던 나라들과 모든 곳에서 모아 사로잡혀 떠났던 그곳으로 돌아오게 하리라 이것은 여호와의 말씀이니라.

예레미야 29:11의 "너희를 향한 나의 생각을 내가 아나니 평안이요 재앙이 아니니라"라는 말씀은 사사로운 한 개인의 문제를 뛰어넘어 하나님의 구원 계획과 연관된다. 그렇다면 이 말씀은 어떻게 실재가 될까. 일차적으로 포로 생활에서 돌아오는 것으로 성취되지만 궁극적으로 그 말씀은 예수 그리스도를 가리킨다. 우리를 향한 하나님의 궁극적 생각(계획)은 예수 그리스도를 통해 자기 백성에게 영원한 회복, 진정한 평안을 주시는 것이다. 우리가 할 일은 이를 위해 기도하는 것이다(12-14절).

흥미로운 것은 예레미야 29장에 나오는 기도 응답의 약속이 점층적인 삼중 약속으로 강조된다는 점이다. 우리가 부르짖으며 기도하면 하나님은 들으신다(12절), 이 약속을 믿고 온 마음으로 하나님을 구하면 하나님을 찾을 것이며 만날 것이다(13절). 그 정도가 아니다. 우리가 이 새 언약을 기대하며 기도하면 하나님은 필연적으로 만나진다(14절). 여기서 "만나진다"는 수동태 표현으로 이 구절의 이해를 돕기 위해 자판기에 비유해 보자. 자판기에 들이 있는 콜라를 먹으려면, 우선 현금 투입구에 돈을 넣고 해당 버튼을 누른다. 그러면 콜라는 피동적으로 앞으로 당겨지며 아래 출구로 툭 떨어지고 우리는 그 콜라를 꺼내 마신다. 핵심은 우리가 자판기에 돈을 넣고 해당 버튼을 누르는 순간 콜라가 나오는 것처럼, 우리가 기도하는 순간 하나님은 수동태로 우리에게 만나지신다. 이처럼 14절은 우리에게 평안을 주시고자 하는 하나님의 마음을 가장 강력한 방법으로 드러낸 구절이다. 하나님이 우리에게 얼마나 주시고 싶으면 이렇게까지 말씀하실까.

우리가 갈망하고 기도하는 그리고 하나님이 우리에게 그토록 주시길 원하시는 "평안, 미래와 희망"(11절 하)은 새 언약의 성취로 완성된다. 새 언약의 핵심인 예수 그리스도는 이스라엘을 포함한 인류의 평안이자 미래의 유일한 희망이다. 예레미야 29:10-14에서 보는 것처럼 우리는 기도를 통해 하나님의 구원 약속인 새 언약에 참여하는 영광을 입는다. 그렇다면 예레미야 33:2-3은 어떤가.

> **예레미야 33:2-3**
>
> ² 일을 행하시는 여호와, 그것을 만들며 성취하시는 여호와, 그의 이름을 여호와라 하는 이가 이와 같이 이르시도다. ³ 너는 내게 부르짖으라. 내가 네게 응답하겠고 네가 알지 못하는 크고 은밀한 일을 네게 보이리라.

"하나님은 일을 행하시고 그것을 만들며 성취하시는 분이다"(2절). 그렇다면 하나님이 행하시는 그 일이란 무엇인가? 인간의 타락 이후 하나님의 일은 우리의 구원과 창조 질서의 회복이다. 이스라엘은 옛 언약을 깨뜨린 결과 멸망당했지만 하나님의 계획은 엎어지지 않는다. 하나님은 우리에게 새 언약을 주심으로 성실하게 그 목적을 이루어 가신다.

그렇다면 하나님의 새 언약을 들은 우리가 할 일은 무엇인가? 예레미야 29장과 마찬가지로 기도하는 것이다. 새 언약을 주신 하나님은 예레미야 33:3에서 예레미야와 자기 백성에게 기도를 요청(명령)한다. 하나님의 약속은 우리가 하나님의 비밀인 이 새 언약이 성취되도록 기도하면 하나님이 그 기도에 응답하신다는 것이다. 그리고 그 응답은 우리가 알지도 못하고 상상하지도 못했던 "크고 은밀한 일", 곧 예수 그리스도의 오심이다. 하나님이 자기를 사랑하는 자들을 위해 예비하신 새 언약의 핵심인 예수 그리스도야말로 바울의 증언처럼 그 누구도 보지 못하고 귀로 듣지 못하고 사람의 마음으로 생각할 수도 상상할 수도 없는 일이다(고전 2:6-9). 하지만 우리는 오직 기도를 통해 그 신비의 문을 열고 들어가 하나님의 크고 비밀한 일을 보고 경험하게 된다. 거듭 말하지만, 하나님은 이 일을 성취하기 위해 쉬지 않으시고 우리는 이 일이 성취되도록 기도하기를 쉬지 않아야 한다.

이쯤에서 우리가 그동안 예레미야 33:3 말씀을 어떻게 사용해 왔는지를 돌아보자. 이 놀랍도록 장엄한 하나님의 구원의 대서사를 도외시한 채, 오로지 개개인의 사적인 계획이나 바람으로 해석하고 마음속 소원 성취를 위한 구절로 오용하고 있지는 않은가. "너희는 내게 부르짖으라. 내가 네게 응답하겠고"(3절 상). 그렇다면 우리가 부르짖어야 할 것은 무엇인가? 하나님이 주신 약속과 새 언약의 성취이지 내 사업 계획이나 내 소원이 아니다. 마찬가지로 "네가 알지 못하는 크고 비밀한 일"(3절 하)은 우리가 기도할 때 미처 꼼꼼하게 기도하지 못해서 생긴 허점들을 하나님이 미리미리 메워 주신다는 의미가 아니다. 기대하지 못한 것까지도 덤으로 주시고 더 크게 채워 주신다는 의미는 더욱 아니다. 이 말씀의 참된 의미는 우리 주 예수 그리스도의 오심이야말로 하나님이 예비하신 크고 비밀한 일임을 진술하고 있다.

결론적으로 예레미야 29장과 33장의 기도 본문은 하나님의 새 언약을 앞뒤로 감싸고 있다. "기도-새 언약-기도"의 구조다. 이를 좀 더 설명해 보면 다음과 같다. "너희를 향한 내 생각은 평안으로 너희가 간절함으로 기도하면 내가 줄 것이다-내가 너희와 새 언약을 맺을 것이며 그 핵심은 예수 그리스도다-너희가 새 언약의 성취를 위해 부르짖으면 크고 비밀한 일 곧 예수 그리스도를 보게 될 것이다."

다윗은 하나님의 언약을 듣고 기도할 마음을 얻었다고 고백한다(삼하 7:27). 하나님의 새 언약을 받은 우리가 할 일도 기도하는 것이다. 구약의 성도들이 "새 언약을 이루소서"라고 기도할 때, 하나님은 들으셨고 새 언약은 성취되었다. 이것이 예레미야 선지자를 통해 드러난 하나님의 마음이자 하나님의 약속이다.

이 새 언약의 내용이 바로 예수 그리스도를 통한 하나님 나라의 약속이라면, 새 언약을 품고 기도하는 것이 우리의 몫이며 그것이 "먼저 그의 나라와 그 의를 구하는 일"(마 6:33)이다. 그런 의미에서 "기도를 통해서 하나님은 하나님의 계획에 인간이 관여할 수 있게 한다. 기도를 통해서 우리는 하나님의 동역자가 된다"[5]는 자크 엘륄의 견해는 옳다. 오직 기도를 통해서만 우리는 하나님의 크고 비밀한 일에 참여하는 영광을 누릴 수 있다.

더 깊은 나눔을 위하여

1 이 장을 읽고 기도에 대해 새롭게 배운 것이나 깨달은 점이 있다면 나누어 보자.

2 나단의 신탁(삼하 7:12-14)에 대해 다윗은 과연 어떻게 반응했는가?

3 예레미야 29:10-14에 대해 지금까지 이해했던 바를 나누고 참된 의미와 비교해 보자.

4 예레미야 33:2-3에 대해 지금까지 이해했던 바와 이번 장을 통해 배우게 된 참된 의미를 비교해 보자.

5 "첫 번째 기도 권면(29장)-새 언약(31장)-두 번째 기도 권면(33장)"의 문맥을 자신의 언어로 설명해 보자.

6 이 장을 공부한 후, 우리가 개인적으로 적용해야 할 점이 있는지 생각해 보고 구체적으로 나누어 보자.

13장　기도는 향유다

기도가 왜곡되는 것은 목표를 이루는 기능적 수단으로
사용하기 때문이다

> **1** 예수께서 그들에게 항상 기도하고 낙심하지 말아야 할 것을 비유로 말씀하여 **2** 이르시되 어떤 도시에 하나님을 두려워하지 않고 사람을 무시하는 한 재판장이 있는데 **3** 그 도시에 한 과부가 있어 자주 그에게 가서 내 원수에 대한 나의 원한을 풀어 주소서 하되 **4** 그가 얼마 동안 듣지 아니하다가 후에 속으로 생각하되 내가 하나님을 두려워하지 않고 사람을 무시하나 **5** 이 과부가 나를 번거롭게 하니 내가 그 원한을 풀어 주리라. 그렇지 않으면 늘 와서 나를 괴롭게 하리라 하였느니라. **6** 주께서 또 이르시되 불의한 재판장이 말한 것을 들으라. **7** 하물며 하나님께서 그 밤낮 부르짖는 택하신 자들의 원한을 풀어 주지 아니하시겠느냐 그들에게 오래 참으시겠느냐. **8** 내가 너희에게 이르노니 속히 그 원한을 풀어 주시리라. 그러나 인자가 올 때에 세상에서 믿음을 보겠느냐 하시니라.
>
> 누가복음 18:1-8

그분은 단지 하늘에 계신 해결사에 불과한 분이 아니며, 단지 우리를 진창에서 건져 내고, 우리 요구를 들어주시는 분도 아니다. 그분은 하나님이다. 그분은 살아 계신 하나님이다.

톰 라이트

교회의 가장 위대한 스승 중 한 사람인 아우구스티누스의 윤리학을 '사랑의 윤리학'이라고 한다. 아우구스티누스의 가르침에 의하면 인간 행동의 동기가 사랑일 때, 비로소 윤리적 인간이 된다. 그래서 그는 이렇게 말했다. "사랑하시오. 그리고 당신들이 원하는 것을 하시오." 그런데 사랑의 동기로 행하라는 그의 가르침에는 위험성이 내포되어 있다. 예를 들어 보자. 데이트 폭력이나 스토킹 살인을 하는 사람들에게 "왜 그런 끔찍한 일을 저질렀습니까?"라고 물으면 모두가 "사랑하기 때문"이라고 답변한다. 아우구스티누스는 이런 모순적 상황에 빠지지 않도록 사랑의 방식을 '향유'(*frui*)와 '사용'(*uti*)으로 구분한다.[1]

사랑의 두 가지 방식, 향유와 사용

아우구스티누스에 따르면 '향유'는 사랑하는 대상 자체를 목적으로 사랑하는 것이고, '사용'은 사랑하는 대상을 수단으로 사랑하는 것이다. 여기서 주의해야 할 것은 향유는 무조건 좋고 사용은 무조건 나쁜 것이 아니라는 점이다. 단지 향유의 대상과 사용의 대상을 잘 구분하여 각각 적합한 방식으로 사랑해야 한다. 일례로 인간은 하나님을 향유의 방식으로 사랑해야 하고, 돈은 사용의 방식으로 사랑해야 한다. 하지만 현실은 종종 거꾸로다. 하나님을 사용의 방식으로 사랑하고 돈을 향유의 방식으로 사랑하기 때문에 세상은 이토록 뒤죽박죽 엉망진창이 되어 버렸다.

하나님을 향유의 방식으로 올바로 사랑할 때, 하나님은 우리의 수단이 아니라 목적이 되신다. 창조주이신 하나님은 우리의 영광과 찬양을 받으실 분이지 평가의 대상이나 단순히 우리의 목적을 이루기 위한 기회를 제공하는 수단으로서의 존재가 아니다. 반면에 돈은 어떤가? 돈은 그 자체로 나쁜 것이 아니라 유용한 것이다. 하지만 어떤 경우에도 돈은 하나님이 아니다. 따라서 인간은 돈을 향유의 방식이 아닌, 사용의 방식으로 사랑해야 한다. 돈을 향유의 방식으로 잘못 사랑하게 되면, 돈 그 자체를 신격화시켜 삶에서 돈이 목적이 되고 결국 맘모니즘에 빠지게 된다. 하지만 돈을 사용의 방식으로 올바르게 사랑하면 돈으로 음식을 사서 생명을 유지할 수 있고, 성경의 가르침을 따라 가난한 사람들을 돕는 데 유용하게 사용하기도 한다. 실제로 아우구스티누스는 히포의 감독으로서 이렇게 말하곤 했다. "교구들의 재산을 다 팔아서라도 노예들을 사서 풀어 주고 싶다."[2] 돈을 사용의 방식으로 사랑하고자 한 것이다.

그런데 이 향유와 사용이라는 관점은 기도의 방식으로서도 유용하다. 하나님은 은혜의 방편으로 우리에게 기도를 허용하셨다. 따라서 기도의 올바른 사용 방식은 향유다. 그런데 어떤 사람들은 기도를 향유하지 않고 사용한다. 기도를 목적이 아니라 수단으로 삼은 것이다. 그렇다면 향유로서의 기도와 사용으로서의 기도는 과연 어떻게 다른가.

빈손에서는 빈 기도가 나온다

자크 엘륄은 기도에 관한 저술에서 "빈손에서는 빈 기도가 나온다"는 오래된 서양 속담을 소개한다. 언뜻 잘 이해가 되지 않는 이 속담은 그의 설명을 듣고서야 의미가 분명해진다. "그 말은 무엇보다도 기도 속에 나 자신을 다 내려놓지 않는다면 그 기도는 아무 소용이 없다는 의미다.…이제 나의 손은 (빈손이 아닌) 주님에게 내 모든 행위와 내 존재 전부를 담아 올려 드리는 하나의 잔이 된다."[3]

하지만 자크 엘륄은 이 속담이 현대에 와서 완전히 다른 의미로 사용되고 있음을 지적한다. "그런데 똑같은 말이 곡해되어서 우리를 다른 길로 오도할 수 있다.…우리 손에 선물과 제물이 없다면 하나님이 외면하리라는 것이다.…마치 이방인의 신들과 같이 선물이나 행위로써 하나님의 흥미와 관심을 유도할 수 있다는 식으로 생각하여, 우리는 하나님을 이상한 하나님으로 만들곤 한다." 엘륄의 설명은 향유의 기도와 사용의 기도 사이의 특징과 그 차이의 단면을 잘 드러내 준다.

물론 자크 엘륄의 글을 소개한 것은 '기도와 헌금의 관계'의 상응성이나 비상응성을 말하고자 함이 아니다. 이 책은 기도에 대한 개인적 간증집이 전혀 아니고 그럴 의도도, 관심도 없다. 단지, 설명을 위해 지극히 사적인 기도의 원칙 하나를 나누고자 한다. '톡털이 헌금.' 물론 혼자 이름도 붙이고 혼자 사용하는 개념으로 내게 있는 모든 현금을 헌금으로 드리는 것이다. 당연히 항상 그렇게 하는 것은 아니지만 개인적 신앙의 여정에서 정말로 하나님께만 의뢰하며 그분의 인도하심을 바라고 기도할 때, 오직 주님의 공급하심과 은혜로만 산다는 고백이 필요할 때, 나는 금식과 함께 이 '톡털이 헌금'을 하곤 했다. 이렇게 하는 것은 "내 정성의 크기를 보여 드림으로 응답을 받기 위해서 혹은 백 배의 열매를 기대하는 수단"이 아니다. 나의 전 존재가 오직 하나님 안에서만 자유로울 수 있음을 고백하는 나만의 예배요 기도다. 나는 이 기도를 향유의 목적으로 행하는 것이지, 사용의 목적으로 하지 않는다. 나는 이 책이 기도를 고양시키길 바란다. 여러 가지 이유로 기도를 멈춘 사람들이 기도의 자리로 나가고 잘못된 의도와 방법에 오도된 사람들이 바른 기도를 하는 데 쓰임받길 원한다. 같은 이유로 이 책의 그 어떤 내용도 기도하지 않는 것에 대한 핑계를 찾거나, 하나님께 대한 인색함의 근거로 이용되기를 원하지 않는다.

야고보서 1:5-8

⁵너희 중에 누구든지 지혜가 부족하거든 모든 사람에게 후히 주시고 꾸짖지 아니하시는 하나님께 구하라. 그리하면 주시리라. ⁶오직 믿음으로 구하고 조금도 의심하지 말라. 의심하는 자는 마치 바람에 밀려 요동하는 바다 물결 같으니 ⁷이런 사람은 무엇이든지 주께 얻기를 생각하지 말라. ⁸두 마음을 품어 모든 일에 정함이 없는 자로다.

기도를 '사용'하는 사람들은 성경도 읽고 싶은 부분만 읽는 특성을 보인다. 일종의 악마의 편집이 성경을 읽을 때도 나타나는 것이다. 야고보서 1장으로 설명하면 5절을 의도적으로 읽지 않는다. 그렇게 6절부터 읽게 되면 본문은 '지혜를 구하는 것'이라는 주제에서, 기도하는 태도로 초점이 바뀐다. 마음을 분심하지 말고 정신일도 하사불성(精神一到 何事不成)의 자세로 기도하면 이루어진다는 것이다. 당연히 믿음으로 구하고 의심하지 말라는 구절이 "믿습니다"를 열 번 외치는 것을 의미하지 않는다. 사용으로서의 기도의 대표적인 예가 누가복음 18장이다.

누가복음 18:1-8, 사용으로서의 기도로 읽기

누가복음 18장은 기도에 관한 가장 유명한 구절들 중 하나이긴 하지만 다른 한편 향유해야 할 기도를 잘못 사용하는 대표적인 사례이기도 하다. 그리스도인이라면, 소위 "강청 기도의 능력"이라는 말을 한 번쯤은 들어 봤을 것이다. 기도 응답의 비결은 무엇인가? 응답받을 때까지 절대로 멈추거나 낙심하지 않고 끈질기게 기도하는 것이다. 그리고 기도하는 우리의 기본 태도는 강청이다. '강청'(왕하 2:17)의 사전적 의미는 무리하게 억지로 청함, 부끄러움을 개의치 않고 당당하게 요구함이다. 이처럼 시도 때도 없이 떼를 쓰듯, 강청하는 기도를 지속하면 하나님도 결국 들어주신다. 이 가르침에 등장하는 불쌍한 과부와 불의한 재판장의 비유도 이런 해석을 뒷받침하기 위해 동원된다.

깊은 원한이 있지만 돈도 없고 아무런 뒷배도 없는 불쌍한 과부와 거의 무소불위의 힘을 가진 불의한 재판장의 대립 구도는 이 스토리의 몰입감을 높인다. 과부의 유일한 수단은 수시로 재판장을 찾아가 끈질기게 조르며 괴롭히는 것이다. 물론 하나님을 두려워하지도 않고 사람을 무시하는 재판장도 결코 만만찮다. 당연히 재판장은 과부를 거들떠보지도 않지만 결국 절실함이 이긴다. 거절당하는 부끄러움을 개의치 않고 시도 때도 없이 찾아가는 무례하고 뻔뻔한 과부를 보며 재판장은 생각한다. "아, 이 과부는 절대 포기하지 않겠구나, 내가 그 원한을 풀어 주지 않으면 계속해서 찾아와서 나를 괴롭게 하겠군." 그리고 과부의 청을 들어준다. 맨몸으로 원한을 풀어낸 과부의 해피엔딩을 읽으면서 우리도 이런 절실함으로 기도하리라 다짐한다. 과연 그런가?

강청 기도로 쓰고 떼쓰기 기도로 읽는다

누가복음 18장의 강청 기도의 능력이 내게는 '떼쓰기식' 기도의 능력으로 읽힌다. 하지만 이 비유는 버릇없는 아이가 부턱대고 떼를 쓰면 부모가 창피해서라도 들어준다는 이야기도, 끈질기게 떼를 쓰듯 기도하면 하나님이 괴롭고 귀찮아서라도 응답하신다는 말도 아니다. 예수님의 이 비유의 목적은 제자들에게 기도의 자세나 기도 응답의 비결을 가르치는 데 있지 않다. 따라서 기도하되 낙심하지 말고, 귀찮게, 끈질기게, 당당하게, 멈춤 없이, 강청하며 기도하라는 적용도 틀리다.

지금까지 일관되게 강조했듯이 성경은 반드시 문맥을 따라 읽어야 한다. 본문을 강청 기도의 능력으로 해석하는 것은 문맥을 고려하지 않는 성경 읽기의 결과다. 사실 누가복음 18:1-8은 독립적 문맥이 아니라, 누가복음 17:20-18:8이 하나의 흐름을 이루는 문맥이다.[4] 이제 문맥의 순서를 따라 사용이 아니라 향유의 방식으로 성경 읽기를 해 보자.

하나님 나라의 때에 대한 가르침

누가복음 17:20-21

[20] 바리새인들이 하나님의 나라가 어느 때에 임하나이까 묻거늘 예수께서 대답하여 이르시되 하나님의 나라는 볼 수 있게 임하는 것이 아니요 [21] 또 여기 있다 저기 있다고도 못하리니 하나님의 나라는 너희 안에 있느니라.

시작은 바리새인들의 질문이다. 그들은 예수님께 하나님 나라의 때를 묻는다. 늘 표적을 구하는 이들답게 이번에도 하나님 나라가 임할 때의 표적을 기대했을 것이다. 하지만 예수님의 대답은 언제나처럼 그들의 관심을 비껴 간다. "하나님의 나라가 이미 너희 안에 있다." 그렇다. 예수님의 초림과 함께 하나님의 나라는 이미 이 땅에 그리고 우리 안에 시작되었고 진행 중이다. 본문은 예수님의 답변에 대한 바리새인들의 반응을 전달해 주지 않고 마무리된다. 그 대신 22절 이하에서 예수님의 눈은 제자들에게로 옮겨 간다. 그리고 주제도 "언제 임하는가"에서 "인자의 날 하루" 즉, 하나님의 나라가 완성되는 날로 바뀐다.

누가복음 17:22-25

22 또 제자들에게 이르시되 때가 이르리니 너희가 인자의 날 하루를 보고자 하되 보지 못하리라. 23 사람이 너희에게 말하되 보라 저기 있다 보라 여기 있다 하리라. 그러나 너희는 가지도 말고 따르지도 말라. 24 번개가 하늘 아래 이쪽에서 번쩍이어 하늘 아래 저쪽까지 비침같이 인자도 자기 날에 그러하리라. 25 그러나 그가 먼저 많은 고난을 받으며 이 세대에게 버린 바 되어야 할지니라.

바리새인들을 대하는 태도와 달리 예수님은 제자들에게 하나님 나라의 완성을 포함한 더 많은 가르침을 주신다. 이 말씀을 통해 우리는 하나님 나라에 대해 네 가지 정보를 얻는다. 먼저 제자들은 "인자의 날 하루"(원문상으로는 '인자의 날늘 중의 하루') 곧 주의 재림의 날을 보고자 하지만 보지 못하고 죽을 것이다(22절). 두 번째로 그날까지 많은 사람들이 예수 재림의 날에 대해 언급할 것이지만 거짓 선지자들의 주장에 속지 말고 그들을 따르지 말아야 한다(23절). 세 번째로 주의 재림은 복음서에서 반복적으로 설명하는 것처럼 갑작스럽게, 순식간에 그리고 전 우주적 사건으로 발생할 것이다(24절). 마지막 네 번째로 이 모든 일에 앞서 이루어져야 할 것이 있다. 그것은 예수님이 먼저 많은 고난을 당하시고 이 세대에게 버린 바 되어 십자가에 죽으시는 것이다(25절).

우리를 포함한 신약의 성도들은 주께서 다시 오셔서 이 세상과 사탄을 심판하고 하나님의 나라를 완성하셔서 삼위일체 하나님의 통치가 온전하게 성취될 것이라는 믿음을 가지고 사는 사람들이다. 그러므로 예수님의 재림에 대한 신앙이 종말의 시대를 제자로서 살아 내는 힘의 원천이 된다. 하지만 이 세상의 모든 사람이 예수님의 재림에 대한 신앙을 가지고 이 땅에서 하나님 나라의 백성답게 신실하게 사는 것은 아니다. 초림과 재림 사이에 하나님 나라를 강력하게 막아서는 사탄의 나라 또한 존재한다. 사탄의 용병 노릇을 하는 이 세상과 세상 사람들은 복음을 거부할 뿐 아니라, 종말의 기간 동안 주의 재림의 경고도 무시한다. 불신자들의 이러한 삶의 결말은 영원한 죽음이다.

노아의 날들, 롯의 날들 그리고 인자의 날들

누가복음 17:26-29

²⁶ 노아의 때에 된 것과 같이 인자의 때에도 그러하리라. ²⁷ 노아가 방주에 들어가던 날까지 사람들이 먹고 마시고 장가들고 시집가더니 홍수가 나서 그들을 다 멸망시켰으며 ²⁸ 또 롯의 때와 같으리니 사람들이 먹고 마시

고 사고팔고 심고 집을 짓더니 ²⁹롯이 소돔에서 나가던 날에 하늘로부터 불과 유황이 비오듯 하여 그들을 멸망시켰느니라.

인자의 때는 22절의 설명에서 언급한 것처럼 "인자의 날들"이 정확한 번역이다. 그리고 인자의 날들은 초림과 재림 사이의 날들이며, 이미와 아직 사이의 날들이다. 이 종말의 기간 불신자들의 삶의 태도와 그에 따른 결론의 데자뷔(déjà-vu)가 바로 노아의 때와 롯의 때다.

베드로전서 3:20
그들은 전에 노아의 날 방주를 준비할 동안 하나님이 오래 참고 기다리실 때에 복종하지 아니하던 자들이라. 방주에서 물로 말미암아 구원을 얻은 자가 몇 명뿐이니 겨우 여덟 명이라.

노아가 홍수로 심판하리라는 하나님의 말씀을 믿고 명령을 따라 방주를 짓는 기간은 다른 한편으로 하나님이 오래 참고 기다리시는 시간이고 누가복음의 설명으로는 노아의 날들이다. 하지만 노아의 날들 동안 세상 사람들은 하나님의 경고를 듣지 않고 "먹고 마시고 장가 들고 시집 가다"(눅 17:27)가 결국 홍수로 멸망당하고 겨우 여덟 명만 살아남는다. 롯의 날들도 마찬가지다. 그때도 사람들은 하나님의 경고를 무시한 채로 먹고 마시고 사고팔고 심고 집을 짓고 살다가 롯이 소돔에서 나가던 날에 하늘로부터 비처럼 쏟아지는 불과 유황의 제물이 되고 말았다.

누가복음 17:30

인자가 나타나는 날에도 이러하리라.

구약에 나오는 노아의 날들이나 롯의 날들에 그랬던 것처럼 신약의 인자의 날들에도 같은 일들이 반복된다. 죄로 인해 완악해진 사람들은 여전히 복음에 귀를 막고 산다. 성경은 세상에 심판의 날이 있을 것을 경고하지만 사람들은 아랑곳하지 않고 세상에 취해 살 것이다. 그러다가 어느 날, 아무도 예상하지 못한 날에 인자가 나타나는 날 곧 주의 재림의 날을 보게 된다. 이때 이루어질 최후 심판 앞에서 믿지 않는 사람들은 속절없는 죽음을 맞이하게 된다. 누가는 재림이 전 우주적 재림이 될 것과 재림의 날의 급작성을 이렇게 설명한다.

휴거 이야기가 아닌 재림 이야기

누가복음 17:34-35

³⁴ 내가 너희에게 이르노니 그 밤에 둘이 한자리에 누워 있으매 하나는 데려감을 얻고 하나는 버려둠을 당할 것이요. ³⁵ 두 여자가 함께 맷돌을 갈고 있으매 하나는 데려감을 얻고 하나는 버려둠을 당할 것이니라.

이 본문은 휴거를 규정하는 구절이 아니다. 문맥의 흐름상 예수님의 재림과 그날에 있을 최후의 심판에 관한 구절이다. 그분의 재림은 아무도 예상치 못한 날에 도적같이 또한 순식간에 이루어질 것이다. 그리고 재림은 전 우주적 사건이다. 어떤 사람들은 알고 다른 사람들은 모르는 부분적 재림이 아니다. 예수님의 재림은 아무런 경고 없이 이루어지겠지만 그날에는 모든 사람이 명백하게 인지할 것이다. 재림은 결코 조용하게 이루어지지 않는다.

상상해 보라. 예수님의 재림이 찰나의 시간에 전 우주적 사건으로 발생하면 어떤 현상이 벌어질까. 당연히 이 둥근 지구의 한 부분은 밤이요, 다른 부분은 낮이다. 따라서 예수님이 재림하시는 순간이 어떤 사람들에게는 밤 시간이어서 잠을 자고 있을 것이고, 어떤 사람들에게는 낮 시간대로 일을 하고 있겠지만 결론은 다르지 않다. 주의 재림의 날을 신실하게 믿고 고난 가운데서도 믿음을 지킨 사람들에게는 구원이, 믿지 않는 사람들에게는 심판이 있을 뿐이다. 이제 누가복음 18:1-8을 바르게 읽을 준비가 끝났다.

누가복음 18:1-8, 향유로서의 기도로 읽기

예수님의 가르침을 받아들인 제자들, 재림의 신앙을 가지고 신실하게 살아가는 그러나 사탄과 세상의 박해와 배척 속에 살아가는 그리스도인들에게 중요한 것은 항상 기도하고 낙심하지 않는 것이다. 그리고 그 내용은 무엇인가 내게 이루어지길 바라는 소원이 아닌 예수님의 재림에 대한 기도다. 바로 향유로서의 기도의 전형을 보여 준다. 따라서 우리가 깨어 경계해야 할 것은 이 본문을 '강청 기도(?)'의 교과서로 삼거나, 사용으로서의 기도로 오용하지 않는 것이다.

> **누가복음 18:1**
> 예수께서 그들에게 항상 기도하고 낙심하지 말아야 할 것을 비유로 말씀하여.

항상 기도하고 낙심하지 말라는 이 구절은 "일반적 의미의 기도가 아니라 누가복음 17:22에 대한 갈망과 연결된 기도다."[5] 즉 원하는 것을 얻어 내기 위해 강청 기도를 강조하는 것이 아니라 예수님의 재림에 대한 소망의 기도를 쉬지 말라는 권면이다. 이런 의미를 넣어서 1절을 다시 읽어 보자. "(재림의 날이 반드시 있을 것을 강조하신 후) 예수께서 그들에게 (예수의 재림에 대해) 항상 기도하고 낙심하지 말아야 할 것을 비유로 말씀하여." 다시 말하지만 1절은 종말에 하나님 나라를 위해 고군분투하는 예수님의 제자들에게 주어진 격려요 위로며 명령이다. 예수님의 재림과 하나님 나라의 완성에 대한 확신을 가진 제자들이라면 항상 주의 재림을 놓고 기도해야 한다. 바로 "주여 오시옵소서(마라나타)"이다.

재림은 이미 확정되었지만 그러나 아직 이루어지지 않은 구속사적 사건이다. 제자라면 주의 재림을 막연하게 기다리고만 있지 말고, 그날이 오도록 끊임없이 기도해야 한다. 재림이 지체되는 것으로 오해하는 사람들 중에 낙심하는 경우도 있을 것이다. 그러나 소망 중에 "주여 오시옵소서"라며 항상 기도하는 제자들이라면 낙심하지 않는다.

종말의 기간, 이미와 아직 사이에 놓여 있는 교회(성도)는 세상에서 왕 노릇 하는 존재가 아니다. 오히려 사탄의 종노릇하는 세상으로부터 미움을 받고 고난당하게 된다. 우리의 주 되신 예수님이 많은 고난을 받으며 이 세대에서 버린 바 된 것처럼(눅 17:25) 교회도 이 세대와 이 세상에서 배척당하고 핍박당할 것이다(마 24:9; 막 13:9; 눅 6:22; 요 15:18-20). 이토록 고난 가운데 있는 교회(성도)의 올바른 자세는 무엇인가. 사탄의 세력에 굴복하거나 주의 재림이 늦어진다고 낙심하지 말고 항상 기도해야 한다. "주여 오소서. 약속하신 대로 오셔서 사탄의 나라에 속한 이 세상을 멸망시키시고 하나님의 사랑의 아들의 나라로 우리를 옮기소서 (골 1:13). 우리는 주의 재림의 약속을 붙잡고 낙심하지 않고 기도하기를 멈추지 않겠나이다." 우리가 마라나타 기도할 때 하나님은 그 기도를 들으시고 우리는 넉넉히 이기는 자가 된다. 그리고 그 사실을 확증해 주는 것이 누가복음 18장의 불쌍한 과부와 불의한 재판관의 비유다.

주의 재림을 기다리고 기도하라

누가복음 18:2-8상

² 이르시되 어떤 도시에 하나님을 두려워하지 않고 사람을 무시하는 한 재판장이 있는데 ³ 그 도시에 한 과부가 있어 자주 그에게 가서 내 원수에 대한 나의 원한을 풀어 주소서 하되 ⁴ 그가 얼마 동안 듣지 아니하다가 후에 속으로 생각하되 내가 하나님을 두려워하지 않고 사람을 무시하나 ⁵ 이 과부가 나를 번거롭게 하니 내가 그 원한을 풀어 주리라. 그렇지 않으면 늘 와서 나를 괴롭게 하리라 하였느니라. ⁶ 주께서 또 이르시되 불의한 재판장이 말한 것을 들으라. ⁷ 하물며 하나님께서 그 밤낮 부르짖는 택하신 자들의 원한을 풀어 주지 아니하시겠느냐. 그들에게 오래 참으시겠느냐. ⁸ 내가 너희에게 이르노니 속히 그 원한을 풀어 주시리라.

이 비유가 소위 강청 기도 능력의 배경이 아니라는 것은 이미 설명했다. 이 비유는 고난 중에 믿음을 지키며 분투하는 교회(성도)에게 주어지는 위로다. 가장 일어나기 어려운 일은 당연히 일어날 일의 증거가 된다. 하나님도 두려워하지 않고 사람을 무시하는 재판관이 불쌍한 과부의 호소를 들어주는 기적 같은 일이 일어난다면, 좋으신 하나님이 당신의 백성들이 부르짖을 때 얼마나 당연히 응답하시겠는가. 그렇다. 하나님은 우리가 떡을 달라고 할 때 돌을 주시거나 생선을 달라는데 뱀을 주시는 분이 아니시다(마 7:9-11). 좋으신 하나님은 "재림을 약속하신 주여 약속대로 오시옵소서"라고 기도하는 제자들의 기도에 응답하신다.

오늘날 우리는 "주여 오시옵소서"라는 기도를 잃어버렸다. 중요한 일은 늘 긴급한 일에 의해 밀리기 마련이다. 기도도 마찬가지다. 우리의 기도는 당장 급한 것, 우리의 필요를 요청하는 것에 주로 머문다. 하지만 종말의 시대 성도의 가장 중요한 기도는 여전히 "주여 오시옵소서"이다.

누가복음 18:8하

그러나 인자가 올 때에 세상에서 믿음을 보겠느냐 하시니라.

누가복음 18장을 소위 강청 기도의 능력으로 해석할 때, 8절은 난해한 구절이 된다. "인자가 다시 왔을 때 내가 명령한 대로 원하는 것을 얻을 때까지 끝까지 떼쓰기 기도를 하면서 사는 사람들을 얼마나 보겠느냐"라고 해석되는데, 그런 독법은 누가 보더라도 이상하다. 하지만 문맥을 따라 올바르게 읽으면 8절이 자연스럽게 설명된다. 예수님은 우리에게 인자의 재림을 의심하거나 더디다고 낙심하지 말고 항상 기도할 것을 말씀하신다. 그리고 우리는 그 약속을 믿고 멈춤 없이 기도해야 한다. "주여 오시옵소서." 이 소망의 기도를 지속하는 한 우리는 낙심하지 않는다. 그러나 정작 주께서 다시 오실 때, 낙심하지 않고 포기하지 않고 재림을 요청하는 기도를 드리는 신실한 사람이 얼마나 있겠는가. 8절에서 주님은 이 점을 안타까워하신다.

결론적으로 누가복음 18:1-8은 강청하는 기도, 뻔뻔하게 떼쓰는 기도 이야기가 아니라 주의 재림을 탄원하는 구절이다. "주여 오시옵소서(마라나타)!" 우리가 쉬지 않고, 항상 기도해야 할 그리고 가장 중요한 기도 제목이다. 이제 마라나타가 종말을 살아가는 우리에게 얼마나 중요한 기도인지를 보여 주는 두 번째 성경 본문으로 들어가 보자.

더 깊은 나눔을 위하여

1 이 장을 읽고 기도에 대해 새롭게 배운 것이나 깨달은 점이 있다면 나누어 보자.

2 누가복음 18:1-8을 사용으로서의 기도로 읽을 때 어떻게 오용되는가?

3 누가복음 18:1-8을 향유로서의 기도로 읽을 때 어떤 의미가 되는가?

4 종말을 살아가는 성도의 올바른 자세는 무엇인가?

5 "그러나 인자가 올 때에 세상에서 믿음을 보겠느냐 하시니라"(눅 18:8)에 대한 이 책의 내용을 자신의 언어로 정리해 보고 나누어 보자.

6 이 장을 공부한 후, 우리가 개인적으로 적용해야 할 점을 구체적으로 나누어 보자.

14장   가장 긴급하고 중요한 기도, 마라나타

"주여 오시옵소서"라는 기도의 분량이 채워질 때,
예수 재림의 소망도 실현된다

> 3 또 다른 천사가 와서 제단 곁에 서서 금 향로를 가지고 많은 향을 받았으니 이는 모든 성도의 기도와 합하여 보좌 앞 금 제단에 드리고자 함이라. 4 향연이 성도의 기도와 함께 천사의 손으로부터 하나님 앞으로 올라가는지라. 5 천사가 향로를 가지고 제단의 불을 담아다가 땅에 쏟으매 우레와 음성과 번개와 지진이 나더라.
>
> 요한계시록 8:3-5

> 기도는 의무를 지나 기쁨에 이르는 길이다.
>
> 제임스 패커

하나님께는 모든 기도가 가능하지만 모든 기도가 올바른 것은 아니다. 하나님은 우리의 모든 기도에 귀를 기울이시지만 우리의 기도가 성숙해지길 기대하신다. 이 책의 마지막 장을 이런 질문으로 시작해 보자. "만일 단 하나의 기도만 드릴 수 있다면 당신은 어떤 기도를 드리겠는가?" 쉽지 않은 질문일 것이다. 그러나 누군가가 내게 이 질문을 한다면 내 대답은 준비되어 있다. "마라나타, 주여 오시옵소서"이다. 한국 교회의 수많은 기도 목록에 마라나타가 쉽게 보이지 않는 점이 무척 아쉽다. 이미 앞 장에서 살펴보았지만 성경 전체를 놓고 보았을 때 마라나타는 우리 기도의 중심이 될 자격이 충분하다. 이제 주기도문의 "당신에 관한 세 번째 청원"을 출발점으로 삼아 마라나타 기도의 중요성을 살펴보도록 하자.

주기도문은 모든 기도의 근본이다. 1장에서 주기도문이 제자들에게 어떤 의미인지 역사적·실제적 중요성과 함께 세부 내용을 다루었다. 특별히 "당신에 관한 세 가지 청원" 중에서 두 번째인 "당신의 나라가 임하옵시며"가 주기도문의 중심을 차지하는 청원이다. 하나님의 나라가 임한다는 것은 삼위일체 하나님의 통치가 이루어지는 상태를 의미하는데, 예수님은 하나님의 나라를 사역의 중심 메시지로 삼았을 뿐만 아니라 주기도문에 다시 한번 이 주제를 포함시키셨다. 따라서 두 번째 청원인 "나라가 임하시오며"는 하나님 나라 복음의 요약이다. 그리고 세 번째 청원은 두 번째 청원 "당신의 나라가 임하시오며"를 뒷받침한다.

주기도문의 당신에 관한 세 번째 청원

마태복음 6:9-10

⁹ 그러므로 너희는 이렇게 기도하라 하늘에 계신 우리 아버지여 이름이

거룩히 여김을 받으시오며 10 나라가 임하시오며 뜻이 하늘에서 이루어진 것같이 땅에서도 이루어지이다.

1장에서는 의도적으로 당신에 관한 세 번째 청원을 구체적으로 다루지 않았다. "당신의 뜻이 하늘에서 이루어진 것같이 땅에서도 이루어지이다"에서 하나님의 뜻이 이루어졌다는 것은 하나님의 나라가 성취되었다는 것이며 다른 표현으로 하나님의 통치가 완성되었다는 의미다. 이런 맥락에서 볼 때, "뜻이 하늘에서 이루어졌다"라는 당신에 관한 세 번째 청원의 앞부분은 하나님의 통치가 이미 하늘에서는 완성되었다는 의미다. 그렇다면 하나님의 뜻은 언제 어떻게 하늘에서 이루어졌을까? 그 구체적 내용을 담고 있는 것이 요한계시록 12장이다.

하늘에서는 이미 뜻이 이루어졌다

요한계시록 12:7-9

7 하늘에 전쟁이 있으니 미가엘과 그의 사자들이 용과 더불어 싸울새 용과 그의 사자들도 싸우나 8 이기지 못하여 다시 하늘에서 그들이 있을 곳을 얻지 못한지라. 9 큰 용이 내쫓기니 옛 뱀 곧 마귀라고도 하고 사탄이라고도 하며 온 천하를 꾀는 자라. 그가 땅으로 내쫓기니 그의 사자들도 그와 함께 내쫓기니라.

그레고리 빌(Gregory K. Beale)은 요한계시록 12장을 요한계시록 전체를 푸는 열쇠라고 하였다.[1] 소개한 본문은 예수님의 승천 이후 하늘에서 벌어진 영적 전쟁을 기록한다. 예수님의 부활과 승천 이후 하늘에서는 미가엘과 용의 전쟁이 있었고(7절), 패배한 용은 더 이상 하늘에 머물지 못하고 자기의 사자들과 함께 땅으로 내쫓겼다. 이렇게 쫓겨난 용은 옛 뱀, 마귀, 사탄으로 불리며 온 천하를 꾀는 참소자다(8-9절).

예수님의 승천 이후 사탄이 땅으로 쫓겨났다는 것은 그 이전인 구약 시대에는 사탄이 하늘에 머물고 있었다는 것이다. 요한계시록 12:3에서도 "하늘에 큰 붉은 용"이 있다고 설명한다. 사탄은 단순히 하늘에 거처하는 정도가 아니라 하나님의 어전 회의의 정규 멤버로 참여하며 늘 하나님의 백성들을 참소하고 고발하는 역할을 했다. 구약에서는 이처럼 사탄이 하늘의 천상 회의에 참여한 모습을 여러 차례 기록하고 있다. 이 중 가장 유명한 구절이 사탄이 욥을 고발하는 장면(욥 1:6-9)이고, 스가랴(3:1)에서도 어전 회의를 하는 모습이 나타난다. 가장 흥미로운 천상 회의는 열왕기상 22:19-23에 나온다.[2]

하늘에서는 즐거워하라 그러나…

이처럼 구약 시대에 사탄은 하늘에 거했고 어전 회의의 정규 멤버였다. 하지만 십자가에서 죽으신 뒤 사흘 만에 부활하신 예수님의 승천이 이루어진 이후, 사탄은 하늘에 머물지 못하고 땅으로 쫓겨난다. 하늘에서 쫓겨난 사탄은 당연히 더 이상 하늘의 어전 회의 멤버도 아니다. 이처럼 요한계시록 12장은 주기도문에 나오는 당신에 관한 세 번째 청원, 곧 "뜻이 하늘에서 이루어진 것같이"의 내용을 설명하고 있다. 사탄이 하늘에서 쫓겨난 것은 주기도문의 표현으로 하면 뜻이 하늘에서 이루어진 것이다.

요한계시록 12:10-12

10 내가 또 들으니 하늘에 큰 음성이 있어 이르되 이제 우리 하나님의 구원과 능력과 나라와 또 그의 그리스도의 권세가 나타났으니 우리 형제들을 참소하던 자 곧 우리 하나님 앞에서 밤낮 참소하던 자가 쫓겨났고 11 또 우리 형제들이 어린양의 피와 자기들이 증언하는 말씀으로써 그를 이겼으니 그들은 죽기까지 자기들의 생명을 아끼지 아니하였도다. 12 그러므로 하늘과 그 가운데에 거하는 자들은 즐거워하라. 그러나 땅과 바다는 화 있을진저 이는 마귀가 자기의 때가 얼마 남지 않은 줄을 알므로 크게 분 내어 너희에게 내려갔음이라 하더라.

본문의 설명에 따르면 사탄은 하늘에서 영구히 쫓겨났고 이로써 성도들을 밤낮 참소하던 사탄이 없어진 하늘에서는 하나님의 나라가 온전하게 성취되었다. 주기도문의 당신에 관한 세 번째 청원으로 설명하면 뜻이 하늘에서 이루어진 것이다. 사탄이 하늘에서 땅으로 쫓겨나고 하나님의 통치가 완성된 하늘이 보이는 반응은 당연하게도 큰 즐거움이다(10-12절 상). 하지만 사탄이 쫓겨나 내려온 땅에서는 여전히 사탄이 "공중의 권세 잡은 자"(엡 2:2)로서 군림한다. 더구나 땅으로 쫓겨난 사탄은 자기의 때가 얼마 남지 않은 것을 알기 때문에 더 극렬하게 분노하며 교회를 핍박한다(12절 하). 이것이 종말의 기간 동안 땅에 있는 신약 교회가 실제로 놓여 있는 영적 상황이다.

땅에서도 이루어지이다

이제 교회의 간절한 기도 제목은 주기도문의 당신에 관한 세 번째 청원의 나머지 부분인 "땅에서도 하나님의 뜻이 이루어지는 것"이다. 땅에서 하나님의 통치가 완성될 때, 사탄은 최종적으로 불과 유황 못에 던져진다(계 20:10). 그런데 언제 이런 일이 일어나는가. 땅에서 하나님의 뜻이 완성되는 때는 바로 주의 재림의 때다. 따라서 주기도문을 따라 "하나님의 뜻이 땅에서도 이루어지소서"라고 기도하는 것은 "주여 오시옵소서" 하는 마라나타의 기도와 일치한다.

이처럼 "뜻이 하늘에서 이루어진 것같이 땅에서도 이루어지이다"라는 주기도문의 당신에 관한 세 번째 청원은 하나님의 통치가 하늘에서 완성된 것처럼 이 땅에서도 완전한 하나님의 통치가 이루어지게 하소서라는 기도와 동일하다. 주기도문은 기본적으로 기도이지만 예수님을 따르는 제자들의 서약이기도 하다. 예수님을 따르는 제자는 기도한 대로 이 땅에서 하나님의 통치인 공의와 정의의 나라를 이루기 위해 사는 사람들이다. 그럼에도 그 완성은 예수님의 재림 때까지 기다려야 한다.

지금까지 설명한 것처럼 "주여 오시옵소서"라는 마라타나 기도는 대단히 중요한 기도다. 마라나타 기도를 통해 주기도문과 요한계시록이 만난다. 이런 점에서 "요한계시록 전체는 주기도문의 처음 세 간구가 성취되는 환상으로 볼 수 있다"[3]는 리처드 보컴(Richard Bauckham)의 설명은 설득력을 갖는다. 누가복음 18:1의 가르침대로, 그리고 주기도문의 세 번째 청원대로 주님의 제자 된 우리는 낙심하지 말고 항상 마라나타의 기도를 해야 한다. 이제 "주여 오시옵소서(마라나타)"의 기도의 중요성을 보여 주는 요한계시록의 또 다른 본문을 함께 읽어 보자.

'금 대접'에 담긴 성도의 기도

요한계시록 5:8

그 두루마리를 취하시매 네 생물과 이십사 장로들이 그 어린양 앞에 엎드려 각각 거문고와 향이 가득한 금 대접을 가졌으니 이 향은 성도의 기도들이라.

요한계시록 8:3-4

3 또 다른 천사가 와서 제단 곁에 서서 금 향로를 가지고 많은 향을 받았

으니 이는 모든 성도의 기도와 합하여 보좌 앞 금 제단에 드리고자 함이라. ⁴ 향연이 성도의 기도와 함께 천사의 손으로부터 하나님 앞으로 올라가는지라.

요한계시록에는 성도의 기도를 금 대접 또는 금 향로에 담긴 향으로 표현하는 두 개의 구절이 있다. 우리의 기도가 금 향로(금 대접)에 담겨 하늘의 보좌에 향기로 드려진다는 것이다. 두 구절의 공통점은 주님의 오심과 연관된다는 것이고 차이점은 요한계시록 5장의 기도가 예수님의 초림을 가리킨다면, 요한계시록 8장은 예수님의 재림을 의미한다.

예수님의 초림은 구약 성도들의 기도에 대한 응답이다

요한계시록 5:1-7

¹ 내가 보매 보좌에 앉으신 이의 오른손에 두루마리가 있으니 안팎으로 썼고 일곱 인으로 봉하였더라. ² 또 보매 힘 있는 천사가 큰 음성으로 외치기를 누가 그 두루마리를 펴며 그 인을 떼기에 합당하냐 하나 ³ 하늘 위에나 땅 위에나 땅 아래에 능히 그 두루마리를 펴거나 보거나 할 자가 없더라. ⁴ 그 두루마리를 펴거나 보거나 하기에 합당한 자가 보이지 아니하기로 내가 크게 울었더니 ⁵ 장로 중의 한 사람이 내게 말하되 울지 말라. 유대 지파의 사자 다윗의 뿌리가 이겼으니 그 두루마리와 그 일곱 인을 떼시리라 하더라. ⁶ 내가 또 보니 보좌와 네 생물과 장로들 사이에 한

어린양이 서 있는데 일찍이 죽임을 당한 것 같더라. 그에게 일곱 뿔과 일곱 눈이 있으니 이 눈들은 온 땅에 보내심을 받은 하나님의 일곱 영이더라. 7 그 어린양이 나아와서 보좌에 앉으신 이의 오른손에서 두루마리를 취하시니라.

요한계시록 5장은 일곱 인으로 봉해진 두루마리(이하 책)의 존재로 시작한다. 이 봉인된 책은 다니엘서에서 설명된 바로 그 책이다.⁴ 다니엘서에 의하면 선지자 다니엘에게 장차 일어날 일들에 대한 계시가 주어졌는데 하나님의 명령으로 이 책은 일곱 겹으로 봉인된다. 봉인의 결과 이 책은 세상 끝날까지 아무도 펴볼 수 없었고, 오직 종말 때 펼쳐질 것이다. 2절에 나오는 힘 있는 천사의 외침을 주목해야 한다. "누가 그 두루마리를 펴며 그 인을 떼기에 합당하냐." 이 외침은 "누가 종말을 불러오는 분이냐"라는 질문과 동일하다.

요한은 이 책을 펼칠 자가 아무도 없음을 깨닫고 큰 소리로 운다(3-4절). 그때 한 장로가 "울지 말라"며 요한을 위로한다. 왜냐하면 유대 지파의 사자, 다윗의 뿌리 곧 예수가 이긴 자로서 그 봉인을 떼어 내고 그 책을 펼칠 것이기 때문이다. 물론 유대 지파의 사자, 다윗의 뿌리는 죽임을 당한 어린양 예수를 가리킨다. 이제 그 어린양이 그 책의 인을 떼기 위해 보좌에 앉은 하나님의 오른손에서 책을 받아든다(7절). 마침내 오랜 세월 봉인된 책이 열리는 순간이고 종말이 시작되는 순간이다. 우리를 놀랍게 하는 것은 8절로 예수님의 초림을 또 다른 관점으로 설명한다.

> 요한계시록 5:8
> 그 두루마리를 취하시매 네 생물과 이십사 장로들이 그 어린양 앞에 엎드려 각각 거문고와 향이 가득한 금 대접을 가졌으니 이 향은 성도의 기도들이라.

우리를 위하여 죽으신 어린양 예수가 봉인을 풀기 위해 하나님으로부터 책을 건네받는다. 그때, 네 생물과 이십사 장로들이 그 어린양 앞에 엎드려 향이 가득한 금 대접을 가졌다는 것의 의미는 무엇일까? 이 향은 본문 자체의 설명처럼 성도들의 기도들이다. 따라서 8절의 내용은 예수님의 초림과 종말의 시작은 바로 성도들의 기도로 금 대접을 가득 채운 결과로 이루어졌음을 보여 준다.

그레고리 빌은 요한계시록 4장과 5장의 의미를 이렇게 설명한다. "요한은 그리스도께서 죽음과 부활로 말미암아 높아지심으로써 교회와 우주의 통치자로 보좌에 앉아 행하신 과거 행위를 더 상세히 심상을 통해 설명하기를 바란다."[5] 빌이 말하는 바, 예수 그리스도께서 행하신 "과거 행위"란 죽음과 부활과 승귀, 즉 초림 때의 사건을 가리킨다. 그런데 요한계시록의 이 본문은 예수님의 초림이 종말을 기다리는 구약의 성도들이 드렸던 "주여 오시옵소서"라는 기도에 대한 하나님의 응답이라는 점을 확인한다. 물론 예수님의 초림의 시간표는 오직 하나님만이 아신다. 하지만 예수님의 초림이 주의 오심을 기다리는 구약 성도들의 기도가 가득 찬 금 대접이 하나님께 바쳐진 결과이기도 하다는 설명은 신비롭기도 하고 놀랍기도 하다.

구약 전체에서 자기 백성을 구원하시는 하나님의 구원 모티프 중 가장 강력한 출애굽 사건도 마찬가지다. 이집트에서 자기 백성을 불러내시는 방법과 때는 오직 하나님의 전적 주권에 달려 있다. 그러나 다른 한편 이 출애굽의 구원 사건은 이스라엘이 고통 중에 부르짖는 기도에 대한 하나님의 응답이기도 하다.

> 출애굽기 2:23-25
>
> 23 여러 해 후에 애굽 왕은 죽었고 이스라엘 자손은 고된 노동으로 말미암아 탄식하며 부르짖으니 그 고된 노동으로 말미암아 부르짖는 소리가 하나님께 상달된지라. 24 하나님이 그들의 고통 소리를 들으시고 하나님이 아브라함과 이삭과 야곱에게 세운 그의 언약을 기억하사 25 하나님이 이스라엘 자손을 돌보셨고 하나님이 그들을 기억하셨더라.

이집트에서의 고된 노동으로 인해 이스라엘 자손들은 하나님께 탄식하며 부르짖었고, 하나님은 자기 백성의 부르짖음을 들으시고 모세를 보내어 그들을 이집트에서 건져내셨다. 사실 출애굽 사건은 한편으로는 하나님의 주권적 역사다. 이미 아브라함에게 "네 자손이 사백 년 동안 이방에서 객이 되어 그들을 섬기겠고 그들은 사백 년 동안 네 자손을 괴롭히리니 그들이 섬기는 나라를 내가 징벌할지며 그 후에 네 자손이 큰 재물을 이끌고 나오리라"(창 15:13-14)고 말씀하셨고 그대로 이루어진 것이다. 하지만 출애굽 사건은 다른 한편으로는 이스라엘 자손의 기도 응답이기도 하다. 마찬가지로 예수님의 초림도 한편으로는 하나님의 주권적 결정이지만 다른 한편으로는 구약 성도들의 기도에 대한 응답이기도 하다. 그렇다면 우리가 기다리는 예수님의 재림은 어떨까? 이번에는 요한계시록 8장이다.

예수님의 재림은 종말 시대의 신약 성도들의 기도에 대한 응답으로 이루어진다

요한계시록 8:3-5

³ 또 다른 천사가 와서 제단 곁에 서서 금 향로를 가지고 많은 향을 받았으니 이는 모든 성도의 기도와 합하여 보좌 앞 금 제단에 드리고자 함이라. ⁴ 향연이 성도의 기도와 함께 천사의 손으로부터 하나님 앞으로 올라가는지라. ⁵ 천사가 향로를 가지고 제단의 불을 담아다가 땅에 쏟으매 우레와 음성과 번개와 지진이 나더라.

요한계시록의 일곱 시리즈 중 첫 번째가 일곱 인의 심판이다. 이 일곱 인 중에서 여섯 번째와 마지막 일곱 번째 인을 떼는 장면이 최후의 심판이다. 그러므로 요한계시록 8:3-5은 "최후의 심판 장면을 계속 묘사하며, 일곱째 인 심판의 지속이다."⁶ 이 본문에 의하면, 출애굽 구원 사건이나 요한계시록 5장의 초림이 성도의 기도에 대한 하나님의 응답인 것과 마찬가지로, 예수님의 재림도 성도의 기도의 응답이다. 성도의 기도가 하나님의 보좌 앞 금 제단에 향기로 드려질 때 그 기도의 응답으로 예수님의 재림이 이루어질 것이다(3-4절). 이때 성도의 기도가 담겼던 금 향로는 이번에는 제단의 불을 담아 땅에 쏟는데 이로써 이 본문이 최후의 심판임을 다시 한번 보여 준다(5절).

언제 재림이 있을 것인가. 예수님조차 재림의 때에 대해서는 모른다고 분명히 밝히셨다. "그러나 그날과 그때는 아무도 모르나니 하늘의 천사들도, 아들도 모르고 오직 아버지만 아시느니라"(마 24:36). 예수님의 재림과 최후의 심판은 오직 하나님만 아시며, 하나님의 주권에 달려 있다. 그러나 다른 한편 예수님의 재림은 종말 시대의 신약 성도들의 기도인 향이 가득 차 하나님께 드려진 결과다. "주여 오시옵소서" 하는 우리의 기도가 예수님의 재림의 날과 연결된다는 사실보다 기도에 자극을 주며, 기도를 해야겠다는 동기를 부여하는 것은 단연코 없다.

우리의 가장 중요한 기도, "주여 오시옵소서(마라나타)"

지금까지 우리에게 가장 중요한 기도가 마라나타임을 살펴보았다. 누가복음 18장의 항상 기도하고 낙심하지 말라는 예수님의 가르침은 주의 재림에 관한 것이다. 주기도문의 세 번째 청원, "뜻이 하늘에서 이루어진 것같이 땅에서도 이루어지이다"의 내용도 요한계시록 12장이 설명하는 것처럼 마라나타이다. 요한계시록 8장도 우리 일상의 기도에서 잊지 말고 빼먹지 말아야 할 가장 중요한 기도가 주의 재림을 요청하는 것임을 상기시킨다. 물론 요한계시록이 마라나타의 기도로 끝맺어지는 것을 우리는 이미 알고 있다.

요한계시록 22:20-21

²⁰ 이것들을 증언하신 이가 이르시되 내가 진실로 속히 오리라 하시거늘 아멘 주 예수여 오시옵소서. ²¹ 주 예수의 은혜가 모든 자들에게 있을지어다. 아멘.

많은 경우 요한계시록 22:20의 "우리 주 예수여 오시옵소서"가 마라나타로 표기되었다고 생각하지만 실제 요한계시록은 "아멘. 오소서, 주 예수여"(Amen. Come, Lord Jesus)로 마라나타와 동일한 의미이지만 정확히 그 용어는 나오지 않는다. 성경에서 마라나타라는 용어는 유일하게 고린도전서에 나온다.

고린도전서 16:21-24

²¹ 나 바울은 친필로 너희에게 문안하노니 ²² 만일 누구든지 주를 사랑하지 아니하면 저주를 받을지어다. '우리 주여 오시옵소서'(Μαράναθά)

²³ 주 예수 그리스도의 은혜가 너희와 함께하고 ²⁴ 나의 사랑이 그리스도 예수 안에서 너희 무리와 함께할지어다.

그런데 22절의 아람어 마라나타는 "마라나-타"(מרנא תא, Μαρανα θά)로 읽을 수도 있고, 또는 "마란-아타"(מרן אתא, Μαραν-αθά)로 읽을 수도 있다. 전자의 경우에는 명령형으로 "주여, 오시옵소서"(our Lord, Come!)의 의미이며 재림을 고대하고 촉구한다는 면에서 요한계시록 22:20과 동일한 의미로 사용된 것으로 볼 수 있다. 후자의 경우는 완료형으로 "주께서 임하셨느니라"(our Lord has Come)의 의미다. 이는 물론 초림을 상징하며 이미 예수님이 심판을 위해 오셨음을 의미한다. 하지만 이 경우도 신약성경에서 자주 사용하고 있는 예언적 과거(prophetic past) 용법의 한 예로 미래에 일어날 사건을 과거 시제로 표현한 것으로 볼 수 있다는 점에서 전자와 다르지 않다.

아무튼 "주여 오시옵소서", 곧 "마라나타"의 기도는 이처럼 중요한 기도이지만 교회의 공적 기도에서 그리고 개인 기도에서 잊혀진 기도가 되고 있다. 따라서 교회에서부터 이 기도의 회복이 시급하다. 하늘에 시민권을 두었다고 하면서(빌 3:20) 정작 마라나타의 기도를 하지 않고, 이 땅에서의 신분은 거류민과 나그네라고 하면서(벧전 2:11) 정작 기도는 여전히 이 땅에 영원히 주소지를 두고 사는 사람처럼 땅의 필요에만 몰두하고 있는 우리가 아닌가. "손으로 짓지 아니한 것 곧 이 창조에 속하지 아니한 더 크고 온전한 장막"(히 9:11)을 사모한다고 하면서 마라나타의 기도를 드리지 않는다면 모순이다. 이제 우리가 믿는 바와 기도하는 바의 일치가 필요하다. 우리의 시선을 땅에서 하늘로 향하면 우리의 기도에서 마라나타가 회복된다.

"아멘, 주 예수여 오시옵소서!"

더 깊은 나눔을 위하여

1 이 장을 읽고 기도에 대해 새롭게 배운 것이나 깨달은 점이 있다면 나누어 보자.

2 주기도문의 당신에 관한 세 번째 청원의 의미를 각자의 말로 설명해 보자.

3 요한계시록 5장과 8장에 나오는 금 향로(금 대접)의 의미에 대한 이 책의 설명을 자신의 언어로 풀이해 보자.

4 지금까지의 기도의 우선순위를 돌아보고 앞으로 기도의 우선순위를 어떻게 조정해야 할지 나누어 보자.

5 가장 중요하고 긴급한 마라나타의 기도를 교회에 어떻게 적용할 수 있는지 아이디어를 나누어 보자.

6 이 장을 공부한 후, 우리가 개인적으로 적용해야 할 점을 구체적으로 나누어 보자.

에필로그

마침내 오른손 약지가 자판에 표시된 마침표를 찍었다. 글이 마무리된 것이다. 문득 눈을 들어 토다의 숲 창밖을 내다본다. 유리창 너머로 펼쳐진 세계는 여름을 알리는 녹색의 향연이다. 그만큼 시간이 흐른 것이다. 처음 이곳을 찾았을 때는 옷도 두껍고 마음도 잔뜩 웅크린 상태였다. 맞다. 지금 저 푸른 나무들도 모두 앙상한 가지였지. 언제나 그렇듯 글쓰기는 영혼을 갈아 넣는 작업이다. 그러면서도 엿가락같이 마냥 늘어지는 것이 글쓰기다. 매듭을 짓지 못하고 일정이 지연된 까닭은 개인적 필력의 한계가 가장 큰 이유고 혹시나 하는 미련이 두 빈째다. 하지만 공부 안 한 학생이 시험에서 모르는 문제가 나왔는데, 오래 앉아 있다고 해서 답이 나올 리가 없지 않은가. 결국 마쳤다는 얘기는 어느 정도는 포기했다는 말일 것이다.

글이 내 손을 떠났다고 바로 책이 요술처럼 내 앞에 '짠' 하고 나타나는 것은 아니다. 출판사의 일정에 맞춰야 하고 교정과 편집의 긴 과정으로 얼추 1년이 지났다. 하지만 이 모든 것은 숙성의 과정이었다. 기다림이 빚어내는 조화로움을 기대하며 설렌다. 이제 책은 독자 손에 맡겨지겠지만 마음은 홀가분해졌다. 몇 년 전부터 마음에 짊어진 숙제였는데 이제 그 짐을 덜었기 때문이다. 그동안 기도에 관한 집회 요청이 있을 때마다 이 책의 내용들을 주로 전했었다. 그러한 까닭에 원고를 쓰는 중간중간에 그 말씀을 전하던 순간 성도들의 표정과 반응이 생각나 울컥하기도 했다. 어느 장면에서는 비장해지기도 하고, 또 어떤 부분에서는 나 자신을 돌아보기도 했다.

고마운 사람들을 다시 한번 마음속에 새긴다. 젊은 날 성일교회에서의 기도는 뜨거웠다. 그때 함께 기도했던 그들은 지금 어디서 무엇을 할까. 토다의 숲 주인장 임성원 목사와 김희정 사모는 불청객처럼 카페 한 자리를 차지하고 온종일 앉아 있어도 언제나 친절했고 한 번도 귀찮은 내색을 하지 않으셨다. 넉넉한 두 분의 환대가 고마울 뿐이다. 첫 번째 책에 이어 두 번째 책에서도 나의 선생님이신 김세윤 교수님께 신세를 졌다. 특별히 이 책의 1장은 순전히 선생님의 가르침 덕분이다. 지금은 같은 하늘 아래 가까이 계셔서 종종 뵐 수 있어 얼마나 감사한지. 이 책에 먼저 관심을 가져 주신 IVP 정모세 대표님의 판단에 누가 되지 않았으면 좋겠다. 이혜영 편집자를 만나며 잡문이 그럴듯한 문장으로 바뀌는 과정을 경험하게 되어 고맙다. 35년 목회 여정의 벗

신형진 목사님은 이 책을 꼼꼼하게 읽고 여러 유익한 피드백을 주셨다. 이 글을 쓰는 동안 장모님이 소천하셨고, 87세 어머니는 마치 서쪽 저편으로 기우는 장엄한 해처럼 생의 마지막 모퉁이에 계시다. 그나마 아직은 괜찮으시다는 것이 큰 위로가 된다. 그러고 보면 각자 자신의 방법으로 어머니에게 최선을 다하는 형제들이 있어 고맙기만 하다. 마지막으로 미국에 있는 가족에게 감사와 사랑을 전한다. 세 아이들에게 아버지의 이 작은 책이 위안이 되면 좋겠고, 벌써 여러 해 동안 떨어져 지내는 아내에게 미안한 마음을 전한다.

토다의 숲에서

주

1장 모든 기도의 근본, 주기도문

1 — 김세윤, 『주기도문 강해』(서울: 두란노, 2000), p. 32. 내 신앙과 신학 여정에서 가장 복된 경험은 김세윤 교수를 만난 것이다. 덕분에 성경을 바라보는 신학적 안목을 가지게 되었고 주기도문 역시 그에게서 배웠음을 밝힌다.

2 — 18개 축복 기도문 중 열두 번째 기도문을 소개한다. "그리고 배교자들에게는 소망이 없게 하시고, 교만한 나라는 빨리 우리의 생애에 뿌리 뽑으소서. 그리고 나사렛 당원들과 이단자들을 빨리 망하게 하시고, 그들이 생명책에서 지워지게 하시며, 그들이 의인들과 함께 기록되게 하지 마소서. 교만한 자들을 겸손케 하시는 주님, 당신을 축복합니다." 유대교는 오늘도 우리 기독교를 배교자요 나사렛 당원이요 이단이라고 정죄하며 빨리 망하게 해 달라고 탄원하는데, 한국 교회의 대부분은 유대교와 이스라엘에 대해 무한한 호의를 가진다.

3 — 비슬리 머리, 박문재 옮김, 『예수와 하나님 나라』(서울: 크리스천다이제스트 제4판, 1995)의 11장은 이 문제를 비롯해 앞으로 언급할 카디쉬 기도와 테필라에 대해 이해하는 데 도움을 준다.

4 — 마태복음의 긴 가르침(강화, discourse)는 다섯 개로 구성되어 있으며

(5:1-7:29; 10:1-42; 13:1-52; 18:1-36; 24:1-25:46), 각각의 가르침은 '이르시되'로 시작하여 '마치시고'로 마무리된다.

5 — 톰 라이트, 전의우 옮김, 『주기도와 하나님 나라』(서울: IVP, 2014), p. 10.
6 — 김세윤, 같은 책, p. 33.
7 — 톰 라이트, 같은 책, p. 37.
8 — 아람어 '압바'는 요아킴 예레미야스가 '어린아이가 아버지를 부를 때 사용하는 친밀한 호칭이었다'고 처음 제기한 이래 제임스 바(James Barr)의 반론에 이르기까지 다양한 논의가 진행되어 왔다. 그럼에도 유대인들의 기도문에 있어서 하나님을 압바나 아버지로 표현한 경우는 없다는 점은 변하지 않으며, 그 점에서 여전히 주기도문은 독특하다.
9 — 오리게네스, 이두희 옮김, 『오리게네스 기도론』(서울: 새물결플러스, 2018), p. 285.
10 — 비슬리 머리, 같은 책, p. 123.
11 — 톰 라이트, 같은 책, p. 77.
12 — 톰 라이트, 같은 책, p. 17.

1부 기도와 하나님의 마음

2장 고아처럼 버려두지 않으리라
1 — 레슬리 뉴비긴, 홍병룡 옮김, 『요한복음 강해』(서울: IVP, 2001), p. 220.

3장 그래도 내 백성은 내게 기도하라
1 — 카를로 카레토, 신상조 옮김, 『사막에서의 편지』(서울: 바오로딸, 2023), p. 219.

4장 여호와의 선하심을 맛보라
1 — 아비멜렉은 블레셋 통치자의 공식 명칭이고, 아기스는 왕의 이름이다.

5장 고난당한 자의 목소리에 반응하시는 하나님

1 — 자크 엘륄, 김치수 옮김, 『우리의 기도』(대전: 도서출판 대장간, 2015), p. 71.

2부 기도와 하나님의 말씀

6장 중언부언 기도와 골방 기도

1 — D. A. 카슨·R. T. 프란스, 김재영 외 옮김, 『IVP 성경주석 신약』(서울: IVP, 2005), p. 103.
2 — "Attention shifts from Jewish ostentation to Gentile babbling", Robert H. Gundry, *Matthew: Matthew: A Commentary on His Handbook for a Mixed Church under Persecution*, 2nd edition (Grand Rapids: Eerdmans, 1994), p. 103.

7장 마음을 토하는 기도

1 — 월터 브루그만, 김선길 옮김, 『시편의 기도』(서울: CLC, 2003), p. 92에서 재인용.
2 — 월터 브루그만, 같은 책, pp. 31-32.
3 — 오리게네스, 이두희 옮김, 장용재 주해, 『오리게네스 기도론』(서울: 새물결플러스, 2018), 505.
4 — 궁켈(H. Gunkel, 1862-1932). 19세기까지의 시편 연구는 역사적 해석 방법이 주를 이루고 있었다. 시편의 기록 시기를 추정해서 이스라엘의 실제 역사의 상황에 비추어 시편을 해석하는 방법이다. 문제는 시편 모두를 실제 역사 속에서 일어난 특정 시기, 특정 사건에 일대일로 대응시키는 것의 한계가 명백히 드러났다는 점이다. 이런 상황에서 궁켈은 양식사적 시편 연구의 방법론을 제시함으로 시편 연구에 결정적 전환점을 제시했다. 궁켈이 제시한 양식 연구에 의하면 시편들은 '감사시', '찬양시', '탄식시', '제왕시' 등으로 분류된다.

8장 통성 기도는 필요한가

1 — 정식 이름은 북미기독교개혁교회(Christian Reformed Church in North America)로 칼빈 신학교(Calvin Seminary)가 이 교단 소속이다.
2 — F. F. 브루스, "히브리서의 구조와 논증",「그말씀」, 2000년 1월호, p. 42.
3 — 오귀스탱 길르앙, 이상현 옮김,『그들은 침묵으로 말한다: 봉쇄 수도원에서 온 편지』(서울: 생활성서사, 2022), p. 20.
4 — 칼 J. 아리코, 엄성옥 옮김,『집중기도와 관상여행』(서울: 도서출판 은성, 2000), p. 143에서 재인용.
5 — 자크 엘륄, 김치수 옮김,『우리의 기도』, p. 38.

9장 오염된 말씀에 왜곡된 기도

1 — 존 바클레이·리처드 보컴·스캇 맥나이트 외, 이철민·홍성수 옮김,『IVP 성경비평주석 신약』(서울: IVP, 2020), p. 345.

10장 기도의 티핑 포인트

1 — 뉴턴은 영적 대각성 시기에 가장 뛰어난 문필가 중 한 사람으로, 편지를 통해 부흥 운동에 기여했다. 그의 대표적 서신 모음집이 존 뉴턴, 이상원 옮김,『존 뉴턴 서한집』(고양: 크리스천다이제스트, 2011)이다.
2 — 카를로 카레토, 신상조 옮김,『사막에서의 편지』(서울: 바오로딸, 2023), p. 60.
3 — 김세윤,『구원이란 무엇인가』(서울: 두란노, 2023), p. 99.

3부 기도와 하나님의 나라

11장 피앗 기도를 회복하라

1 — 중세 시대는 히에로니무스가 5세기 초 라틴어로 번역한 성경만을 사용하도록 했는데, 이 성경을 '불가타'(Vulgata)라고 한다. 이 성경은 20세기 후반 요한 바오로 2세 때 개정된 '새 대중 라틴어 성경'이 발행되기까지 사용되었다.

2 ― 김세윤, 『요한복음 강해』(서울: 두란노, 2011), p. 203.

12장 언약과 함께하는 기도

1 ― 김근주, 『특강 예레미야』(서울: IVP, 2017), p. 21.
2 ― G. J. 웬함, J. A. 모티어 엮음, 『IVP 성경주석』(서울: IVP, 2005), pp. 926-927의 설명을 보라.
3 ― G. J. 웬함, J. A. 모티어 엮음, 같은 책, p. 926.
4 ― 예레미야 30:3, 10, 18; 31:8, 9, 16, 17, 21, 23; 32:37, 44; 33:7, 26.
5 ― 자크 엘륄, 김치수 옮김, 『우리의 기도』, p. 67.

13장 기도는 향유다

1 ― 아우구스티누스, 성염 옮김, 『그리스도교 교양』(서울: 분도출판사, 1988), 제1권을 보라.
2 ― 아우구스티누스는 노예 해방을 "경건하고 거룩한 행위"로 여겼으며 황제에게 노예 상인들을 처벌하는 법을 제정할 것을 촉구하기도 했다. 아우구스티누스, "수도사들의 사역에 관하여", 25항, 필립 샤프 편집, 니케아 교부 및 니케아 교부 이후 기독교 교부 선별 도서관, 3권, p. 516.
3 ― 자크 엘륄, 김치수 옮김, 『우리의 기도』, pp. 29-30.
4 ― John Nolland, *World Biblical Commentary*, Vol. 35B, Luke 9:21-18:34, p. 849에서도 누가복음 17:20-18:8을 하나의 문맥으로 제시한다.
5 ― John Nolland, 같은 책, p. 867.

14장 가장 긴급하고 중요한 기도, 마라나타

1 ― 데이비드 캠벨·그레고리 빌, 김귀탁 옮김, 『그레고리 빌 요한계시록 주석』(서울: 복있는사람, 2015), p. 393.
2 ― 하늘의 어전 회의(Divine Council, Heavenly Assembly): 열왕기상 22:19-23에서 미가야 선지자는 이 하늘의 어전 회의의 모습을 마치 현장 중계하듯 생생하게 묘사한다. 어전 회의가 열렸고 의제는 '어떻게 아합을 죽일 것인가'이다. 이 어전 회의에서 사탄이 낸 아이디어가 하나님에 의해 채택된다(21-22절). 결국 하늘의 어전 회의의 결정대로 거짓말하는 영에

사로잡힌 선지자들이 여호사밧왕과 아합왕이 힘을 합쳐 아람과 전쟁하면 반드시 이길 것이라고 예언한다. 두 왕은 이러한 미혹된 선지자들의 말을 믿고 아람과의 전쟁에 나섰지만 결과적으로 아합왕은 무심코 당긴 한 병사의 활을 맞고 최후를 맞이한다(왕상 22:34-35).

3 — 리처드 보컴, 이필찬 옮김, 『요한계시록 신학』(서울: 한들출판사, 2000), pp. 78-79.

4 — 다니엘서에는 하나님이 다니엘에게 종말에 일어날 일을 보여 주신 후 그것을 기록하고 봉인하라는 명령이 나온다. 이 두루마리는 종말에 열릴 것으로 그때까지 두루마리의 내용은 하나님의 비밀로 남아 있게 된다(단 8:26; 12:4, 9; 8:17-19).

5 — 데이비드 캠벨·그레고리 빌, 같은 책, p. 173.

6 — 데이비드 캠벨·그레고리 빌, 같은 책, p. 283.

예수로 기도하기

초판 발행 2025년 9월 26일
초판 3쇄 2025년 12월 10일

지은이 김동일
펴낸이 정모세

편집 이성민 이혜영 심혜인 설요한 박예찬
디자인 한현아 서린나 │ 마케팅 오인표 │ 영업·제작 정성운 이은주 조수영
경영지원 이혜선 이은희 │ 물류 박세율 정용탁 김대훈

펴낸곳 한국기독학생회출판부 │ 등록번호 제2001-000198호(1978.6.1)
주소 04031 서울시 마포구 동교로 156-10
대표 전화 (02) 337-2257 │ 팩스 (02) 337-2258
영업 전화 (02) 338-2282 │ 팩스 080-915-1515
홈페이지 http://www.ivp.co.kr │ 이메일 ivp@ivp.co.kr
ISBN 978-89-328-2381-2

ⓒ 한국기독학생회출판부 2025

책값은 뒤표지에 있습니다.
무단 전재와 복제를 금합니다.